中国政法大学新兴学科培育与建设计划资助；北京市教改项目“法商大数据分析创新型人才培养模式研究”（京教函〔2020〕427号）研究成果；教育部产学研合作协同育人项目“探索基于区块链智能合约的数据法制监管科技复合型人才培养模式”（202102012053）与“共建法商结合的区块链监管人才实践基地”（202102119018）提供技术支持

大数据与产业创新研究

Research on Big Data and Industrial Innovation

第二辑

丛颖男 主 编　马思宇　姚 璐 副主编

·北 京·

图书在版编目（CIP）数据

大数据与产业创新研究．第二辑 / 丛颖男主编．--
北京：中国经济出版社，2022.6
ISBN 978-7-5136-6933-7

Ⅰ．①大… Ⅱ．①丛… Ⅲ．①数据处理-信息产业-
产业发展-研究-中国 Ⅳ．①F492

中国版本图书馆 CIP 数据核字（2022）第 081214 号

策划编辑　姜　静
责任编辑　王西琨
责任印制　马小宾
封面设计　任燕飞工作室

出版发行　中国经济出版社
印 刷 者　北京富泰印刷有限责任公司
经 销 者　各地新华书店
开　　本　710mm×1000mm　1/16
印　　张　20.25
字　　数　344 千字
版　　次　2022 年 6 月第 1 版
印　　次　2022 年 6 月第 1 次
定　　价　98.00 元
广告经营许可证　京西工商广字第 8179 号

中国经济出版社 **网址** www.economyph.com **社址** 北京市东城区安定门外大街 58 号 **邮编** 100011
本版图书如存在印装质量问题，请与本社销售中心联系调换（联系电话：010-57512564）

序　言

在上一辑出版不到一年的时间里，中国政法大学商学院产经系的专家们又陆续取得了最新一批研究成果。系里邀请我再写一下序言。起初我想，还不到一年的时间，有什么可写的呢？但仔细思考后发现，在这不到一年的时间里，还真的发生了不少与数字化有关的大事。这里重点讨论一下数字创新过程中政府应当发挥什么样的作用。

最近，新冠肺炎疫情导致有些地方的买菜吃饭成了问题。于是我联想起两年前那场有关互联网平台要不要卖菜的大讨论。当时，一些人说互联网平台卖菜是跟老百姓抢生意，一些地方也限制互联网平台从事卖菜业务。然而，这次的问题引发了一些人的反思。

当年，互联网平台卖菜的想法带来了批评声音，说中国的互联网平台为什么不去搞高科技创新，而是跟卖菜的大妈大叔抢饭碗。一方面，这种观点实际上误解了"创新"的本意。熊彼特讲的"创新"是技术与市场的新的结合、新的组合，而不是单纯的"技术创新"。日本人当年就吃过这个亏，误读了"创新"，"唯技术论"的泛滥导致日本在创新方面落后于美国。另一方面，批评互联网平台卖菜是跟大妈大叔抢饭碗的说法，实际上反映了任何创新都会面临阻力。爆发于近代的"卢德运动"，就是因为纺织工人担心失业而捣毁蒸汽机。当然，我们并不是说，卖菜大妈和卖菜大叔的利益就不需要得到保护。其实，这恰恰是政府的职责所在。政府在促进数字化创新中的一个作用，就是要为那些因创新而遭受损失的受害者，以及那些创新失败者进行救助和提供最低生活保障。比如，为员工转岗提供技术培训，以及失业保险、医疗保险和养老保险等。此外，还可以学习北欧国家进行的"社会基本收入试验"，为因数字化创新而失业的人提供"最低生活保障"。总之，政府的职责应当是鼓励创新、促进创新。

还有一件大事，就是2021年美国的扎克伯格把"脸书"更名为"元宇宙"，从而开创了"元宇宙"元年。在此之前，许多人对于元宇宙连听都没有听说过，根本不知道其为何物。甚至至今还有许多人，包括一些专家学者，都认为元宇宙是骗局。

同时，国务院在制定《“十四五”数字经济发展规划》时提到了一些有关元宇宙的概念。一些地方政府纷纷成立了一些与元宇宙相关的沙龙、研究中心等社团组织，推进数字化转型和发展。

在促进数字化创新的过程中，政府的作用主要表现在四个方面：一是提供产权保护，并确保合同的执行；二是提供竞争政策，维护公平竞争环境；三是提供产业政策，为克服基础研究领域创新的外部性和路径依赖提供必要的产业政策和资金支持；四是提供社会保障，为因创新而遭受损失者和创新失败者提供必要的救助和最低生活保障。

本书聚焦大数据与数字化产业创新，共分为三篇。

第一篇为大数据综合研究，集中讨论了大数据在国家数字战略中的重要地位及其推动城市创新、金融创新、产业创新、乡村振兴和制造业转型的路径等；强调了大数据作为新型生产要素和基础性战略资源的重要性。经过深入挖掘并加以应用，大数据能够有力推动经济转型发展，重塑国家竞争优势。作为推动数字经济发展的关键生产要素，大数据正成为科技创新的突破口。将数据纳入生产要素的范畴，有助于中国经济更好地发展新产业、新业态、新动能。同时，大数据也是驱动乡村振兴的关键力量和实现企业高效管理的重要支撑。大数据可以推动产业创新，提高决策质量，促进不同产业协同创新，实现共赢。

第二篇为大数据应用创新研究，主要论述了大数据背景下的个人隐私保护，大数据技术与不同行业的结合，新冠肺炎疫情背景下数字化转型面临的年龄鸿沟问题，以及产业集群与技术创新的关系。在大数据技术得到普及和推广的过程中，不可避免地形成了很多新问题、新挑战。其一，个人隐私和企业隐私泄露方面存在“隐患”。企业对于个人信息保护仍有不足，在隐私信息标识、个人数据删除、第三方共享信息方面还存在漏洞。其二，老年人在数字经济时代正常生活需要老年人自身、亲友、政府、社会等多方面的共同努力，帮助老年人群体更好地弥合年龄数字鸿沟。另外，如何利用大数据提高我国产业集群与技术创新，并深入研究二者之间的作用关系与机理，对提升以医药制造业为代表的高技术产业研发创新能力和国际竞争力具有重要意义。

第三篇是大数据与创新型人才培养研究，主要讲述了大数据与机器学

序　言

在上一辑出版不到一年的时间里，中国政法大学商学院产经系的专家们又陆续取得了最新一批研究成果。系里邀请我再写一下序言。起初我想，还不到一年的时间，有什么可写的呢？但仔细思考后发现，在这不到一年的时间里，还真的发生了不少与数字化有关的大事。这里重点讨论一下数字创新过程中政府应当发挥什么样的作用。

最近，新冠肺炎疫情导致有些地方的买菜吃饭成了问题。于是我联想起两年前那场有关互联网平台要不要卖菜的大讨论。当时，一些人说互联网平台卖菜是跟老百姓抢生意，一些地方也限制互联网平台从事卖菜业务。然而，这次的问题引发了一些人的反思。

当年，互联网平台卖菜的想法带来了批评声音，说中国的互联网平台为什么不去搞高科技创新，而是跟卖菜的大妈大叔抢饭碗。一方面，这种观点实际上误解了“创新”的本意。熊彼特讲的“创新”是技术与市场的新的结合、新的组合，而不是单纯的“技术创新”。日本人当年就吃过这个亏，误读了“创新”，“唯技术论”的泛滥导致日本在创新方面落后于美国。另一方面，批评互联网平台卖菜是跟大妈大叔抢饭碗的说法，实际上反映了任何创新都会面临阻力。爆发于近代的“卢德运动”，就是因为纺织工人担心失业而捣毁蒸汽机。当然，我们并不是说，卖菜大妈和卖菜大叔的利益就不需要得到保护。其实，这恰恰是政府的职责所在。政府在促进数字化创新中的一个作用，就是要为那些因创新而遭受损失的受害者，以及那些创新失败者进行救助和提供最低生活保障。比如，为员工转岗提供技术培训，以及失业保险、医疗保险和养老保险等。此外，还可以学习北欧国家进行的“社会基本收入试验”，为因数字化创新而失业的人提供“最低生活保障”。总之，政府的职责应当是鼓励创新、促进创新。

还有一件大事，就是 2021 年美国的扎克伯格把“脸书”更名为“元宇宙”，从而开创了“元宇宙”元年。在此之前，许多人对于元宇宙连听都没有听说过，根本不知道其为何物。甚至至今还有许多人，包括一些专家学者，都认为元宇宙是骗局。

同时，国务院在制定《“十四五”数字经济发展规划》时提到了一些有关元宇宙的概念。一些地方政府纷纷成立了一些与元宇宙相关的沙龙、研究中心等社团组织，推进数字化转型和发展。

在促进数字化创新的过程中，政府的作用主要表现在四个方面：一是提供产权保护，并确保合同的执行；二是提供竞争政策，维护公平竞争环境；三是提供产业政策，为克服基础研究领域创新的外部性和路径依赖提供必要的产业政策和资金支持；四是提供社会保障，为因创新而遭受损失者和创新失败者提供必要的救助和最低生活保障。

本书聚焦大数据与数字化产业创新，共分为三篇。

第一篇为大数据综合研究，集中讨论了大数据在国家数字战略中的重要地位及其推动城市创新、金融创新、产业创新、乡村振兴和制造业转型的路径等；强调了大数据作为新型生产要素和基础性战略资源的重要性。经过深入挖掘并加以应用，大数据能够有力推动经济转型发展，重塑国家竞争优势。作为推动数字经济发展的关键生产要素，大数据正成为科技创新的突破口。将数据纳入生产要素的范畴，有助于中国经济更好地发展新产业、新业态、新动能。同时，大数据也是驱动乡村振兴的关键力量和实现企业高效管理的重要支撑。大数据可以推动产业创新，提高决策质量，促进不同产业协同创新，实现共赢。

第二篇为大数据应用创新研究，主要论述了大数据背景下的个人隐私保护，大数据技术与不同行业的结合，新冠肺炎疫情背景下数字化转型面临的年龄鸿沟问题，以及产业集群与技术创新的关系。在大数据技术得到普及和推广的过程中，不可避免地形成了很多新问题、新挑战。其一，个人隐私和企业隐私泄露方面存在“隐患”。企业对于个人信息保护仍有不足，在隐私信息标识、个人数据删除、第三方共享信息方面还存在漏洞。其二，老年人在数字经济时代正常生活需要老年人自身、亲友、政府、社会等多方面的共同努力，帮助老年人群体更好地弥合年龄数字鸿沟。另外，如何利用大数据提高我国产业集群与技术创新，并深入研究二者之间的作用关系与机理，对提升以医药制造业为代表的高技术产业研发创新能力和国际竞争力具有重要意义。

第三篇是大数据与创新型人才培养研究，主要讲述了大数据与机器学习对计量经济学发展的影响，科技创新立法体系，工业互联网的发展，以及区块链监管，致力于构建多层次、多类型的大法商数据人才培养体系。近年来，互联网和移动互联网技术及其应用快速发展，人们进入大数据时代，同时出现了机器学习、人工智能等技术以高效处理大数据。第三篇探讨了大数据的新型模型与传统计量模型的关系。针对我国面临着核心技术受制于人、关键平台综合能力不强、缺乏规模效应等问题，本篇提出应加强关键技术研究，突破工业互联网领域“卡脖子”环节；同时指出，我国迫切需要加强对区块链技术的监管与治理，并针对随大数据而引发的新的法律问题，提出了我国亟须在科技创新法律体系方面进行完善。

此书仍属抛砖引玉，以期能够引发读者进一步的思考与创新。

中国政法大学商学院产经系学术主任 魏加宁

2022 年 5 月

目 录

第一篇 大数据综合研究

第二篇 大数据应用创新研究

第三篇　大数据与创新型人才培养研究

第一篇

大数据综合研究

RCEP 国家数字经济发展水平测度及对中国对外直接投资的影响*

杨丽花　李羚瑜

【摘要】 作为当今经贸规模最大的自由贸易区，RCEP 是数字经济和对外直接投资关注的重点区域。本文将 RCEP、数字经济、对外直接投资三者结合在一起，构建数字经济发展指标体系，从三个维度展开对 RCEP 国家数字经济发展水平的测度。在此基础上，实证研究了数字经济发展水平对我国向 RCEP 国家进行对外直接投资的影响。结果显示，数字出口贸易水平的提升有利于促进我国对其进行对外直接投资，数字资源使用水平的提升会制约我国对其进行对外直接投资，而数字基础设施的建设对我国对其进行对外直接投资的影响并不显著。

【关键词】 数字经济；对外直接投资；RCEP

一、引言

近年来，作为推动经济增长的新引擎，数字经济成为全球关注的焦点。2016 年 9 月，G20 杭州峰会发布的《二十国集团数字经济发展与合作倡议》首次将“数字经济”列为 G20 创新增长蓝图中的一项重要议题。自 2017 年“数字经济”首次写入中国政府工作报告伊始，“数字经济”已经第四次出现在了中国政府工作报告中，从促进数字经济加快增长，到壮大数字经济，打造数字经济新优势，再到协同推进数字产业化和产业数字化

* 【基金项目】论文为国家社会科学基金项目“OFDI 的双重技术效应与‘一带一路’高质量发展研究”（21BGJ032）的部分成果。

【作者简介】杨丽花，中国政法大学商学院教授，硕士生导师，研究方向：国际经济与贸易。李羚瑜，中国政法大学商学院硕士研究生，世界经济专业。

转型，加快数字社会建设步伐，提高数字政府建设水平，营造良好数字生态，建设数字中国，足以看出“数字经济”在当今经济社会发展中的重要性。2021 年 11 月 1 日，中国正式向《数字经济伙伴关系协定》（*Digital Economy Partnership Agreement*，DEPA）保存方新西兰提出申请加入 DEPA，致力于深度参与数字经济国际合作。站在新发展阶段，数字经济能够催生出新的投资机会，加快推动数字经济对外投资合作，也有利于加快推进数字产业化和产业数字化。

作为当今最具发展潜力的自由贸易区，《区域全面经济伙伴关系协定》（*Regional Comprehensive Economic Partnership*，RCEP）是数字经济和对外投资关注的重点。2020 年 11 月 15 日，东盟十国及中国、日本、韩国、澳大利亚和新西兰 15 个国家正式签署了 RCEP。这一协定的签署，标志着当前世界上人口最多、经贸规模最大、最具发展潜力的自由贸易区正式启动。2022 年 1 月 1 日，RCEP 将对文莱、柬埔寨、老挝、新加坡、泰国、越南 6 个东盟成员国和中国、日本、新西兰、澳大利亚等 10 个国家正式生效。这一协定的生效有利于推动区域各国之间的经贸往来增长，吸引域外国家在 RCEP 国家内进行投资。

RCEP 与数字经济、对外直接投资（Outward Foreign Direct Investment，OFDI）之间具有十分密切的关系。一方面，RCEP 与数字经济紧密相连。亚太地区互联网人口红利凸显，互联网普及率增速较快，是数字经济的新兴市场。RCEP 明确将以更加开放的态度对待数字贸易发展，其中的知识产权规则体现出了 RCEP 对数字经济的前瞻性关注与重视，各缔约国有可能调整立法，改变企业在相关国家与数字经济有关的营商环境。RCEP 成员国具有较强的数字经济发展潜力，是数字经济发展需要重点关注的区域经济一体化组织。但目前，RCEP 成员国在信息通信领域的监管政策存在较大差异，对区域内电子商务和电信跨国投资合作造成阻碍，产生了“数字鸿沟”，不同国家之间数字化发展水平差距较大。另一方面，RCEP 能够促进国际直接投资的发展。2020 年 11 月 16 日，联合国贸易和发展会议发布报告，RCEP 将大大推动区域内各成员间以及其他地区经济体对该地区外国直接投资（Foreign Direct Investment，FDI）的增长。RCEP 关于投资的条款将长期提升该地区的投资机遇，对区域内外的 FDI 流动和全球价值链发展都将产生重要影响。对中国而言，2019 年度《中国对外直接投资统计公报》显示，中国对 RCEP 成员国的对外直接投资存量达到 2135.76 美元，占比约为 10%，对外直接投资流量达到 163.57 美元，流量占比 11.95%，且预计未来中国对 RCEP 其他成员国的对外直接投资规模将保持上升态势。

因此，本文将对 RCEP 成员国数字经济发展水平进行测算，探究数字经济发展水平与对外直接投资的关系，研究 RCEP 各成员国数字经济发展水平是否会影响中国对其进行对外直接投资。本文既有助于从数字经济发展的角度厘清中国对 RCEP 成员国的投资潜力，也有助于我国调整投资策略，加大对 RCEP 区域内的对外直接投资和生产布局。

二、文献综述

（一）数字经济发展水平测度方面

首先，学界对数字经济的概念与内涵、特征进行了探讨与界定。Tapscott（1996）在《数字经济：网络智能时代的机遇与挑战》中首次提出了数字经济的概念，表明数字经济是广泛运用基础设施、电子商务等信息与通信技术（Information and Communications Technology，ICT）的经济系统。2002 年世界经济论坛发布的《全球信息技术报告》（*The Global Information Technology Report*）也首次出现了数字经济这一概念，经济合作与发展组织（Organization for Economic Co-operation and Development，OECD）多次在报告中使用数字经济这一名词，进一步传播了数字经济的概念。2016 年，G20 杭州峰会明确了什么是数字经济，指出数字经济是以使用数字化的知识和信息作为关键生产要素、以现代信息网络作为重要载体、以信息通信技术的有效使用作为效率提升和经济结构优化的重要推动力的一系列经济活动。这标志着数字经济概念获得了越来越高的国际认可度，并逐渐成为全球各国打造经济发展新高地的战略选择。同时，关于数字经济的内涵与特征的研究也在不断推进当中，学界普遍认为数字经济包括通信网络、信息技术和电子商务，是由信息技术和数字产业催生出来的新型经济形态，与信息化、数字化有着密不可分的关系，包含着数字产业化和产业数字化两个方面［如 Mesenbourg（1999），Moulton（1999），逄健、朱欣民（2013），马建堂（2018），续继（2019）］。

其次，不少学者和机构都对数字经济指标体系展开了广泛的研究。在国外，从 2002 年开始，美国商务部、欧盟、联合国经济合作与发展组织等都构建了数字经济相关指标体系，设置了多个指标来衡量数字经济。在国内，从 2017 年开始，中国信息通信研究院、上海社科院、腾讯研究院等多个机构都构建了中国数字经济发展指数及全球数字经济发展指数，探究了数字经济的竞争力指数。目前关于数字经济指标体系有多种指标和计算方法，尚未有一个统一的标准来衡量。通过梳理文献和报告能够发现，国内外都认为数字经济指标体系应该主要涵盖基础设施建设、信息技术产业及应用、电子商务、营商环境等多个方面。基础设施建设部分指标主要包括光缆线路长度、安全互联网服务器、互联网普及率、移动电话普及率、所有家庭中使用个人电脑的家庭比例、拥有宽带接入的家庭占所有家庭的比例等［如 Sidoro、Senchenko（2020），宁朝山（2020）］。信息技术产业及应用部分指标主要包括搜索引擎使用率、网络购物使用率、互联网公司数量、信息通信技术产业主营业务收入［如 Bukht、Heeks（2017），Xue Deng、Yuying Liu、Ye Xiong（2020），宁朝山（2020），张雪玲、陈芳（2018）］。电子商务部分指标主要包括 ICT 产品出口占比、高科技出口占比［如张伯超、沈开艳（2018）］。营商环境部分指标包括数字知识专利申请量等政府治理方面，信息内容制度规范、信息数据库建设等企业自治方面，公众检举部门机构数量、公众参与数字治理的积极性等公众监督方面［如万晓榆等（2019）］。

在数字经济指标体系的构建方法方面，一些国际组织、国家政府的统计机构和学者常用到德尔菲法、主成分分析法、熵值法来进行分析评价。德尔菲法是专家调查法，主要受专家的主观因素影响，有部分学者借助德尔菲法来衡量数字经济［如 Zaman 等（2011）］。但由于德尔菲法的主观性较强，不够客观，因此后来的学者常采用客观的主成分分析法和熵值法来评价数字经济发展水平。主成分分析法中各综合因子的权重由贡献率的大小确定，比较客观，但其计算过程比较烦琐，评价结果与样本量规模有关［如田瑾（2008）］，很多学者用这一方法来测算“一带一路”沿线国家的数字经济发展水平［如齐俊妍、任奕达（2020），徐建慧（2021）］。与主成分分析法相同，熵值法也是客观法，剔除了人为干扰因素，能够客观评价各指标的相对重要程度。并且由于熵值与指标值本身大小关系十分密切，因此适用于相对评价，适用于指标层的构权［如田瑾（2008）］。

学术界采用熵值法，通过构建面板数据来测算中国各省域或中东欧国家数字经济发展水平的文章较多［如张雪玲、焦月霞（2017），杨路明、刘纪宏（2020），王奇艳、翟鑫炎、姜雪彬（2020）］。

（二）数字经济对对外直接投资的影响方面

将数字经济和中国对外直接投资结合起来的文献数量不多，但是在已有的文献中，学者们通过建立模型，进行实证分析得出了较为一致的结论：东道国数字经济发展水平能够促进中国对外直接投资，并发现发展中国家的数字经济发展更能够促进中国对外直接投资，金融和医疗等行业的对外直接投资对东道国数字经济发展水平更为敏感［如齐俊妍、任奕达（2020），周经、吴可心（2021）］。在此基础上，学术界进一步探讨了数字经济发展对对外直接投资的影响路径，发现主要通过贸易成本效应与制度质量效应、市场扩张效应、效率提升效应和技术升级效应等中介效应来促进对外直接投资［如尹佳渝（2020），周经、吴可心（2021），金玉凤（2021）］。

通过上述文献，笔者认识到现有研究对国内外数字经济发展水平的测度较为充分，从指标体系的构建，到测度方法的研究都十分广泛而深入。在研究数字经济对中国对外直接投资的影响方面，不少学者都认为数字经济与对外直接投资有着紧密的联系，对其理论机制进行了探讨，通过实证分析能够得出东道国的数字经济发展水平会影响中国对其进行对外直接投资的一致结论。也有多篇文献聚焦于“一带一路”区域，研究“一带一路”国家数字经济发展水平对中国对外直接投资的影响。但由于 RCEP 签署不久，目前尚未有文献将数字经济、对外直接投资和 RCEP 结合起来进行研究，探讨 RCEP 国家数字经济发展水平对中国对外直接投资的影响。因此本文的贡献主要在于将 RCEP、数字经济和对外直接投资三者结合起来，运用实证分析的方法，探究 RCEP 国家的数字经济发展水平，分析 RCEP 国家数字经济发展水平对中国对外直接投资的影响，较具有创新性和时代性。

三、RCEP 成员国数字经济发展与中国对外直接投资分析

（一）RCEP 成员国数字经济发展情况

如今，全球数字经济在国民经济中的地位得到持续提升，数字经济融

合发展的趋势也逐渐深入，产业数字化成为驱动全球数字经济发展的关键主导力量。

1. RCEP 成员国数字经济发展现状

在数字经济规模方面，根据中国信息通信研究院发布的《全球数字经济白皮书》，中国以 5.2 万亿美元的数字经济规模位列 RCEP 15 个成员国中的第一，且数字经济体量位居全球第二。日本、韩国、澳大利亚、新加坡、印度尼西亚、马来西亚、泰国等国家的数字经济规模也超过 500 亿美元。

在数字经济占比方面，韩国数字经济占 GDP 比重超过 50%，成为其国民经济的主导。日本、新加坡、中国等国家的数字经济占比均超过 30%。数字经济水平标识着一国的经济现代化，且数字经济新模式的发展具有较大的提升空间。

在数字经济增速方面，由于新冠肺炎疫情的冲击，RCEP 成员国的数字经济增速有放缓趋势。其中，中国数字经济同比增长 9.6%，位列全球第一。越南、韩国、新西兰、日本、澳大利亚、新加坡等国家均实现数字经济增速正增长，增速不超过 5%。但部分国家受新冠肺炎疫情的冲击较大，其数字经济增速呈现了负增长的趋势，如泰国、印度尼西亚和马来西亚。

在数字经济结构方面，产业数字化占数字经济比重基本超过 50%，而数字产业化在数字经济中占比呈现下降趋势。产业数字化指传统产业由于应用数字技术所带来的生产数量和效率提升，是数字经济的融合部分。数字产业化指数字经济发展的先导产业，包括电子信息制造业、电信业、软件和信息技术服务业、互联网行业等。数据显示，日本、中国、澳大利亚等国家的产业数字化占比已经超过 80%，新西兰、越南、泰国、韩国等国家的产业数字化占比也超过 60%。但印度尼西亚、马来西亚等国家的产业数字化水平有待进一步加强。

在数字经济产业渗透方面，韩国第一产业数字经济和第二产业数字经济占比分别为 17.4%和 43.6%，均居 RCEP 成员国中的第一位。在三次产业渗透水平中，新西兰、新加坡、中国等国家的第一产业数字经济占比超过全球平均水平；日本、新加坡等国家的第二产业数字经济占比超过全球平均水平；日本、中国等国家的第三产业数字经济占比超过 40%。

2. RCEP 成员国数字经济发展特征

通过深入分析 RCEP 各个成员国的数字经济发展现状能够发现，RCEP 数字经济发展存在以下两个显著特征。

第一，RCEP 各个成员国均表现出了较大的数字经济发展潜力。澳大利亚在发布的《数字化转型战略 2025》报告中表示，澳大利亚将通过运用数字技术，重点提高数字能力，发展现代基础设施。新加坡大力发展数字经济，建设新一代信息通信基础设施，发展信息通用技术，致力于打造一个以服务公民为重点的智慧国家。包括马来西亚、柬埔寨等在内的东盟国家纷纷制定数字经济发展战略，大力发展数字经济。马来西亚为了促进数字经济发展，推出了“国家数字基础设施建设计划”，为马来西亚向 5G 技术过渡做进一步准备。泰国的数字经济发展将围绕着宽带升级、大数据、云技术等多个领域展开，通过数字经济发展汽车、电器、服务、旅游、贸易等重点领域，早日成为区域数字产业中心。此外，根据世界银行的预测，2025 年 RCEP 中东盟十国数字经济的市场规模将达到 3000 亿美元，具有巨大的数字经济市场潜力。

第二，在 RCEP 15 个成员国中存在着数字鸿沟。根据世界银行数据库，2020 年澳大利亚、新西兰、日本、新加坡、韩国等发达国家，安全的互联网服务器（每百万人）均达到 5000 台以上，而柬埔寨、老挝、缅甸、菲律宾等发展中国家安全的互联网服务器（每百万人）不足 200 台。在发达国家利用网络和技术不断巩固自身发展的同时，发展中国家却由于缺乏技术、资金和基础设施，被排除在数字经济网络之外，减缓了数字化进程。

（二）中国对 RCEP 其他成员国对外直接投资情况

2010—2019 年，我国对 RCEP 成员国的对外直接投资流量规模如图 1 所示。2010—2019 年，我国对 RCEP 成员国的对外直接投资流量规模整体呈现上升趋势，从 2010 年的 57.86 亿美元上升至 2019 年的 163.57 亿美元，并在 2015 年和 2017 年的时候达到 200 亿美元左右。这一趋势表明，我国对 RCEP 其他成员国的对外直接投资意愿逐渐增强。其中，我国对新加坡、印度尼西亚、澳大利亚、越南、泰国等国家的对外直接投资流量规模较大。2015 年我国对新加坡的对外直接投资流量规模高达 104.52 亿美元，占我国对 RCEP 成员国对外直接投资流量规模的 52.48%。这主要与新加坡优越的地理位置、良好的投资环境等因素有关。

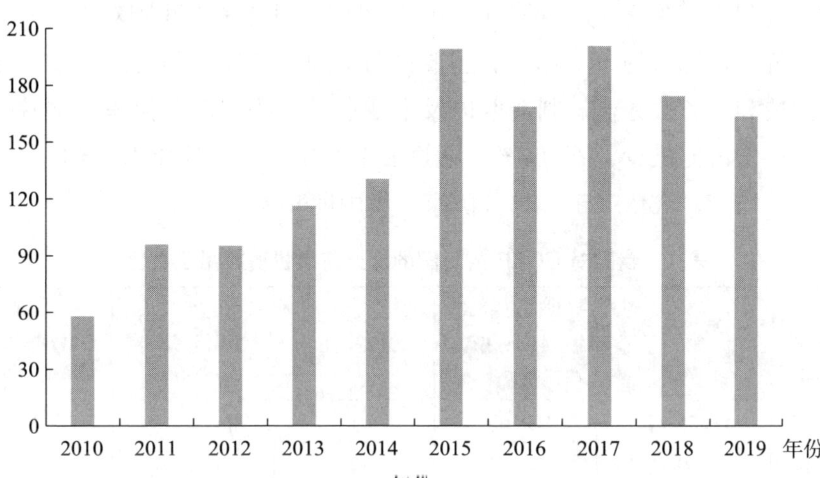

图 1　2010—2019 年我国对 RCEP 成员国的对外直接投资流量（单位：亿美元）

资料来源：《中国对外直接投资统计公报》。

我国对 RCEP 成员国的对外直接投资存量呈现逐步上升的趋势，如图 2 所示。2019 年，我国对 RCEP 成员国的对外直接投资存量累计达到 1611. 91 亿美元，是 2010 年我国对 RCEP 成员国对外直接投资存量的 7 倍左右。

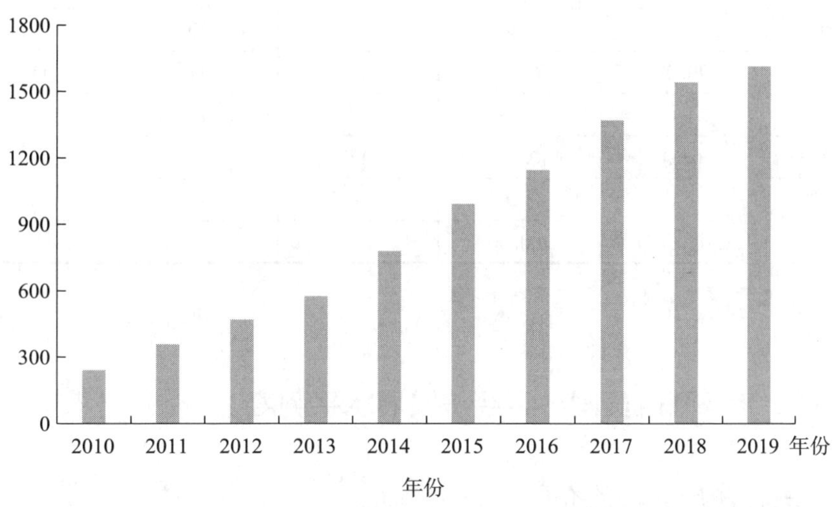

图 2　2010—2019 年我国对 RCEP 成员国的对外直接投资存量（单位：亿美元）

资料来源：《中国对外直接投资统计公报》。

分国家来看，我国对外直接投资存量最多的 RCEP 成员国分别为新加坡和澳大利亚（见表 1），对上述两国的投资存量比重占我国对 RCEP 成员国总投资存量比重的 56%以上，主要投向新加坡和澳大利亚的批发和零售业、租赁和商务服务业、制造业以及金融业等。我国对菲律宾、文莱等国的投资存量占比最少，不足 1%。通过表 1 可知，我国对 RCEP 各成员国的投资较不均衡，较依赖于一部分国家，集中度较高。

表 1　我国对 RCEP 成员国的对外直接投资存量及占比

国家	投资存量（亿美元）	占我国对 RCEP 成员国总投资存量比重（%）	2019 年排名	2018 年排名	2017 年排名
新加坡	526.37	32.65	1	1	1
澳大利亚	380.68	23.62	2	2	2
印度尼西亚	151.33	9.39	3	3	3
老挝	82.50	5.12	4	5	4
马来西亚	79.24	4.92	5	4	10
泰国	71.86	4.46	6	8	8
越南	70.74	4.39	7	9	9
韩国	66.73	4.14	8	6	5
柬埔寨	64.64	4.01	9	7	7
缅甸	41.34	2.56	10	10	6
日本	40.98	2.54	11	11	11
新西兰	24.60	1.53	12	12	12
菲律宾	6.64	0.41	13	13	13
文莱	4.27	0.26	14	14	14
合计	1611.9071	100.00			

资料来源：《中国对外直接投资统计公报》。

四、RCEP 成员国数字经济发展水平测度

（一）测度方法简介

在构建数字经济发展评价指标体系的方法选择上，有德尔菲法、主成分分析法和熵值法三种常用的测度方法。德尔菲法是一种专家规定程序调查

法，通过匿名征求专家意见、归纳、统计、匿名反馈、再统计等流程展开，容易受到人为因素的干扰，主观性较强，从而导致测度结果不准确。主成分分析法是多元分析中较为常见的降维和赋权方法，赋权的依据是各个主成分的方差贡献率，较为客观。但主成分分析法的评价结果与样本量规模有关，本文的样本规模不大，使用主成分分析法，评价结果易产生偏差。主成分只是原始变量的线性关系，如果指标之间的关系为非线性关系，则评价结果也会存在偏差，而且必须保证所提取的前几个主成分的累计贡献率达到一个较高的水平。熵值法与主成分分析法相同，都是一种客观性较强的综合评价多指标的方法，其计算过程具有严格的数学意义，适用于指标个数最好小于对象个数的研究。因此，本文采取熵值法来进行 RCEP 成员国数字经济发展水平的测度。

熵值法通过信息熵这一工具来计算各指标的权重。熵是系统无序程度的度量，可以通过熵来反映在综合评价中所能提供的信息量大小。若指标间的离散程度越大，那么信息熵的数值越小，其所能提供的信息量就越大，在综合评价中所占的权重也就越大；若指标间的离散程度越小，那么信息熵的数值越大，其所能提供的信息量越小，在综合评价中所占的权重也越小。在实际运用过程中，通过熵值法先计算出各个指标的权重，再进行加权，综合得出较为客观的结果。具体过程如下：

为了消除不同指标的数量级差异和量纲差异，需要对各个指标进行无量纲化处理，将其处理为标准化指标。

$$y_{ij}=\frac{x_{ij}-\min(x_{ij})}{\max(x_{ij})-\min(x_{ij})} \tag{1}$$

$$y_{ij}=\frac{\max(x_{ij})-x_{ij}}{\max(x_{ij})-\min(x_{ij})} \tag{2}$$

其中，i 表示国家，j 表示指标，x_{ij}表示未经标准化处理的测度指标，y_{ij}表示经过标准化处理的测度指标，$\max(x_{ij})$ 表示 x_{ij}的最大值，$\min(x_{ij})$ 表示 x_{ij}的最小值。公式（1）表示正向指标，为越大越优型。公式（2）表示负向指标，为越小越优型。

确定各个指标的比重 m_{ij}，并计算各个指标的信息熵 e_j。

$$m_{ij}=\frac{y_{ij}}{\sum_{i=1}^{n}yij} \tag{3}$$

$$e_j = \ln \frac{1}{n} \sum_{i=1}^{n} m_{ij} \ln m_{ij} \tag{4}$$

若 m_{ij} 为 0 时，为了避免出现 ln0 的错误，结合计算结果，定义 m_{ij} = 0. 0001+m_{ij}。

计算各指标的权重。

$$w_j = \frac{1 - e_j}{\sum_{j=1}^{n}(1 - e_j)} \tag{5}$$

计算综合得分。

$$r_i = \sum_{j=1}^{n} w_j \times m_{ij} (i = 1, 2, \cdots, n) \tag{6}$$

（二）指标体系构建

国内外有不少机构和组织构建了数字经济发展评价指标体系，对数字基础设施、数字国际贸易、数字经济发展环境等指标都进行了相应的评判。本文在选取指标的过程中主要考虑可获得性原则、相关性原则、可代表性原则，从可靠的途径选取指标，并且指标必须与数字经济有着密不可分的关系。因此，本文基于世界银行等数据库，从基础设施建设、资源使用、出口贸易等方面分别选取了安全互联网服务器、互联网用户人数、每百人固定宽带用户数、ICT 服务出口等指标，来体现 2010—2019 年 RCEP 各成员国的数字经济发展水平，具体指标如表 2 所示。

表 2　数字经济发展评价指标体系

一级指标	二级指标	资料来源
基础设施建设	安全互联网服务器（每百万人）	WDI
	互联网用户人数（占人口的百分比）	WDI
	国际带宽	WDI
资源使用	每百人固定宽带用户数	WDI
	每百人移动宽带用户数	WDI
	每百人固定电话用户数	WDI
	每百人移动电话用户数	WDI
出口贸易	ICT 服务出口	WDI
	ICT 产品出口	WDI

注：WDI 即世界发展指数（World Development Indicators）。

（三）测算结果及分析

通过熵值法计算，除中国外，RCEP 的 14 个成员国的数字经济发展水平如表 3 所示。

表 3　RCEP 成员国数字经济发展水平

国家	2010 年				2015 年				2019 年			
得分	综合得分	数字基础设施建设得分	数字资源使用得分	数字出口贸易得分	综合得分	数字基础设施建设得分	数字资源使用得分	数字出口贸易得分	综合得分	数字基础设施建设得分	数字资源使用得分	数字出口贸易得分
澳大利亚	0.1188	0.0559	0.0559	0.0070	0.0940	0.0376	0.0490	0.0074	0.0753	0.0230	0.0448	0.0075
文莱	0.0459	0.0228	0.0228	0.0003	0.0438	0.0139	0.0298	0.0001	0.0494	0.0155	0.0338	0
印度尼西亚	0.0491	0.0161	0.0161	0.0169	0.0567	0.0299	0.0180	0.0087	0.0644	0.0405	0.0191	0.0048
日本	0.1065	0.0489	0.0489	0.0086	0.0848	0.0302	0.0473	0.0072	0.0942	0.0363	0.0500	0.0078
柬埔寨	0.0606	0.0263	0.0263	0.0079	0.0423	0.0130	0.0247	0.0046	0.0369	0.0098	0.0255	0.0016
韩国	0.1639	0.0747	0.0747	0.0146	0.0936	0.0167	0.0608	0.0161	0.0890	0.0138	0.0554	0.0198
老挝	0.0240	0.0069	0.0069	0.0102	0.0291	0.0071	0.0110	0.0111	0.0327	0.0095	0.0164	0.0068
缅甸	0.0161	0.0023	0.0023	0.0115	0.0349	0.0037	0.0160	0.0151	0.0315	0.0046	0.0192	0.0077
马来西亚	0.0762	0.0226	0.0226	0.0310	0.0652	0.0136	0.0251	0.0265	0.0698	0.0135	0.0302	0.0261
新西兰	0.1104	0.0509	0.0509	0.0087	0.0968	0.0380	0.0518	0.0070	0.0748	0.0196	0.0495	0.0057
菲律宾	0.0620	0.0115	0.0115	0.0391	0.0804	0.0252	0.0156	0.0395	0.0791	0.0116	0.0207	0.0468
新加坡	0.1604	0.0672	0.0672	0.0261	0.1164	0.0382	0.0531	0.0251	0.1250	0.0528	0.0468	0.0254
泰国	0.0481	0.0174	0.0174	0.0134	0.0532	0.0160	0.0280	0.0092	0.0533	0.0175	0.0287	0.0071
越南	0.0505	0.0230	0.0230	0.0045	0.0425	0.0077	0.0209	0.0139	0.0493	0.0102	0.0233	0.0158

从表 3 中可知，从国家来看，新加坡、日本、韩国、菲律宾、澳大利亚、新西兰的数字经济发展水平综合得分较高，表明其数字经济发展水平较高；老挝、柬埔寨、缅甸的数字经济发展水平综合得分较低，表明其数字经济发展水平较低。这一测度结果也与 RCEP 各成员国的数字经济发展现状相吻合。从时间趋势来看，2010—2019 年，印度尼西亚、老挝、泰国的数字经济发展水平呈现上升的趋势，数字经济在各国的发展进程加快。而 2010—2019 年，文莱、越南的数字经济发展水平呈现波动态势，波动范围不大，整体较为平稳。2010—2019 年，澳大利亚、柬埔寨、新加坡、韩国、新西兰、马来西亚和日本的数字经济发展水平逐渐下降，呈现出了下降的发展态势，这一表现结果与这几个国家的数字基础设施建设得分的下

降有关。

将数字经济发展水平分为数字基础设施建设、数字资源使用和数字出口贸易三个维度来看，数字基础设施建设得分较高的 RCEP 成员国为新加坡、印度尼西亚、日本，这些国家充分利用网络、“新基建”等方式大力发展数字经济；而得分较低的为缅甸、老挝和柬埔寨等发展中国家，其网络资源欠缺，造成数字基础设施建设不足。数字资源使用得分较高的 RCEP 成员国为韩国、日本、新西兰、澳大利亚、新加坡，其数字经济与通信、商贸等领域的融合较为深入。而老挝、印度尼西亚等国家在数字资源使用方面有待进一步提高。在数字出口贸易方面，各国之间的得分差异小于各国在数字基础设施建设和数字资源使用方面的差异。菲律宾、新加坡和马来西亚依托其优越的地理环境和良好的贸易环境，在数字出口贸易方面占据优势。而文莱和柬埔寨的数字出口贸易位居劣势。

五、RCEP 成员国数字经济发展水平对中国对外直接投资影响的实证分析

（一）模型选择与构建

1. 模型选择

Tinbergen 和 Poyhonen 首次将引力模型应用在贸易领域，表明两个国家或两个地区的贸易流量规模与经济总量成正比，与它们之间的地理距离成反比，并建立了如下模型：

$$T_{ij}=A\frac{Y_iY_j}{D_{ij}} \tag{7}$$

其中，T_{ij}为两个国家之间的双边贸易额，Y_i 为 i 国的国内生产总值，Y_j 为 j 国的国内生产总值，D_{ij}为 i 国和 j 国之间的地理距离，A 为常数项。

后来，不少学者都对贸易引力模型进行了多个方面的拓展，在 Tinbergen 和 Poyhonen 的基础上加入了很多解释变量，深入探究了影响双边贸易或投资流量的因素。因此本文在该模型的基础上，引入数字经济发展水平等变量和其他控制变量，构建本文拓展的引力模型。

2. 模型构建

本文具体模型如下：

$$\ln OFDI_i^t=\alpha_0+\alpha_1\ln DE_i^t+\alpha_2\ln GDP_i^t+\alpha_3\ln LF_i^t+\alpha_4 OPEN_i^t+\delta_i^t \tag{8}$$

$$\ln OFDI_i^t=\beta_0+\beta_1\ln DE1_i^t+\beta_2\ln GDP_i^t+\beta_3\ln LF_i^t+\beta_4 OPEN_i^t+\varepsilon_i^t \tag{9}$$

$$\ln OFDI_i^t=\gamma_0+\gamma_1\ln DE2_i^t+\gamma_2\ln GDP_i^t+\gamma_3\ln LF_i^t+\gamma_4 OPEN_i^t+\theta_i^t \tag{10}$$

$$\ln OFDI_i^t=\rho_0+\rho_1\ln DE3_i^t+\rho_2\ln GDP_i^t+\rho_3\ln LF_i^t+\rho_4 OPEN_i^t+\mu_i^t \tag{11}$$

$$\ln OFDI_i^t=\sigma_0+\sigma_1\ln DE1_i^t+\sigma_2\ln DE2_i^t+\sigma_3\ln DE3_i^t+\sigma_4\ln GDP_i^t+\sigma_5\ln LF_i^t+\sigma_6 OPEN_i^t+\varphi_i^t \tag{12}$$

其中，*OFDI* 表示中国对该国对外直接投资流量，*DE* 表示该国数字发展综合水平，*DE*1 表示该国数字基础设施建设水平，*DE*2 表示该国数字资源使用水平，*DE*3 表示该国数字出口贸易水平，*GDP* 表示该国国内生产总值，*LF* 表示该国劳动力人数，*OPEN* 表示该国贸易开放度，α、β、γ、ρ、σ 表示各项系数，δ、ε、θ、μ、φ 表示随机扰动项，i 表示 RCEP 成员国，t 表示年份。

（二）变量选取与数据来源

1. 数字经济发展评价指标体系

具体包括数字经济发展综合水平（*DE*）、数字基础设施建设水平（*DE*1）、数字资源使用水平（*DE*2）、数字出口贸易水平（*DE*3）。其数据来源已在数字经济发展评价指标体系构建之中进行了详细说明。

2. 中国对外直接投资流量

本文根据商务部发布的 2010—2019 年《中国对外直接投资统计公报》，选取了中国对外直接投资流量作为被解释变量。由于部分国家投资流量为负值，本文根据 $y=\ln(x+\sqrt{x^2+1})$ 这一公式，对负值进行处理，从而保障样本足够的数据量和准确的模型估计结果。

3. 国内生产总值

国内生产总值越大，表明该国家的市场规模越大，中国对该国家进行对外直接投资的规模也越大。本文选取的各国国内生产总值以 2010 年为基期，各个国家的国内生产总值数据来源于世界银行数据库。

4. 劳动力人数

劳动力规模越大，则劳动力成本越低，越有利于中国对其进行对外直接投资。劳动力人数数据来源于世界银行数据库。

5. 贸易开放度

贸易开放度表示该国出口与进口之和占国内生产总值的比重。贸易开放度越大，表明该国经贸往来较为频繁，有利于中国对其进行对外直接投资。贸易开放度数据来源于世界银行数据库。

此外，本文对原始数据进行了对数处理，从而达到消除异方差和多重共线性的目的。

（三）实证过程与结果

1. 实证过程

（1）描述性统计（见表4）

表4　描述性统计

变量	个数	平均数	标准差	最小值	最大值
ln*OFDI*	140	9.7355	4.7275	-11.8799	13.8598
ln*DE*	140	1.8131	0.5053	0.3799	2.7969
ln*GDP*	140	26.0737	1.8171	22.6873	29.4573
ln*LF*	140	16.3908	1.6276	12.1609	18.7267
OPEN	140	85.2676	59.4137	25.4499	277.5263
ln*DE*1	140	0.4129	1.0105	-6.5265	1.6746
ln*DE*2	140	1.0072	0.6496	-1.4678	2.0107
ln*DE*3	140	-0.1666	1.3507	-5.9758	1.5499

通过观察被解释变量能够发现，我国对外直接投资总额的最大值为13.8598，最小值为-11.8799。最大值与最小值之间的差值较大，这也表明我国对RCEP其余14国的对外直接投资能力存在差异。通过观察解释变量能够发现，RCEP其余14国在基础设施建设水平和数字出口贸易水平上的标准差较大，分别为1.0105与1.3507。通过观察控制变量能够发现，各个国家在贸易开放度这一指标上差距最大，最大值为277.5263，最小值为25.4499，标准差为59.4137。

（2）单位根检验

首先，本文在对面板数据进行回归之前，先进行单位根检验，检验是否存在单位根，避免回归分析中出现“虚假回归”。本文采用常用的 LLC 单位根检验、PP-Fisher 单位根检验和 ADF 单位根检验方法进行检验，对 $\ln OFDI_i^t$、$\ln DE_i^t$、$\ln DE1_i^t$、$\ln DE2_i^t$、$\ln DE3_i^t$、$\ln GDP_i^t$、$\ln LF_i^t$、$OPEN_i^t$ 进行检验。检验结果主要看 P 值的大小，原假设为面板数据不平稳，如果 P 值<0.01，则表明在 1%的显著性水平下能够拒绝原假设；如果 0.01<P 值<0.05，则表明在 5%的显著性水平下能够拒绝原假设；如果 0.05<P 值<0.1，则表明不能拒绝原假设，即数据不平稳。

LLC 单位根检验、PP-Fisher 单位根检验和 ADF 单位根检验结果如表 5 至表 7 所示，其中 C 表示检验形式含常数项，T 表示检验形式含趋势项，K 表示按照 Schwarz Info Criterion 自动选取最大滞后值作为滞后阶数。

表 5　LLC 单位根检验

变量	检验形式	LLC 统计量	P 值	结论
$\ln OFDI_i^t$	（C，T，K）	-22.0712	0.0000	平稳
$\ln DE_i^t$	（C，0，K）	-7.49602	0.0000	平稳
$\ln DE1_i^t$	（C，T，K）	-6.43637	0.0000	平稳
$\ln DE2_i^t$	（C，T，K）	-10.1729	0.0000	平稳
$\ln DE3_i^t$	（C，T，K）	-10.0498	0.0000	平稳
$\ln GDP_i^t$	（C，T，K）	-10.5859	0.0000	平稳
$\ln LF_i^t$	（C，T，K）	-10.3041	0.0000	平稳
$OPEN_i^t$	（C，T，K）	-9.48404	0.0000	平稳

表 6　PP-Fisher 单位根检验

变量	检验形式	PP-Fisher 统计量	P 值	结论
$\ln OFDI_i^t$	（C，T，K）	121.477	0.0000	平稳
$\ln DE_i^t$	（C，0，K）	73.1539	0.0000	平稳
$\ln DE1_i^t$	（C，T，K）	56.0781	0.0013	平稳
$\ln DE2_i^t$	（C，T，K）	124.734	0.0000	平稳
$\ln DE3_i^t$	（C，T，K）	101.340	0.0000	平稳
$\ln GDP_i^t$	（C，T，K）	139.465	0.0000	平稳
$\ln LF_i^t$	（C，T，K）	96.6562	0.0000	平稳
$OPEN_i^t$	（C，T，K）	83.3519	0.0000	平稳

表 7 ADF 单位根检验

变量	检验形式	ADF 统计量	P 值	结论
$\ln OFDI_i^t$	（C，T，K）	77.1157	0.0000	平稳
$\ln DE_i^t$	（C，0，K）	61.5048	0.0003	平稳
$\ln DE1_i^t$	（C，T，K）	49.0914	0.0082	平稳
$\ln DE2_i^t$	（C，T，K）	69.5307	0.0000	平稳
$\ln DE3_i^t$	（C，T，K）	61.3773	0.0003	平稳
$\ln GDP_i^t$	（C，T，K）	88.4714	0.0000	平稳
$\ln LF_i^t$	（C，T，K）	54.0752	0.0022	平稳
$OPEN_i^t$	（C，T，K）	63.4588	0.0001	平稳

观察表 5 至表 7 可知，$\ln OFDI_i^t$、$\ln DE_i^t$、$\ln DE1_i^t$、$\ln DE2_i^t$、$\ln DE3_i^t$、$\ln GDP_i^t$、$\ln LF_i^t$、$OPEN_i^t$ 分别在 1%、5%、10%的显著性水平下拒绝原假设，表明不存在单位根。

（3）F 检验和 Hausman 检验

由于面板数据的回归模型分为混合效应、随机效应和固定效应多种。为确定模型种类，在进行单位根检验之后，要通过 F 检验和 Hausman 检验来选择回归模型。通过 F 检验来判断选择混合效应模型还是固定效应模型，若 F 检验的 F 值>查表值，则拒绝原假设，选择固定效应模型。若 F 检验的 F 值<查表值则接受原假设，选择混合效应模型。通过 Hausman 检验来判断选择固定效应模型还是随机效应模型，若 Hausman 检验的 P 值>0.1，则接受原假设，选择随机效应模型。若 Hausman 检验的 P 值<0.1，则拒绝原假设，选择固定效应模型。

先运用 F 检验来确定模型是否存在个体效应，确定运用固定效应模型进行回归还是混合效应模型进行回归。首先假设使用混合效应模型。运用以下公式进行判断：

$$F=\frac{(SSE_r-SSE_f)/(N-1)}{SSE_f/(NT-N-K)}\sim F(N-1,\ NT-N-K) \tag{13}$$

其中 SSE_r 为随机效应模型的残差平方和，SSE_f 为固定效应模型的残差平方和，N 为截面数，T 为时间序列数，K 为解释变量个数，$N-1$ 为分子自由度，$NT-N-K$ 为分母自由度。

混合效应模型的残差平方和为 2551. 24，固定效应模型的残差平方和为 1827. 561。代入公式当中，经计算，$F=3.62$，大于查表值，所以应该拒绝原假设，选择固定效应模型。

再运用 Hausman 检验来检验个体效应模型是否与解释变量有关，从而来确定选择固定效应模型还是随机效应模型。经过检验之后，发现 P 值为 0. 0289，能够在 95%的置信水平上拒绝原假设，所以选择固定效应模型。

2. 实证结果

本文利用 Eviews 软件对模型中的面板数据进行回归分析，其结果如表 8所示。

表 8　实证回归结果

变量	模型 1	模型 2	模型 3	模型 4	模型 5
	lnOFDI	lnOFDI	lnOFDI	lnOFDI	lnOFDI
ln*DE*	-7. 5584** (-2. 1013)				
ln*DE*1		-1. 0888 (-1. 3259)			0. 5659 (0. 6519)
ln*DE*2			-4. 5803* (-1. 9277)		-4. 5747* (-1. 7038)
ln*DE*3				3. 2865*** (3. 5232)	2. 6647** (2. 5586)
ln*GDP*	-2. 2967 (-0. 6060)	-4. 0340 (-0. 8797)	0. 4443 (0. 1115)	-6. 6758* (-1. 7910)	-0. 7705 (-0. 1815)
ln*LF*	0. 2813 (0. 0411)	8. 5292 (0. 9308)	3. 3507 (-1. 7186)	20. 5480*** (2. 6585)	10. 8719 (1. 1411)
OPEN	-0. 0203** (-2. 0669)	-0. 0289*** (-3. 3544)	-0. 0150* (-0. 5645)	-0. 0292*** (-5. 1161)	-0. 0161* (-1. 8390)
常数项	80. 4402 (0. 9728)	-21. 9633 (-0. 2277)	-50. 8771 (-2. 1643)	-149. 9647** (-2. 1643)	-142. 1847* (-1. 6878)
R^2	0. 3974	0. 3606	0. 3917	0. 3909	0. 4192

注：括号中显示的是 t 检验值；***、**、* 分别表示 1%、5%、10%的显著性水平。

（四）实证结果分析

从表 8 中的实证回归结果能够发现，RCEP 成员国数字经济发展水平对中国进行对外直接投资具有较为复杂的影响。

1. RCEP 成员国数字基础设施建设水平对中国对外直接投资的抑制作用不显著

根据模型 2 的结果来看，RCEP 成员国数字基础设施建设水平对中国对外直接投资的影响在 10%的显著性水平上并不显著，且其符号为负，与预期不一致。进一步分析这一结果出现的原因，可能有以下两种：①RCEP 成员国中包括柬埔寨、老挝、缅甸、菲律宾等数字基础设施建设水平相对较低的东盟国家，而近年来随着“一带一路”建设的不断发展，中国和东盟之间深耕数字基础建设合作，加快了数字基础设施互联互通建设步伐，在东盟国家布局并投资了数字“新基建”，通过对外直接投资的方式促进了东盟国家数字经济、5G 科技等方面的基础设施建设。②东道国较高的基础设施建设水平能够降低企业的出口成本，导致企业更愿意以出口的方式进入当地市场，而非对外直接投资，比如基础设施建设水平已跨越门槛值的新加坡，其过高的基础设施建设水平对中国对外直接投资增长的作用有限［崔岩、于津平（2017）］。因此数字基础设施建设水平较高的 RCEP 成员国可能具有较高的投资壁垒，在一定程度上阻碍中国对其对外直接投资的流入，从而导致出现上述结果。

2. RCEP 成员国数字资源使用水平对中国对外直接投资具有一定的制约作用

根据模型 3 的结果来看，数字资源使用水平在 10%的显著性水平上对中国对 RCEP 成员国对外直接投资具有一定的制约作用，说明 RCEP 成员国的数字资源越丰富，我国对该国的对外直接投资越少。在 RCEP 成员国中，数字资源使用水平较高的国家多为发达国家，如韩国、新加坡、新西兰和澳大利亚。这些国家的数字资源丰富，数字资源使用水平较高，其科技水平也较为发达，高技术产业较为成熟。在这样的情况下，中国难以对上述 RCEP 成员国进行大规模的对外直接投资，因此导致出现 RCEP 成员国数字资源使用水平对中国对外直接投资具有一定的制约作用的研究结论。

3. RCEP 成员国数字出口贸易水平对中国对外直接投资具有显著的促进作用

根据模型 4 的结果来看，数字出口贸易水平在 1%的显著性水平上对中国对 RCEP 成员国对外直接投资具有一定的促进作用。数字出口贸易是中国对 RCEP 成员国进行对外直接投资的动因之一。数字出口贸易占贸易比重越大，就越能促进中国对 RCEP 成员国对外直接投资。分析其原因能够发现，一国的数字贸易出口水平越高，表明其数字产品的开放度越高，其与其他国家的数字贸易联系越紧密，就越会吸引包括中国在内的其他国家到该国进行对外直接投资，去销售本来出口的商品，从而导致对外直接投资规模增大。

4. RCEP 成员国数字经济发展水平在一定程度上对中国对外直接投资具有制约作用

从模型 1 的结果综合来看，数字经济发展水平在 5%的显著性水平上对中国对 RCEP 成员国对外直接投资具有制约作用。进一步结合模型 5 的结果来看，最终呈现制约作用的主要原因是数字资源使用水平对对外直接投资的制约作用超过了数字出口贸易水平对对外直接投资的促进作用。另外，本文没有将 RCEP 成员国分为发展中国家和发达国家进行异质性分析，没有考虑包括营商环境在内的其他因素，且由于数据所限，研究的数据年份仅有 10 年，也有可能造成结果的不准确性。

六、研究结论及建议

本文以 RCEP 成员国为研究对象，基于 2010—2019 年的面板数据，从数字基础设施建设、数字资源使用和数字出口贸易三个维度构建了数字经济评价指标体系，用来表示 RCEP 成员国数字经济发展水平，并在此基础上实证研究了 RCEP 成员国数字经济发展水平对中国对外直接投资的影响。结果表明，RCEP 成员国数字基础设施建设水平对中国对外直接投资的抑制作用不显著，RCEP 成员国数字资源使用水平对中国对外直接投资具有一定的制约作用，RCEP 成员国数字出口贸易水平对中国对外直接投资具有显著的促进作用，RCEP 成员国数字经济发展水平整体上对中国对外直接投资呈现出了制约作用。

基于上述研究结论，本文探讨了如何促进中国对 RCEP 成员国对外直接投资，并提出以下几点建议：

第一，我国应进一步发展 RCEP 数字贸易策略，提升双边贸易便利化。由于数字出口贸易是影响中国对 RCEP 成员国进行对外直接投资的重要因素，我国应认真遵守 RCEP 中关于数字贸易的规则，积极签订跨境电商等合作协议。我国企业应通过积极实施“走出去”战略，促进 RCEP 成员国进一步提高互联网技术水平和数字贸易水平，巩固新加坡、菲律宾和马来西亚的数字贸易水平，提高其他 RCEP 成员国的数字贸易水平，从而扩大对外投资规模，实现对外直接投资的高质量发展。

第二，在对 RCEP 成员国进行对外直接投资的过程中，我国应注重向科学技术发展水平与我国不相上下的国家进行对外直接投资。通过分析 RCEP 成员国数字经济发展水平能够发现，若对数字经济发展水平较高的 RCEP 发达国家进行投资，有可能由于其具有较高的科学技术发展水平，难以逆向溢出获取技术等知识，因此我国可以在明确各国数字经济发展水平和科学技术发展水平的基础上，扩展对马来西亚等国家的投资。对新加坡、韩国、日本等国家的投资，需要更加谨慎。

第三，明确 RCEP 各国的数字经济发展水平，鼓励我国向数字基础设施建设薄弱的 RCEP 成员国进行对外直接投资。虽然实证结果表明，RCEP 成员国数字基础设施建设水平对中国对其进行对外直接投资的影响并不显著，但数字基础设施建设对弥合发达国家和柬埔寨、老挝、缅甸等发展中国家之间的数字鸿沟有着十分重要的作用。通过加快数字基础设施建设，能够发展该国的通信设施和互联网技术等，促进该国在社会公共服务和交通运输设施上的建设，有利于为数字资源使用和数字出口贸易发挥基础性建设作用，提升数字经济发展水平，缩小与发达国家的数字鸿沟。

参考文献

[1] BUKHT R, HEEKS R. Defining, conceptualising and measuring the digital economy [J]. Development Informatics Working Paper, 2017, 68 (8): 1-24.

[2] DAHLIA PATRICIA STERLING, MA YINGXIN. Theoretical understanding of the specifics and relevance of the RCEP Trade Agreement and forging a new path based on the digitalization of trade and investment in this era. Will RCEP be the road map for the future of world

trade? [J]. Studies in Social Science Research, 2021, 2 (2): 21-34.

[3] DENG X, LIU Y, XIONG Y. Analysis on the development of digital economy in Guangdong Province based on improved entropy method and multivariate statistical analysis [J]. Entropy, 2020, 22 (12): 1441.

[4] MESENBOURG T L. Measuring electronic business [J]. Definitions Underlying Concepts & Measurement Plans, 1999: 2-21.

[5] MOULTON BR. GDP and the digital economy: Keeping up with the changes [J]. Understanding the Digital Economy Data, 1999: 34-48.

[6] SIDOROVD A, SENCHENKO P. Regional Digital Economy: Assessment of Development Levels [J]. Mathematics, 2020, 8 (12): 1-23.

[7] TAPSCOTT, DON. The digital economy: Promise and peril in the age of networked intelligence [M]. New York: MC Graw Hill, 1996.

[8] STREINZ T. RCEP's contribution to global data governance [J]. SSRN Electronic Journal, 2021.

[9] TINBERGEN J. An Analysis of World Trade Flows in Shaping the World Economy [M]. New York: Twentieth Century Fund, 1962.

[10] Poyhonen P. A Tentative Model for the Volume of Trade between Countries [J]. Weltwirtschaftliches Archive, 1963 (90): 93-100.

[11] ZAMAN H B, NORSIAH A H, AHMAD A, et al. A visual measurement model on human capital and ICT dimensions of a Knowledge Society (KS) framework for Malaysia towards an innovative digital economy [C] //DBLP. DBLP, 2011.

[12] 崔岩，杜明威．“东亚模板”数字贸易规则相关问题探析——基于中日韩合作的视角 [J]. 日本学刊，2021 (4): 62-85+145-146+149-150.

[13] 崔岩，于津平．“一带一路”国家基础设施质量与中国对外直接投资——基于面板门槛模型的研究 [J]. 世界经济与政治论坛，2017 (5): 135-152.

[14] 洪俊杰，陈明．巨型自由贸易协定框架下数字贸易规则对中国的挑战及对策 [J]. 国际贸易，2021 (5): 4-11.

[15] 金玉凤．“一带一路”沿线国家数字经济发展水平对中国对外直接投资的影响 [D]. 济南：山东大学，2021.

[16] 马建堂．数字经济：助推实体经济高质量发展 [J]. 新经济导刊，2018 (6): 10-12.

[17] 宁朝山．基于质量、效率、动力三维视角的数字经济对经济高质量发展多维影响研究 [J]. 贵州社会科学，2020 (4): 129-135.

[18] 逄健，朱欣民．国外数字经济发展趋势与数字经济国家发展战略 [J]. 科技

进步与对策，2013，30（8）：124-128.

［19］彭德雷，张子琳 . RCEP 核心数字贸易规则及其影响［J］. 中国流通经济，2021，35（8）：18-29.

［20］齐俊妍，任奕达 . 东道国数字经济发展水平与中国对外直接投资——基于“一带一路”沿线 43 国的考察［J］. 国际经贸探索，2020，285（9）：55-71

［21］田瑾 . 多指标综合评价分析方法综述［J］. 时代金融，2008（2）：25-27.

［22］万晓榆，罗焱卿，袁野 . 数字经济发展的评估指标体系研究——基于投入产出视角［J］. 重庆邮电大学学报（社会科学版），2019，31（6）：111-122.

［23］王奇艳，翟鑫炎，姜雪彬 . 熵值法下我国数字经济发展水平动态评价研究——基于省际面板数据［J］. 北方经贸，2020（1）：35-39.

［24］魏亮 . RCEP：推动世界数字经济发展的新引擎［J］. 网络传播，2021（1）：26-28.

［25］续继 . 国内外数字经济规模测算方法总结［J］. 信息通信技术与政策，2019（9）：78-81.

［26］徐建慧 .“一带一路”沿线国家数字经济发展评价及空间格局研究［J］. 新疆农垦经济，2021（10）：58-67.

［27］杨路明，刘纪宏 .“一带一路”背景下中东欧国家数字经济发展研究［J］. 学术探索，2020（9）：95-102.

［28］尹佳渝 . 东道国数字化发展水平与中国 OFDI 区位选择研究［D］. 杭州：浙江大学，2020.

［29］张伯超，沈开艳 .“一带一路”沿线国家数字经济发展就绪度定量评估与特征分析［J］. 上海经济研究，2018（1）：94-103.

［30］张雪玲，陈芳 . 中国数字经济发展质量及其影响因素研究［J］. 生产力研究，2018（6）：67-71.

［31］张雪玲，焦月霞 . 中国数字经济发展指数及其应用初探［J］. 浙江社会科学，2017（4）：32-40+157.

［32］张亚斌 .“一带一路”投资便利化与中国对外直接投资选择——基于跨国面板数据及投资引力模型的实证研究［J］. 国际贸易问题，2016（9）：165-176.

［33］周经，吴可心 . 东道国数字经济发展促进了中国对外直接投资吗？［J］. 南京财经大学学报，2021（2）：88-98.

大数据时代企业内部审计转型之路*

夏 宁 丁 科

【摘要】 自进入21世纪以来，互联网技术不断发展，新一代信息技术相互融合创新之后诞生了大数据这一重要技术变革。在大数据技术的加持之下，企业能够在相对较短的时间内撷取、管理、处理、整理那些能帮助企业经营决策更积极的资讯。当下，大数据已成为产业创新的重要驱动力之一，各行各业均在探索其运用的途径。传统的数据式审计模式在当下处理大批量审计工作时已显得捉襟见肘，那结合大数据的改革能否帮助传统的数据式审计模式走出困境？本文将首先分析审计模式变化能否带来审计能力的提升；其次探讨在有限内部控制投入资源下，新的审计模式能否为企业带来更高的效益；最后尝试对大数据下的审计模式流程及框架进行进一步完善，以期提供大数据环境下数据式审计模式的实践思路。

【关键词】 大数据；数据式审计模式；内部控制

一、文献综述

《审计署关于内部审计工作的规定》对内部审计职责范围进行了扩展，与原职责相比，增加了贯彻国家重大政策措施情况审计，发展规划、战略决策、重大措施以及年度业务计划执行情况，自然资源资产管理和生态环境保护责任的履行情况审计，境外机构、境外资产和境外经济活动审计。对国家和上级部门重大政策的执行情况进行审计是一项审慎、严肃的评价

---

* 【基金项目】本文得到中国政法大学科研创新引导专项项目（21ZFY63001）和国家社会科学基金（项目批准号：19BGL068）资助。

【作者简介】夏宁，中国政法大学商学院教授，硕士生导师，研究方向：公司治理、财务会计。丁科，中国政法大学商学院学生，工商管理专业。

工作，具有政策性强、审计过程烦琐、评价维度层级多等难点，进一步增加了内部审计的广度、深度。审计监督在审计覆盖面、审计深度等方面仍有较大差距。

石爱中、孙俭创造性地提出了数据式审计模式的观点，认为在信息化条件下，审计工作的对象从传统纸质账目转变成了种类繁多的电子数据，对数据式审计模式的含义和特点进行了深入的阐述，提出数据式基础审计可以简单描述为系统内部控制测评加数据审计，开创了这一新型审计模式的研究。董博坤在此基础上结合杭州预算执行审计实际，提出实现数据式审计模式路径的三个重点，分别是构建审计数据综合分析系统、把握审计关键环节和强化审计应用。徐瑾从一般计算机技术、计算机辅助审计技术、审计信息化建设到审计人员专业技术素质对数据式审计的实施路径和发展方向进行了进一步的研究。王锴认为数据式审计模式是风险导向审计模式的发展，数据式审计模式研究逐渐成为计算机审计研究的重要研究方向。

以往的数据式审计研究均建立在传统数据环境的基础上，其关键环节即内部控制测评和数据审计均建立在相对封闭和结构化数据环境下。但在大数据的时代背景之下，需要处理的数据量与业务量日益增多，传统的数据式审计难以面对当下艰巨的挑战。本文接下来将探讨大数据环境下数据式审计模式的可行性，探索大数据时代背景之下企业内部审计的转型之路。

二、大数据背景下企业内部审计现状

当前，我国经济已经进入高质量发展阶段，这既是中国特色社会主义在新时代的重要特征，也对我国企业的发展提出了新的要求，即企业需要通过自身的高质量发展来支撑经济的高质量发展。其指导思想是“创新、协调、绿色、开放、共享”的发展理念，核心表现则是通过质量变革、效率变革和动力变革实现经济发展方式的转变。从创新发展来看，新经济要求商业组织创造新的价值观、产品、服务或者流程。为此，一方面，需要企业通过技术创新补齐管理效率上的短板；另一方面，随着新一轮科技革命和产业革命的兴起，企业只有通过技术创新占领行业技术制高点和迈向产业链高端，才能成为行业的头部企业和具有全球竞争力的世界一流企业。

随着新产品、新模式层出不穷，企业发展所面临的经营风险也在不断增加，尤其是处于不确定性环境中的企业，其组织能动的自适应韧性面临更大的挑战，具体表现为抗风险能力、修复能力和可持续成长能力。此时的内部审计如何面对新经济的高质量发展与技术创新发展的需求？针对内部审计，现实的需求是：内部审计除了完成传统的合规审计，还应为企业管理层提供管理导向的审计建议，这一需求的边界在新时期还在不断扩大。

在内部审计资源投入有限的现实条件下，需要内部审计通过技术创新进一步提高现有审计团队的审计效率，聚焦企业内部核心风险，扩展审计覆盖面，这成为当前内部审计创新与质量提升的重要课题。此时，积极创新大数据环境下的审计方式和工作模式、提升数据存储管理效率和规范化水平、加快实现信息技术与审计业务的深度融合、推进审计全覆盖具有很强的现实意义。加速推进企业数字化转型的步伐，加强复用数据审计方法，实现在此基础上的智能审计，从以“人审”为主向以“机审”为主转变，逐渐成为一种新的趋势。

在当下的内部审计工作之中，绝大多数工作者仍采用着传统的数据式审计模式，处理工作时效率低下。随着信息化社会的发展，审计数据的数量大量增长，若仍采用过往的方式而不求变革，内部审计可能将在消耗大量公司资源的情况下仍不能完成公司的审计需求，这会成为公司内部控制建设的阻碍。如何在有限的资源支持下，处理日益复杂的审计数据，为建立更完善的内部控制制度打下基础，是当下内部审计部门以及工作人员急需突破的难题。

三、大数据环境下数据式审计的审计能力变化

相较于传统的数据式审计模式，该模式的最大特点就是与大数据的紧密联系。通过大数据技术的运用，可以帮助内部审计工作人员快速、准确地批量化审计公司内部数据，为公司的内部控制提供依据与支撑。

大数据环境下的内部审计是一种智能化的数据审计。审计工作融合了

高级数据分析、认知技术、智能预测、敏捷方法和机器人流程自动化等新技术、新概念。这样的智能审计应用将为内部审计迈向更高层面提供全方位的数字化赋能。它不仅可以减少审计数据采集和分析的时间，大大减少审计工作中的重复性操作，最重要的是，审计人员可以投入更多的精力去关注更加重要的关键问题，提供更加具有洞察力和价值的管理对策建议。

大数据环境下的数据式审计的能力将得到大幅度提升。

首先是对大数据的全面分析能力。智能审计使用数据湖架构构建了大数据审计平台和审计数据运营与管理机制，收集和存储企业内、外部各类结构化和非结构化数据，实现各类数据的专业化处理，包括采集、加工、转换、存储、交换、关联、共享和管理。例如，针对银行的内部审计，通过全面分析零售客户的支出情况、支付渠道、消费习惯等各类数据，可以全面、动态、真实地获得审计对象的总体信息，然后帮助内部审计人员高效地识别异常客户的风险特征。通过对公客户内外部数据的交叉验证和组合分析，还可以为内部审计部门对相关客户进行信贷评价提供更好的参考依据。

其次是高效的自动化处理能力。智能审计利用审计机器人流程自动化替代人工执行具有清晰定义和极少例外情况下的重复和确定性审计动作，可以实现审计人力成本的节约和审计资源的合理配置，形成审计资源的聚焦能力。该技术可以帮助审计人员完成外部数据挖掘、数据采集、数据比对分析、系统安全检查以及审计工作底稿编写等重复性的事务性工作。此外，采用模式识别（文字识别、人脸识别、语音识别）等人工智能技术，可以为审计人员提供文本、图像和语音自动识别及检查工具，从而支撑各类审计项目中对企业数字化改造后业务过程产生的海量合同文本、电子证照、录音等非结构化数据的全样本检查。

最后是对业务风险的智慧洞察能力。以往的内部审计项目主要依赖审计人员设定规则对样本进行异常筛选，审计效果往往与审计人员经验水平密切相关。机器学习作为人工智能的核心应用模式，可以使计算机主动学习。智能审计应用机器学习技术，通过有监督和无监督机器学习模型直接对大量审计对象的数据进行处理分析，形成相应的假设结果和风险预测，从而帮助审计人员揭示出隐形的数据关系。该技术为审计人员提供了另一条基于数据的风险洞察和识别路径。此外，通过对机器学习模型结果特征开展进一步分析，可以扩展各类原有审计数据模型的覆盖范围和提高其精度。

大数据环境将会给数据式审计带来许多全新的变化，以其全新的创造力，为公司内部审计工作创造无限的可能性。

四、大数据环境下数据式审计模式的影响和可行性研究

（一）大数据环境给数据式审计模式带来的影响

1. 审计工作需要做到实时监控

自进入21世纪以来，审计工作的难度与任务量都在逐步增加。为追求更完善的审计方式，实时监控是审计工作的一大目标。大数据的处理模式，能有效节省人工，做到智能化监管监控，让实时监控成为现实。因此，当前企业的内部审计工作，急需向数据化转型。

2. 审计工作信息化程度提高

大数据时代的到来，在很大程度上改变了企业内部审计的内外部环境。但是相关的法律法规存在滞后性，尚未对新的市场环境做出适应性调整，而内部审计服务内容又在很大程度上是服务于环境相关的审计。我国对大数据在企业内部审计中应用的相关准则基本上没有形成体系，实务操作方面也不成熟，立法部门也未对此有足够重视。同时，现阶段企业内部审计目标受内外部环境影响发生了改变，从找寻舞弊与纠错逐渐转向关注企业价值增值，帮助实现企业整体目标，由此便暴露出现行内部审计准则的不足。

3. 审计工作的业务数据增多

21世纪，是电子计算机高速发展的时代，也是信息化的时代。面对错综复杂的大量数据，如何做到撷取、管理、处理，并整理、提炼出其中真正有用的数据信息，是每一个企业都需面对的难题。在大数据的时代背景之下，企业能够更快速、更便捷地处理好大量数据，大数据工具将成为审计工作的润滑剂。

（二）大数据环境下数据式审计模式的可行性研究

1. 从成本效益角度进行分析

通过对确定的成本和效益进行比较，可以判断审计项目是否可行。采用如此方法，也可以分析大数据背景下的数据式审计模式的可行性。在此理论的基础上，我们可以搭建以大数据环境下数据式审计模式每年的投入、成本和收入为主要因子的模型。在假设折现率不发生变动的基础之上，通过对净现值的计算来判断大数据环境下的数据式审计模式是否可行。如果净现值大于零，则表示在经济上是可行的，如果净现值小于零，则表示在经济上是不可行的。但由于数据式审计模式带来的收入往往体现在营业收入的上涨以及运营成本的下降上，是一种无形资产，难以对其进行单独、准确的计量，因此使用成本收益法对其成本效益进行计算可能会产生一定的偏差。此外，由于环境的不同，大数据环境下的数据式审计模式的实施方法也会有所改变，这并不是一成不变的套路。因而，企业应当优先选择净现值最大的实施方案，在较低成本的情况下，为企业带来更大的收益。

2. 从需求供给角度进行分析

从需求角度来说，新时代数据爆炸的环境下，审计工作者如果不能适应通过大数据的模式进行工作，将难以面对大量棘手的工作，不仅无法完成系统控制测评，而且难以完成数据审计。从供给角度而言，经过完善的数据式审计模式能够更好地适应当下的大数据环境下的审计工作。流程清晰，数据丰富、分析深入等优点必将大大推动、促进数据式审计模式在审计工作之中的运用。

从多角度的分析来看，大数据环境下的数据式审计模式具有可行性，可以在审计行业进行推广使用。审计模式在新时代大数据的背景下以变求生存，通过更与时俱进的方式，为审计行业的工作提供了更大的便捷与创造力。

五、大数据环境下数据式审计的构建

通过大数据技术的加持，通过对数据的结构式分析，可以突破传统的对数据分析的桎梏。如何打造一个可以海量处理审计数据的平台，是数据式审计模式改革的重中之重。

（一）审计大数据采集阶段

信息化时代，数据来源更为丰富，审计工作人员可以通过更多的途径获取所需要的审计大数据。审计工作人员可借助门户网站、搜索引擎或社交网络媒体来获得数据。数据类型主要为网页、文档、图片等非结构化数据，数据量大而且数据类型多。从各行各业的被审计单位，审计人员主要采集财务数据和业务等结构化数据，也可以采集会议纪要、业务文档等非结构化数据，数据量很大。从审计机关内部，审计人员可以整理和分析审计业务数据和管理数据，数据类型以审计文书、审计档案等各类非结构化数据为主。大数据环境下，设置传感器、采集日志文件和 Web 爬虫技术，成为大数据采集的重要手段，审计人员可以采集处理的数据范围得以显著拓宽。

（二）审计大数据处理阶段

大数据环境下，从各种渠道采集的大数据需要进行预处理，包括数据集成、数据清洗和冗余消除，之后才会存储到数据库中。数据集成是在逻辑和物理上把不同数据源的数据进行集中，为用户提供一个统一的视图以便于处理；数据清洗是在数据集中过程中发现不准确、不完整或不合理数据，并对这些数据进行修补或移除以提高数据质量的过程；冗余消除是减少数据的重复或过剩，降低传输开销和存储空间。大数据环境下，审计大数据处理和存储阶段尤为需要对数据进行充分的预处理，才能提高数据处理和存储效率。而且，数据质量检查成为该阶段的重要审计任务。数据质量检查将为后续的大数据审计分析打下良好基础。

（三）审计大数据分析阶段

传统环境下，审计数据分析以查询分析和多维分析为主，审计分析多以关联分析和趋势分析作为审计疑点或线索的判定依据，结果精确但作用范围有限，而且分析预测能力不强。大数据环境下，由于大数据分析的三个原则（要全体不要抽样，要效率不要绝对精确，要相关关系不要因果关系），大数据分析可以更多采用统计分析、数据挖掘和数据可视化等方法，以扩大审计数据分析能力。不同的数据分析类型需要采用不同的分析方法，结构化数据分析主要采用数据挖掘和统计分析方法；文本分析主要采用文本表达、自然语言处理、信息提取、摘要、分类聚类、问答系统和观点挖掘等方法；网页分析主要采用网页内容挖掘、网页结构挖掘、网页用法挖掘方法；多媒体分析主要使用摘要、标注、索引检索、推荐和事件检测方法；社交网络分析主要使用链接预测、社区发现、社交网络演化、影响分析、关键词搜索、分类聚类和迁移学习方法。通过上述大数据分析方法，审计数据分析得以对采集获得的各类数据进行深入挖掘，取得以往难以取得的审计数据分析效果。数据审计在此阶段将发挥重要作用。

有体系的审计大数据平台的建立，有利于大批量、体系化的审计工作的开展与进行。审计大数据平台基于大数据采集系统、大数据存储系统和大数据管理系统构建。大数据采集系统负责从互联网、被审计单位和审计机关内部采集和整理各种结构化数据和非结构化数据；大数据存储系统负责采用分布式文件存储技术和数据仓库技术存储数据；大数据管理系统负责优化和调度数据。审计大数据平台负责对数据进行统计分析、数据挖掘和可视化分析等多维分析，充分解析数据的信息价值。

传统环境下，审计人员仅使用审计项目需要采集被审计单位的财务数据和业务数据，数据量一般不大，数据类型通常简单。数据式审计模式仅需要对被审计单位的财务系统和主要业务系统进行系统内部控制测评后，即可开展数据审计，通过数据趋势分析和关联分析取得审计线索。但是随着对审计能力要求的提高，以及被审计单位数据量的迅猛增长，传统环境下的数据式审计模式需要改进。

从湖北省审计厅官方网站中“湖北省审计厅”所陈列的数据中了解到，湖北省审计厅已经在大数据审计方面取得了比较突出的成果，大数据环境下的数据式审计模式已经发生变化。一是数据采集变得多样。湖北省审计厅通过构建被审计单位财务业务数据库、审计机关审讨结果数据库、第三方信息数据库、互联网舆情数据库四大类数据库，收集省直审计数据量 8TB 和市县审计数据量 3TB，积累大数据审计之源。二是更加重视数据质量检查和数据处理。收集数据不是目的，目的是使用这些数据，还要注意解决数据一致性、数据转换和数据筛选等问题。三是数据分析方法更加深入。湖北省审计厅开展业务数据与财务数据，单位数据与行业数据，以及跨行业、跨领域数据的综合比对分析，研究开发审计结果分析系统，将非结构化的文本数据进行结构化处理并进行审计成果分析。四是审计程序可以优化。湖北省审计厅根据被审计单位以往被审计的频次和审计结果，实现被审计单位的审计情况汇总，为编制年度项目计划提供依据，大数据分析不再局限于具体审计项目，可以运用于审计程序的各个环节。经过改进后的数据式审计模式取得了突出的审计成果，湖北省部门预算执行审计由原来一年只能审计 10 多个单位到可以基本实现省直预算单位审计全覆盖。同时，经过改进的数据式审计模式也为审计成果利用创造了条件和机会。经过大数据技术改良后的数据式审计模式，从根本上为审计工作带来了新的驱动力，使审计工作在新时代迈向高速、便捷的发展方向。

大数据环境下，数据式审计模式产生了种种变革。审计人员需要充分认识大数据环境对数据式审计模式带来的影响，认真分析审计对象、审计方法和审计程序产生的变化，积极利用大数据技术快速提升审计能力，更加有效地发挥审计在推动完善公司内部控制中的重要作用，为我国构建新时代完善的内部控制体系打下坚定基础。

参考文献

[1] 郑伟，张立民，杨莉．试析大数据环境下的数据式审计模式［J］．审计研究，2016（4）：8.

[2] 张庆龙，何佳楠，芮柏松．新时期内部审计创新之路：从数据审计到智能审计［J］．财会月刊，2021（22）：6.

[3] 石爱中，孙俭．初释数据式审计模式［J］．审计研究，2005（4）：3.

[4] 董博坤．预算执行的数据式审计模式探索［J］．审计研究，2007（6）：16.

[5] 徐瑾．基于信息化环境下数据式审计的特征与实施路径［J］．审计与经济研究，2009（1）：50.

[6] 王锴．基于风险导向的数据式审计模式探索［J］．现代管理科学，2011（1）：86.

北京市城市创新产出的影响因素研究[*]

张　巍　张梦姿

【摘要】创新是知识经济时代推动全球经济发展和社会进步的重要因素，研究创新产出的主要驱动因素对实现经济高质量发展具有重要的现实意义。本文以1999—2018年北京市的时间序列数据为样本，采用主成分分析与因子分析法，结合多元线性回归模型，从城市层面探讨影响创新产出的主要因素。实证结果表明：①从影响程度来看，各变量对创新产出的影响程度排序为：外贸依存度>普通高等学校生师比>外商直接投资>政府科学技术投入>R&D经费内部支出>人均GDP>全社会固定资产投资>移动电话交换机容量>二、三产业产值比>R&D人员折合全时当量。②从系数方向来看，除二、三产业产值比，普通高等学校生师比与外贸依存度对创新产出为负向影响外，其他均对创新产出有显著的正向影响。本文最后提出了优化创新资源配置和创新环境、强化战略科技力量，多维度提升城市创新功能、加快形成创新合力等政策建议。

【关键词】北京市；创新产出；主成分分析与因子分析；多元线性回归

一、引言

近年来，知识经济的浪潮使得世界各国、各地区的创新活动日渐活跃，并呈现全球化、多极化趋势。中国近年来也积极融入全球创新新格

---

* 【基金项目】北京市教改项目“法商大数据分析创新型人才培养模式研究”（京教函〔2020〕427号）；中国政法大学新兴学科培育与建设计划：商业大数据分析。

【作者简介】张巍，中国政法大学商学院教授，硕士生导师，研究方向为数据调查与应用统计分析、产业政策分析。张梦姿，中国政法大学商学院硕士研究生，产业经济专业。

局，优化对内对外创新环境，不断推进创新转型。党的十八届五中全会提出“创新、协调、绿色、开放、共享”新时期五大发展理念，党的十九大报告提出“创新是引领发展的第一动力”，将创新战略提升到国家发展战略的首要位置，推动建设创新型国家，以创新应对经济下行压力大、经济转型难等问题。北京作为中国首都，是全国创新要素最集聚、创新产出最丰富的地区，城市内拥有众多重点高校和科研机构，汇聚了全国众多高素质人力资源，知识创新成果丰富，高科技产业发展迅猛（孙瑜康、李国平，2017）。

第五次国家技术预测的结果显示，北京创新发展取得了瞩目成就，在全国领先的技术成果中，北京占 55.7%，为国家安全、经济发展、社会进步和民生改善提供了重要支撑。《自然》增刊“2018 自然指数-科研城市”中的最新数据显示，北京依然是位居全球第 的科研城市。然而，在传统的行政区划体制下，城市内部的协同创新还存在诸多问题，如创新要素分布不均、创新资源流动性低等矛盾突出，这成为制约城市创新转型的主要瓶颈。因此，基于城市整体层面研究创新产出的影响因素，对未来创新政策的制定和完善具有重要的理论和现实意义。

近年来，创新一直都是学术界关注的区域经济热点话题，伴随创新对实现经济高质量发展的作用日益凸显，国内外学者围绕创新展开了大量研究，主要包括：①在研究区域方面，涵盖国家、省域、市域等维度。例如，方远平和谢蔓（2012）以我国 31 个省域为研究单元探索创新要素的空间分布及其对区域创新产出的影响。陈国生等（2016）分析了长江三角洲地区 25 个城市区域创新的空间格局，结果表明创新发展在空间分布上存在非均衡性并向沿海发达城市集聚。②在研究方法方面，运用空间动态面板 SEM 模型、Hansen 门限面板回归模型、社会网络分析、空间自相关、多元线性回归等空间计量方法探索区域创新的空间演变。如 Maggioni 等（2007）、Marrocu 等（2013）的研究表明，由于地区内部知识在多样性和丰富度方面的局限，地区之间的跨区域合作是促进内外部知识创新的有效途径。苏屹等（2020）对中国省际知识溢出对区域创新绩效的非线性影响进行了研究，结果显示中国区域消化吸收能力存在明显的时空分异特征，且区域间差异程度逐渐加大。③在研究创新产出的驱动因素方面，学者们主要探讨创新投入、科技创新资源禀赋、区域政府政策、金融资本积累等因素对区域创新能力差异的影响（Bathelt H. 等，2004；侯纯光等，2016；王俊松等，2017），如 Meili Zhang 等（2020）的研究发现研发支出和市场化程度是区域技术发展绩效五种配置路径的核心因果；谭俊涛等（2016）通过回归分析方法发现创新基础和政府支撑对中国区域创新绩效影响较大。

综观国内外文献可以看出，目前学者们对于区域创新的理论研究已经取得了较为丰富的成果，但还存在诸多不足之处。如创新研究主要集中在国家和区域等宏观层面，对于城市层面的研究相对较少。然而，知识溢出对邻近性的高度依赖使得创新活动通常高度集聚在较小的空间范围，因此，创新活动在城市内是最为活跃和丰富的，应是创新研究重点关注的对象之一（孙瑜康等，2017）。基于此，本文以北京市为研究对象，将主成分分析与因子分析法和多元线性回归方法相结合，从城市视角分析北京市创新产出的影响因素，为实现 2022 年初步建成具有全球影响力的科技创新中心，打造全国高质量发展引领区，释放城市创新活力，为在全国更大范围的城市层面实现高质量发展提供示范和借鉴。

本文其他的章节安排如下：第二部分解释数据来源、处理及实证模型设定；第三部分展示并分析模型回归结果，并进行稳健性检验；第四部分为结论，基于本文研究结论并结合实际，为未来进一步促进经济高质量发展提出政策建议。

二、研究设计

（一）变量选取

对于创新产出的研究概念及其度量，目前许多学者在进行实证分析时通过专利信息来近似度量某地区的创新产出能力（李习保，2007）。其通用性、一致性和易得性仍然是许多学者在实证分析中测量创新能力的常用指标，例如，Evangelista（2001）曾用地区层次的专利数据对意大利的区域创新产出进行系统分析，而 Acs 等（2002）发现利用专利信息来分析美国地区新知识活动的创新产出是比较科学的。因此，参考前文所述现有区域创新的研究成果，结合北京市现阶段发展态势及数据的可获取性，本节选取专利申请授权量（PGA）作为衡量各地区 R&D 创新产出的重要指标，并从 10 个方面对影响因素进行定量分析。

其中，北京市的经济发展和人民生活水平由人均 GDP（PCG）衡量；科技人力资源投入由 R&D 人员折合全时当量（RDP）测度；科技经费投入由 R&D 经费内部支出（RDF）测度；产业结构形态由二、三产业产值比（ISE）测度；电信通信能力由移动电话交换机容量（MTC）测度；吸引外资能力由外商直接投资（FDI）测度；政策因素由政府一般公共财政预算支出中的科学技术投入（STE）测度；教育资源因素由各地区普通高等学校生师比（STR）测度；社会传统固定资产再生产因素由全社会固定资产投资（FAI）测度；开放水平因素由外贸依存度（FID）测度，其中外贸依存度由各地区的进出口总额与 GDP 的比值衡量。具体指标见表 1。

表 1　影响因素选取与指标定义

指标	描述和单位
人均 GDP	衡量地区宏观经济运行和人民生活水平的重要指标（元/人）
R&D 人员折合全时当量	国际通用的比较科技人力投入的指标（人年）
R&D 经费内部支出	为避免对实施和委托单位重复计算，统计实施单位开展 R&D 活动内部支出（亿元）
二、三产业产值比	第二产业与第三产业产业增加值之比，反映产业结构发展形态的指标（%）
移动电话交换机容量	根据话务模型和交换机处理能力计算的最大同时服务用户数量，反映电信通信能力（万户）
外商直接投资	外国企业或经济组织用现汇、实物、技术等在我国境内开展活动，反映吸引外资能力（亿元）
政府科学技术投入	科学技术投入在政府一般公共财政预算支出中的部分，反映政府政策因素（亿元）
普通高等学校生师比	普通高等学校在校生数与专任教师总数之比，反映某地区高等教育水平（%）
全社会固定资产投资	包括基本建设投资、更新改造投资、房地产开发投资等传统固定资产再生产的手段（亿元）
外贸依存度	经营单位所在地进出口总额与 GDP 比值，是衡量对外贸易开放的重要指标（%）

（二）数据来源与处理

以上为原始数据统计特征方面的考量，下面简要说明数据处理的具体过程。整体而言，涉及三方面的内容：一是筛选合适的变量指标构建影响北京市区域创新产出的时间序列数据集。二是统一货币汇率单位，参照世界银行 WDI 数据库人民币与美元货币汇率的各年年平均价，将北京市外商直接投资（亿美元）与经营单位所在地进出口额（亿美元）换算为以人民币（亿元）为计价单位，再将后者根据北京市 GDP 数据计算得出外贸依存度（%）。三是各评价指标由于性质不同，在量纲和数量级方面往往差异较大，为了保证统计结果的可靠性，本文对所有原始指标数据进行了标准化处理。经处理后的各变量分别记为 Z_{PGA}、Z_{PCG}、Z_{RDP}、Z_{RDF}、Z_{ISE}、Z_{MTC}、Z_{FDI}、Z_{STE}、Z_{STR}、Z_{FAI}、Z_{FID}。

考虑数据的可得性和完整性，本文以北京市 1999—2018 年的时间序列数据集为实证研究样本。其中，专利授权量、R&D 人员折合全时当量、R&D 经费内部支出、政府科学技术投入等指标数据来自 1999—2018 年《北京统计年鉴》《中国统计年鉴》；人均 GDP、二、三产业产值比、移动电话交换机容量、全社会固定资产投资等指标数据均来源于国家统计局网站；外商直接投资、外贸依存度、美元兑换人民币各年年均汇率由 2009—2018 年《中国统计年鉴》及世界银行 WDI 数据库计算得出；普通高等学校生师比由《中国教育统计年鉴》数据计算得出。

（三）模型设计

为研究影响区域创新水平的因素，需在众多影响变量中选取主因子进行解释，但由于各变量之间极有可能有信息过度重叠的现象，从而可能在后续回归分析中导致较为严重的多重共线性问题，使统计结果产生较大的偏差。为解决这一问题，本文利用主成分分析法对各变量进行降维处理，降维后的综合指标为新变量 F，设降维后的主成分为 $F_n(n\in[1, +\infty])$，主成分个数未知。另外，ω_{nk} 为上述 10 个变量的权数值，表示各变量对主成分的重要程度，用公式表示如下：

$$F_n = \sum_{k=1}^{10} \omega_{nk} x_k \tag{1}$$

则多元线性回归模型可以设为：

$$PGA_i = \beta_0 + \beta_1 x_1 + \beta_2 x_2 + \cdots + \beta_{10} x_{10} + \varepsilon_i (i \in [1, 20]) \tag{2}$$

其中，PGA_i 表示第 i 年北京市的专利授权量，x 表示表 1 描述的 10 个影响变量，β_0 为截距，β_1，β_2，…，β_{10}为各自变量的回归系数，代表各自变量对因变量的独立影响作用，ε_i 代表模型无法观测的随机扰动或随机残差项。

三、实证分析

（一）主成分（PCA）分析

在运用 SPSS 软件对影响北京市创新产出的因素进行分析前，首先需要对所选取的 10 个变量的相关数据进行 KMO 和 Bartlett 检验，判断因子是否适合主成分分析。其中，KMO 统计量取值范围是［0，1］，小于 0.5 则表示不适合；Bartlett 检验的显著性 P 值≤0.05，则认为相关系数矩阵并非单位矩阵，因此可以拒绝原假设，样本数据可以进行主成分分析及因子分析。表 2 是对北京市创新产出影响因素数据的检验。

表 2　KMO 和巴特利特检验

模型检验结果	
KMO 取样适切性量数	0.796
Bretlett 的球形度检验近似卡方	403.519
自由度	45
显著性	0

由表 2 可以看出，KMO 值为 0.796，接近 0.8，说明变量比较适合进行主成分分析或因子分析。卡方值较大为 403.519，检验显著性 P 值为 0，达到非常显著的水平，说明数据通过了 Bartlett 球形度检验，即相关系数矩阵不是单位阵。因此，所选取的影响因素数据集适合进行主成分分析或因子分析，输出结果见表 3~表 6，下面将逐一进行结果分析。

表 3　公因子方差

变量	初始值	提取
Z_{PCG}	1.000	0.987
Z_{RDP}	1.000	0.972
Z_{RDF}	1.000	0.989

续表

变量	初始值	提取
Z_{ISE}	1.000	0.961
Z_{MTC}	1.000	0.979
Z_{FDI}	1.000	0.840
Z_{STE}	1.000	0.981
Z_{STR}	1.000	0.729
Z_{FAI}	1.000	0.981
Z_{FID}	1.000	0.749

提取方法：主成分分析法。

由表 3 的提取栏可以看出，公因子方差值在 90%附近分布。其中，Z_{PCG}、Z_{RDP}、Z_{RDF}、Z_{ISE}、Z_{MTC}、Z_{STE}、Z_{FAI}的公因子方差值均在 0.960 以上，最大值达 0.989，表示主成分提取了人均 GDP，R&D 人员折合全时当量，R&D 经费内部支出，二、三产业产值比，移动电话交换机容量，政府科学技术投入，全社会固定资产投资等变量较多的信息，可以被主成分表示的程度很大；Z_{FDI}、Z_{STR}、Z_{FID}的公因子方差值均在 0.720 以上，最小值为 0.729，表明主成分对外商直接投资、普通高等学校生师比、外贸依存度所表示的程度也较大，但与其他变量相比较弱。

表 4 显示的是提取的主成分总方差的解释量，可以看出，模型主要提取出两个主成分。按照旋转载荷平方和方差百分比，其中成分 1 与成分 2 分别解释了原有变量数据总方差 71.552%、20.131%，提取出的两个公因子对原始变量总方差的解释贡献率累积达到 91.684%，远超 85%，说明公因子的方差贡献率较大，可以很好地解释总方差。

表 4　总方差解释量

成分	总计	初始特征值方差百分比/%	累积/%	总计	提取载荷平方和方差百分比/%	累积%	总计	旋转载荷平方和方差百分比/%	累积/%
1	7.773	77.731	77.731	7.773	77.731	77.731	7.155	71.552	71.552
2	1.395	13.953	91.684	1.395	13.953	91.684	2.013	20.131	91.684

续表

成分	总计	初始特征值方差百分比/%	累积/%	总计	提取载荷平方和方差百分比/%	累积%	总计	旋转载荷平方和方差百分比/%	累积/%
3	0.535	5.348	97.032						
4	0.177	1.771	98.803						
5	0.050	0.505	99.308						
6	0.037	0.370	99.677						
7	0.018	0.176	99.853						
8	0.008	0.075							
9	0.006	0.062							
10	0.001	0.010							

提取方法：主成分分析法。

图 1 显示了进行降维处理的各成分对变量解释程度的碎石图结果，各因子特征值随因子个数变化的散点图再次体现了前两个主成分的重要性。本文在此利用实际应用最为普遍的确定因子个数的方法——特征值法则，即选取特征值≥1 的主成分作为初始因子，放弃特征值<1 的主成分。如图 1所示，从第一个因子开始，曲线迅速下降，自第三个点开始曲线变平缓。因此，可提取的最大因子数以两个较为合适。

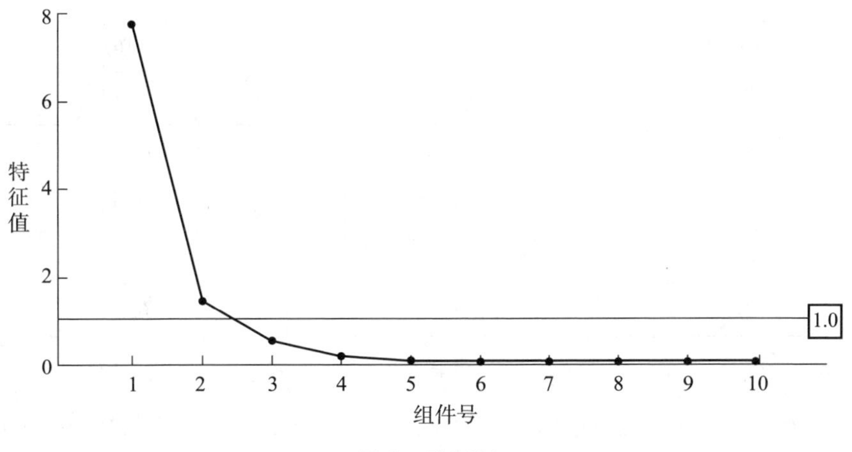

图 1　碎石图

（二）最大方差法旋转因子分析

接下来，为了更好地探索所提取的主成分因子与观测变量之间的关系，增加因子负载的分离度，以更好地解释所提取的主成分因子，本文使用因子旋转方法中应用更为广泛的最大方差法①来分析观测变量与旋转后的各因子之间的相关系数。如表 5 所示，成分 1 分别提取并解释了人均 GDP（Z_{PCG}）、R&D 人员折合全时当量（Z_{RDP}）、R&D 经费内部支出（Z_{RDF}）、二、三产业产值比（Z_{ISE}）、移动电话交换机容量（Z_{MTC}）、政府科学技术投入（Z_{STE}）、全社会固定资产投资（Z_{FAI}）最多的信息，均达到 92%的信息以上，外商直接投资（Z_{FDI}）的信息提取相对较少，达到 80.3%。成分 2 主要解释了普通高等学校生师比（Z_{STR}）、外贸依存度（Z_{FID}）的信息，分别达到 84.5%、84.9%。

表 5　旋转后的成分得分矩阵

变量	成分 1	成分 2
Z_{PCG}	0.954	0.277
Z_{RDP}	0.986	0.007
Z_{RDF}	0.945	0.310
Z_{ISE}	−0.980	−0.014
Z_{MTC}	0.975	0.165
Z_{FDI}	0.803	0.442
Z_{STE}	0.921	0.365
Z_{STR}	−0.121	−0.845
Z_{FAI}	0.966	0.221
Z_{FID}	−0.166	−0.849

提取方法：主成分分析法。旋转方法：凯撒正态化最大方差法。

表 6 显示了旋转后的成分得分系数矩阵，根据系数矩阵表中的各因子

① 最大方差法从简化因子负载矩阵的每一列出发，使与每个因子相关的负载平方的方差最大。该方法最直观的意义就是经过因子旋转后的每个成分上的负载尽可能拉大距离，一部分变量负载区域±1，另一部分负载趋于 0，忽略不计。

值系数乘以对应变量的标准化值，可以计算得到两个主成分的表达式（3）、表达式（4）：

$$F_1 = 0.129Z_{PCG} + 0.182Z_{RDP} + 0.122Z_{RDF} - 0.180Z_{ISE} + 0.152Z_{MTC} + 0.072Z_{FDI} + 0.107Z_{STE} + 0.125Z_{STR} + 0.141Z_{FAI} + 0.117Z_{FID} \quad (3)$$

$$F_2 = 0.017Z_{PCG} - 0.167Z_{RDP} + 0.040Z_{RDF} + 0.161Z_{ISE} - 0.061Z_{MTC} + 0.152Z_{FDI} + 0.081Z_{STE} - 0.537Z_{STR} - 0.022Z_{FAI} - 0.531Z_{FID} \quad (4)$$

表 6　旋转后的成分得分系数矩阵

变量	成分 1	成分 2
Z_{PCG}	0. 129	0. 017
Z_{RDP}	0. 182	-0. 167
Z_{RDF}	0. 122	0. 040
Z_{ISE}	-0. 180	0. 161
Z_{MTC}	0. 152	-0. 061
Z_{FDI}	0. 072	0. 152
Z_{STE}	0. 107	0. 081
Z_{STR}	0. 125	-0. 537
Z_{FAI}	0. 141	-0. 022
Z_{FID}	0. 117	-0. 531

提取方法：主成分分析法。旋转方法：凯撒正态化最大方差法。组件得分。

（三）回归结果与分析

基于上一节通过主成分分析与因子分析法提取出的成分 1 与成分 2，将 F_1、F_2 作为解释变量，将衡量各地区 R&D 创新产出的专利授权量（PGA）作为被解释变量，进行线性回归，回归结果如表 7、表 8 所示。

首先，SPSS 回归结果显示模型调整后的 R^2 为 0. 972，说明回归方程对数据整体的拟合程度非常好，变量 F_1、F_2 对 PGA 的解释能力较强；其次，如表 7 所示，F 检验值为 328. 896，显著性为 0. 000，说明模型整体上较为显著。这说明基于前文的经济假说所设计的回归模型显著通过了统计学意义上的检验，因此模型具有一定的合理性。

表 7　模型整体显著性

ANOVA[a]						
模型		平方和	自由度	均方	F	显著性
1	回归	18.521	2	9.261	328.896	0.000[b]
	残差	0.479	17	0.028		
	总计	19.000	19			

注：a 为因变量：Zscore（专利申请授权数/件）。

b 为预测变量：（常量），REGR factor score 2 for analysis 1，REGR factor score 1 for analysis 1。

表 8 展示了模型的回归系数结果，可以得到以下两个结论：第一，变量的方差膨胀因子，即 VIF 值均远小于 10，因此主成分分析与因子分析法较好地解决了模型所存在的多重共线性问题，表明自变量之间相关程度不大，提高了模型估计的准确性。第二，F_1、F_2 回归系数的 P 值均为 0，说明回归系数在 1%的统计学水平上通过了显著性检验，则以 F_1、F_2 为自变量可建立回归模型如下：

$$Z_{PGA}=0.858F_1+0.489F_2 \tag{5}$$

表 8　模型回归系数结果

模型		未标准化系数		标准化系数	t	显著性	共线性统计	
		B	标准错误	Beta			容差	VIF
1	（常量）	-1.946E-16	0.038		0	1.000		
	F_1	0.858	0.038	0.858	22.287	0	1.000	1.000
	F_2	0.489	0.038	0.489	12.692	0	1.000	1.000

注：因变量：Zscore（专利申请授权数/件）。

为用标准化的自变量来表示回归方程，以获得标准化的回归系数来区别 10 个自变量对因变量影响的主次关系，根据表 6，即旋转后的成分得分系数矩阵，将前两个主成分的系数向量所组成的矩阵和主成分回归系数向量估计量可以得到回归模型系数 β_i：

$$\beta_i = \begin{bmatrix} 0.129 & 0.017 \\ 0.182 & -0.167 \\ 0.122 & 0.040 \\ -0.180 & 0.161 \\ 0.152 & -0.061 \\ 0.072 & 0.152 \\ 0.107 & 0.081 \\ 0.125 & -0.537 \\ 0.141 & -0.022 \\ 0.117 & -0.531 \end{bmatrix} \begin{bmatrix} 0.858 \\ 0.489 \end{bmatrix} = \begin{bmatrix} 0.118995 \\ 0.074493 \\ 0.124236 \\ -0.07571 \\ 0.100587 \\ 0.136104 \\ 0.131415 \\ -0.15534 \\ 0.11022 \\ -0.15927 \end{bmatrix} \tag{6}$$

由式（6）我们可以得到标准化自变量的回归方程为：

$$Z_{PGA} = 0.118995Z_{PCG} + 0.074493Z_{RDP} + 0.124236Z_{RDF} - 0.07571Z_{ISE} + 0.100587Z_{MTC} + 0.136104_{FDI} + 0.131415Z_{STE} - 0.15534Z_{STR} + 0.11022Z_{FAI} - 0.15927Z_{FID} \tag{7}$$

对回归所得到的各变量标准化回归系数取绝对值，可以反映在采用 PCA 法消除模型多重共线性的前提下，各变量对北京市创新产出的影响程度，即可反映原始变量 X_i 的影响程度，得到各系数绝对值的排序如表 9 所示。

表 9　变量影响程度排序

变量	排序
FID	1
STR	2
FDI	3
STE	4
RDF	5
PCG	6
FAI	7
MTC	8
ISE	9
RDP	10

进一步观察表 9 可以得到以下两个结论。

第一，从各变量对北京市区域创新产出影响系数的方向来看，除二、三产业产值比，普通高等学校生师比与外贸依存度对创新产出的影响方向为负向外，其他因素均对创新产出有正向影响。取绝对值得到的各变量影响程度排序为：外贸依存度>普通高等学校生师比>外商直接投资>政府科学技术投入>R&D 经费内部支出>人均 GDP>全社会固定资产投资>移动电话交换机容量>二、三产业产值比>R&D 人员折合全时当量。

第二，从影响创新产出的变量排名看，排名第一即影响程度最高的变量为外贸依存度（FTD），其影响系数为-0.15927，表明在其他条件不变的情况下，FTD 每增加 1 单位，区域创新产出会减少 0.15927 个单位。这表明外贸依存度是影响区域创新活动最主要的因素，但是对外开放不是盲目引进与出口低质量、低技术的产品与服务，要充分发挥区域自主研发和创新能力，适当降低外在依赖程度，发掘自身潜力。在对外开放的前提下，自力更生、自主创新。

排名第二的变量为普通高等学校生师比（STR），其影响系数为-0.15534，这表明高等教育的师资力量对提升创新能力具有重要影响。由于教师在高等学校中的重要地位，“生师比”一直是教学工作的重要指标，本文用折合在校学生数与专任教师总数的比例表示，一定程度上可以反映我国高等教育规模、高校人力资源利用效率，也从侧面反映出高校的办学质量。恰当的生师结构比例有利于提高高等教育水平，为培养 R&D 人才提供肥沃土壤，为创新产出输出大批高素质人才。因此，STR 也是提高创新水平的关键因素。

排名第三的变量为外商直接投资（FDI），影响系数为 0.136104，这表明地区吸引外资能力越强，越有利于利用全球科技资源形成技术溢出和扩散效应，从而促进本区域科技创新。随着世界一体化和经济全球化发展，外商投资发展空间不断扩大，地区外商投资与经营的环境越好，越有利于引进先进的国际资本、技术、人才、管理等创新要素，通过在国际市场上以低位资源换取高位资源等方式开展相关创新活动，提高产业技术水平、促进经济快速发展。

排名第四的变量为政府科学技术投入（STE），其影响系数为 0.131415，表明政府政策对区域创新活动的正向激励作用十分显著。随着政府将更多的财政预算资金投入全社会的创新活动，创新活动所必需的研发资金支持得到了强有力的保障，有效创新活动的数量和质量得到提升。因此，政府应给予创新活动充分的支持和鼓励。

排名第五的变量为 R&D 经费内部支出（RDF），其影响系数为 0.124236，根据 Griliches（1979）对知识生产函数的定义，地区的创新产出主要受其创新投入的影响，因此创新投入越密集的地区往往创新越活跃。较高的研发经费投入可以增强企业和大学的竞争优势。因此 R&D 投入对吸引高科技企业的集聚和提高本地创新产出具有重要作用。

排名第六的变量为人均 GDP（PCG），其影响系数为 0.118995，表明城市的经济发展与人民生活水平可以正向驱动创新产出。由于创新活动对资金、人才、信息、文化环境等因素的敏感性，所以创新环境好、创新基础高的城市往往创新活动更密集。

排名第七的变量为全社会固定资产投资（FAI），其影响系数为 0.11022，表明 FAI 也是正向影响区域创新产出的重要因素。固定资产投资结构按投资领域可以分为基础设施投资、房地产开发投资、制造业投资。邱冬阳等（2020）根据拓展的柯布-道格拉斯生产函数，构建了以固定资产投资板块结构来测度创新驱动发展的实证模型，其研究表明，在相同的固定资产投资总额中，制造业投资与创新的直接关联最大。由于生产区位集中，Jaffe 等（1989）、Paci 等（1999）也认为增加地区制造业固定资产投入对本地创新发展有重要影响。

排名第八的变量为移动电话交换机容量（MTC），其影响系数为 0.100587，这表明互联网基建创新环境的优化可以推动区域创新能力的提升（王晶晶等，2018）。移动电话交换机容量在一定程度上可以代表互联网基础设施的建设发展水平，良好的创新环境不仅可以激发创新主体的创造性，挖掘创新主体的研发潜能，而且可以为创新成果提供保障。

排名第九的变量为二、三产业产值比（ISE），其影响系数为 -0.07571，这表示北京市产业结构优化升级确实能够显著促进技术创新效率（赵庆，2018），即第二产业比例适当减少，第三产业比例增加会加速生产要素从低效率生产部门向高效率生产部门转移，增加区域创新活动的产出。

排名第十的变量为 R&D 人员折合全时当量（RDP），其影响系数为 0.074493，这表明科技人才作为区域创新的主体及关键因素，科研与研发人才数量的增加直接影响区域创新能力的提升和创新产出效率的提高。因此，各城市应当充分重视人才，以驱动区域创新。

（四）稳健性检验

为了获得稳健的结果，这部分将对前一小节的估计结果进行评估，判断模型回归结果是否已较为准确地识别出创新产出的影响因素，减少模型的设定误差。为此，我们采用最常用的稳健性检验方法——替换变量法，将代表地区创新产出水平的专利授权量替换为技术市场成交额（TMT），以 F_1、F_2 为自变量再次进行回归实验。稳健性检验结果如表 10、表 11 所示。

如表 10 所示，将标准化处理后的技术市场成交额作为模型的新被解释变量，F 检验值为 717.101，显著性仍然为 0.000，说明模型整体在 1%的显著性水平上通过了稳健性检验。因此，再次验证了模型设计的合理性和科学性。

表 10　稳健性检验的模型整体显著性

ANOVA[a]						
模型		平方和	自由度	均方	F	显著性
2	回归	18.777	2	9.389	717.101	0.000[b]
	残差	0.223	17	0.013		
	总计	19.000	19			

注：a 为因变量：Zscore：技术市场成交额（亿元）。

b 为预测变量（常量）。

表 11 展示了将标准化处理后的技术市场成交额作为模型的新被解释变量后，主成分回归系数发生的变化。可得两点结论：第一，F_1 回归系数为 0.905，t 检验值为 34.474，P 值为 0；F_2 回归系数为 0.411，t 检验值为 15.675，P 值为 0。说明 F_1、F_2 对技术市场成交额（Z_{TMT}）的回归系数均在 1%的统计学水平上通过了 t 检验，因此再次验证了两个主成分对创新产出具有显著正向影响结论的稳健性。第二，通过将稳健性检验结果与原模型回归结果进行对比，验证了研究结论的稳健性和可靠性。因此，我们可以有较为充分的证据表明除二、三产业产值比（ISE），普通高等学校生师比（STR）与外贸依存度（FID）对创新产出具有显著的负向影响外，其

他变量均对创新产出有显著的正向影响。

表 11　稳健性检验的模型回归系数结果

模型		未标准化系数		标准化系数	t	显著性	共线性统计	
		B	标准错误	Beta			容差	VIF
2	（常量）	-1.511E-17	0.026		0	1.000		
	F_1	0.905	0.026	0.905	34.474	0	1.000	1.000
	F_2	0.411	0.026	0.411	15.675	0	1.000	1.000

注：因变量 Zscore：技术市场成交额（亿元）。

四、结论

本文利用 1999—2018 年北京市时间序列数据样本，采用主成分分析与因子分析法，结合多元线性回归模型，从城市层面探讨影响创新产出的主要因素，并从北京市的经济发展和人民生活水平、科技人力资源和经费投入、产业结构形态、电信通信能力、吸引外资能力、政府政策因素、教育资源因素、社会传统固定资产再生产因素、开放水平等多方面定量分析创新产出的影响因素，得到以下结论。第一，从影响程度上看，各变量对创新产出的影响程度排序依次为：外贸依存度>普通高等学校生师比>外商直接投资>政府科学技术投入>R&D 经费内部支出>人均 GDP>全社会固定资产投资>移动电话交换机容量>二、三产业产值比>R&D 人员折合全时当量。第二，从系数方向看，除二、三产业产值比（ISE），普通高等学校生师比（STR）与外贸依存度（FTD）对创新产出具有负向影响以外，其他均对创新产出有显著的正向影响。

因此，基于研究结论，为进一步促进北京市实现创新资源共建共享、提高城市创新效率，确保创新产出保质增效，本文在此提出以下建议：第一，优化创新资源配置，强化战略科技力量。要充分发挥政府作为重大科技创新组织者的作用，给予创新活动以充分的资金、政策、方向等支持；要充分发挥企业在科技创新中的主体作用，支持领军企业组建创新联合体，激发中小企业的各类创新活动。在既定的资源投入下，打破传统行政区域的划分，从全局与整体角度谋划资源在整个区域的合理流动。积极谋求本地区创新资源的优化升级，盘活科技资源和创新存量，重视创新资源的利用效率，缩减或转移不必要的研发支出，提升 R&D 人员素质，优化人员和资金配置，不断提高自主知识、技术创新能力，加快科技成果在各产业的应用及价值转化。第二，多维度提升城市创新功能，加快形成创新合力。一是提升教育功能。北京市应充分挖掘和利用各高校、科研院所的技术优势，构建强有力的产学研合作发展平台，以实现资源的多级高效利用，最终以多种形式的创新合力推动整体创新能力的提高。二是提升市场功能。北京市应着力打造现代化市场体系，实现市场准入畅通、市场开放公平、市场竞争充分、市场秩序规范，为区域创新孕育良好有序、开放优质的市场竞争环境和秩序规范。三是提升产业功能。充分发掘产业升级的新动能（如大数据、人工智能、5G 应用等），充分汇聚与产业相关的创新资源要素，由优惠条件吸引转变为地区功能吸引，实现实体经济、科技创新、现代金融、人力资源协同发展，实现城市内部产业格局的多样化与专业化。

参考文献

［1］APERGIS NICHOLAS，PAYNE JAMES E. A dynamic panel study of economic development and the electricity consumption－growth nexus［J］. Energy Economics，2010，33（5）：770–781.

［2］MARIO A. MAGGIONI，MARIO NOSVELLI，TEODORA ERIKA UBERTI. Space versus networks in the geography of innovation：A European analysis［J］. Papers in Regional Science，2007，86（3）：471–493.

［3］EMANUELA MARROCU，RAFFAELE PACI，STEFANO USAI. Proximity，networking and knowledge production in Europe：What lessons for innovation policy？［J］. Technological Forecasting & Social Change，2013，80（8）：1484–1498.

［4］BATHELT H，MALMBERG A，MASKELL P. Clusters and knowledge：Local buzz，global pipelines and the process of knowledge creation［J］. Progress in Human Geography，2004，8（1）：31–56.

［5］MEILI ZHANG，BAIZHOU LI，SHI YIN. Configurational paths to regional innovation performance：the interplay of innovation elements based on a fuzzy－set qualitative comparative analysis approach［J］. Technology Analysis & Strategic Management，2020，32（12）.

［6］ZOLTAN J ACS，LUC ANSELIN，ATTILA VARGA. Patents and innovation counts as measures of regional production of new knowledge［J］. Research Policy，2002，31（7）：1069–1085.

［7］RINALDO EVANGELISTA. Measuring the regional dimension of innovation. Lessons from the Italian Innovation Survey [J]. Technovation, 2001, 21 (11): 733-745.

[8] GRILICHES Z. Issues in assessing the contribution of research and development to productivity growth [J]. The Bell Journal of Economics, 1979, 10 (1): 92-116.

[9] 王小彩，徐丹．河北省固定资产投资与经济增长实证分析 [J]. 合作经济与科技，2017 (6): 10-12.

[10] 孙瑜康，李国平．京津冀协同创新水平评价及提升对策研究 [J]. 地理科学进展，2017，36 (1): 78-86.

[11] 方远平，谢蔓．创新要素的空间分布及其对区域创新产出的影响——基于中国省域的 ESDA-GWR 分析 [J]. 经济地理，2012，32 (9): 8-14.

[12] 陈国生，赵立平，黄飞，等．基于 SEM 模型下长三角区域创新研究 [J]. 经济地理，2016，36 (9): 135-140.

[13] 曹贤忠，曾刚，邹琳．长三角城市群 R&D 资源投入产出效率分析及空间分异 [J]. 经济地理，2015，35 (1): 104-111.

[14] 肖仁桥，钱丽，陈忠卫．中国高技术产业创新效率及其影响因素研究 [J]. 管理科学，2012，25 (5): 85-98.

[15] 赵文平，徐劲松．丝绸之路经济带区域创新效率评价 [J]. 经济与管理研究，2015，36 (11): 25-32.

[16] 侯静璇，雷怀英．京津冀科技创新效率评价实证研究 [J]. 天津经济，2020 (8): 25-31.

[17] 侯纯光，程钰，任建兰．中国创新能力时空格局演变及其影响因素 [J]. 地理科学进展，2016，35 (10): 1206-1217.

[18] 王俊松，颜燕，胡曙虹．中国城市技术创新能力的空间特征及影响因素———基于空间面板数据模型的研究 [J]. 地理科学，2017，37 (1): 11-18.

[19] 谭俊涛，张平宇，李静．中国区域创新绩效时空演变特征及其影响因素研究 [J]. 地理科学，2016，36 (1): 39-46.

[20] 孙瑜康，孙铁山，席强敏．北京市创新集聚的影响因素及其空间溢出效应 [J]. 地理研究，2017，36 (12): 2419-2431.

[21] 李习保．区域创新环境对创新活动效率影响的实证研究 [J]. 数量经济技术经济研究，2007 (8): 13-24.

[22] 赵庆．产业结构优化升级能否促进技术创新效率？[J]. 科学学研究，2018，36 (2): 239-248.

[23] 邱冬阳，彭青青，赵盼．创新驱动发展战略下固定资产投资结构与经济增长的关系研究 [J]. 改革，2020 (3): 85-97.

基于信息系统一般控制理论的企业大数据管理系统审计研究*

夏 宁 朱 烨

【摘要】“十四五”规划和2035年远景目标中反复强调大数据治理的重要性，而企业的大数据治理依托的是大数据管理系统。同时，大数据管理系统正从以软件为中心向以数据和大数据应用需求为中心的模式转变。因此，企业如何加强对未来大数据管理系统的控制成为大数据治理的关键。事实证明，仅依靠技术手段的控制是不够的，必须通过加强对大数据管理系统的内部审计来降低整体风险。本文借鉴信息系统一般控制理论，给出了一个大数据管理系统的内部审计框架。该框架从大数据管理系统开发审计、大数据管理系统运营和维护审计及大数据管理系统安全审计三个角度展开论述，对加强企业大数据治理能力具有一定指导意义。

【关键词】大数据治理；大数据管理系统；内部审计；信息系统一般控制

一、我国企业大数据治理现状分析及未来展望

我国大数据治理体系远未形成，其中，隐私保护、数据安全与数据共享利用之间的矛盾尤为凸显（梅宏，2019），而宏观的大数据治理体系的构建依托企业微观层面强大的大数据治理能力。只有先解决企业大数据治理面临的隐私保护、数据安全与数据共享利用的问题，才能更好地构建大

---

*【基金项目】本文得到中国政法大学科研创新引导专项项目（21ZFY63001）和国家社会科学基金（项目批准号19BGL068）资助。

【作者简介】夏宁，中国政法大学商学院教授，硕士生导师，研究方向为公司治理、财务会计。朱烨，中国政法大学商学院学生，工商管理专业。

数据治理体系。

大数据的概念在2014年后才开始成形，至今，其发展还处于初级阶段，大多数企业仍处于数据积累阶段和大数据治理的起步阶段。当下，我国企业大数据治理的实践主要集中在一些大企业。如在数据管理领域起步较早的华为。华为的数据管理建设历程分为两个阶段：第一个阶段是2007—2016年，华为建立了数据管理专业组织，构建了数据管理框架，任命了数据 owner。华为通过统一的信息架构与标准，初步实现了业务的数字化、标准化。但当中国的互联网产业和数字技术突飞猛进之时，后来的局面也开始发生转变。第二个阶段是2017年至今，华为致力于建设数据底座，汇聚企业全域数据并对数据进行连接，通过数据服务、数据地图、数据安全防护和隐私保护等，实现数据随需共享、安全透明等目标。

在技术层面，关系型数据库是至今大数据治理的主流技术，如 Oracle、DB2、MySQL、Microsoft SQL Server、Microsoft Access 等。但随着大数据的应用，尤其是社交网络、知识图谱、阿里“双十一”等互联网应用的蓬勃发展，关系型数据库越来越无法满足大数据应用的实际需求。事实上，如今大数据治理的趋势已经转变为根据大数据应用的实际需要，定制化地构建大数据管理系统（杜小勇、卢卫、张峰，2019）。大数据治理正在经历不可逆转的由以软件为中心向以数据为中心的变迁。如华为自2017年开始的探索就是沿着这个趋势进行的，在这种趋势下，可以预见未来会有更多企业走向大数据管理系统定制化的路线。

综上所述，我国企业大数据治理正在从以软件为中心向以数据和大数据应用需求为中心转变，同时处于国家大力强调构建大数据治理体系的背景下。在这种趋势和背景下，如何在新模式下加强企业大数据治理能力，从而更好地解决其隐私保护、数据安全与数据共享之间的矛盾，进而构建大数据治理体系，是需要解决的问题。

本文从企业内部审计的角度，结合信息系统一般控制理论，提出了通过加强对大数据管理系统的内部审计增强企业大数据治理能力，给出了未来以数据和大数据应用需求为中心的大数据管理系统的内审框架，为上述问题的解决提供了参考。

二、内部审计相关理论

根据《内部审计准则》（2013），内部审计是一种独立、客观的确认和咨询活动，即通过运用系统、规范的方法审查和评价组织的业务活动、内部控制和风险管理的适当性和有效性，以促进组织完善治理、增加价值和实现目标。由此我们可以看出内部审计的主要目标就是提升组织的治理水平和促进企业价值增值。而在大数据日益成为企业重要的资产和生产资料的今天，其能够给企业带来巨大的价值增量，因此大数据变得越来越重要。大数据及其管理系统正在成为重要的内部审计对象。

内部审计理论主要包括内部审计管理理论、绩效审计理论、内部审计外包理论、信息系统审计理论、舞弊审计理论、基本建设项目审计理论、经济责任理论等。其中，信息系统审计理论与大数据治理的联系最为紧密。信息系统审计理论中的一个重要方面就是对信息系统的一般控制进行审计，本文从一般控制理论审计的视角出发，结合新形势下大数据管理系统的特点，给出了以数据和大数据应用需求为中心的大数据管理系统的内部审计框架，以此加强企业大数据治理系的能力。

该内部审计框架存在的意义在于，大数据治理仅凭技术手段难以实现，新浪微博 5. 38 亿个用户数据泄露、中国电信超 2 亿条信息被卖、国泰航空泄露 940 万名乘客信息，这些恶性事件的发生提醒我们，如果没有有效的内审内控机制保驾护航，不法分子总有方法发现技术上的漏洞，给企业大数据治理带来风险。但目前对于新形势下大数据管理系统的探索主要集中在技术领域，缺少从内部审计视角出发的研究。

一般控制审计包括信息系统开发审计、信息系统运营和维护审计及信息系统安全审计。信息系统开发审计检查系统开发的方法、程序是否科学，是否被恰当控制，同时检查开发过程中产生的系统资料和凭证是否符合规范。信息系统运营和维护审计主要是检查信息系统运营是否具有充分的控制、评估程序变更是否充分、是否有控制保护应用程序、是否有未授权的变更等。信息系统安全审计是对信息系统安全体系进行的全面审查和评价。而新形势下大数据管理系统的内审内控可以借鉴信息系统一般控制审计理论的一些基本思想和方法。

三、企业大数据管理系统内部审计框架

如前文所述，我国企业大数据治理正由以软件为中心向以数据和大数据应用需求为中心转变。同时，国家正强调大力构建大数据治理体系。在这种新形势下，大数据的高效管理将更加依赖大数据管理系统。为了加强企业对大数据管理系统的控制，本文构建了大数据管理系统内审框架，如图 1 所示。

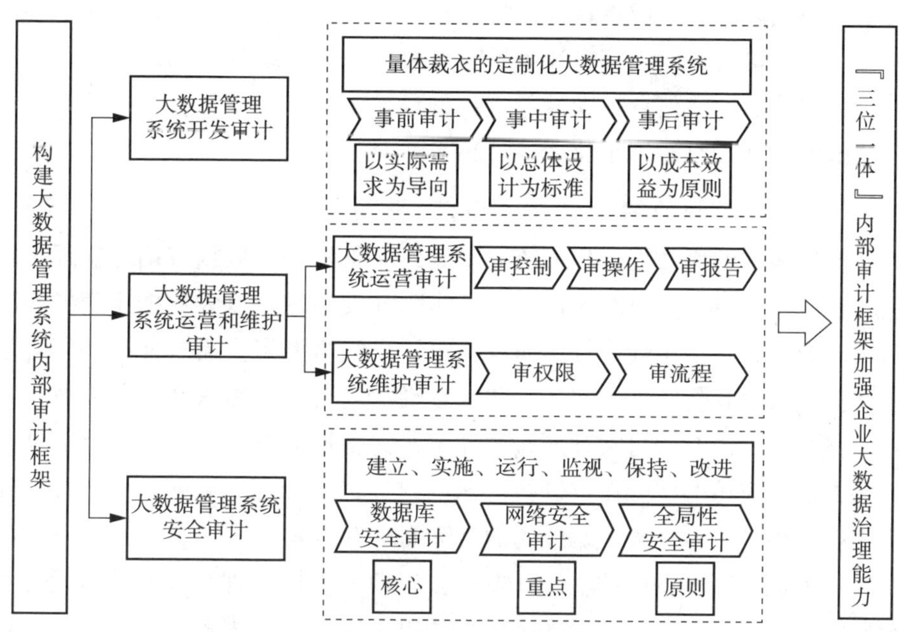

图 1　企业大数据管理系统内部审计框架

借鉴信息系统一般控制理论，将大数据管理系统的内部审计分为大数据管理系统开发审计、大数据管理系统运营和维护审计及大数据管理系统安全审计三部分。在大数据管理系统的开发阶段，由于大数据管理系统发展的趋势是根据大数据应用的实际需要进行定制，所以在大数据管理系统实际开发前就要以大数据应用的实际需求为导向做好事前审计。在开发过程中，要持续进行审计，避免大数据管理系统的开发脱离总体设计。最后，在大数据管理系统开发结束后评估其实际的成本效益，在保证需求能够得到满足的基础上对其进行综合分析评价。在大数据管理系统运营阶

段，要以审控制、审操作、审报告为重心，最大限度地降低意外事件发生的可能性，增加大数据治理的效率，降低数据泄露的风险。在大数据管理系统维护阶段，要以审权限、审流程为重心，避免相关人员对系统的越权更改、维护时的变更、评估流程是否合理及变更流程的时间成本等是否达到最优。在大数据管理系统安全方面，要以数据库安全审计为核心、网络安全审计为重点、全局性安全审计为原则，从整体风险的角度建立、实施、运行、监视、保持及改进信息系统安全控制体系。由于审计人员普遍不懂业务和技术，所以在整个审计过程中，审计人员、业务人员、技术人员必须协同配合，形成以审计人员为核心，业务人员和技术人员为辅助的审计小组，增强企业内部审计组织对大数据管理系统的控制能力。在业审融合的趋势下，在信息技术日益重要的环境下，既懂审计，又懂业务，还懂技术的审计人员对于企业来说是必不可少的。

（一）大数据管理系统开发审计

新形势下的大数据管理系统的发展方向是根据大数据应用的实际需求进行定制化开发。这要求审计小组在实际开发前进行以大数据应用的实际需求为导向的事前审计。具体而言，审计小组需要审查需求文档和管理过程文档，考察其规范性、完备性和一致性。规范性即需求文档是否按照规范的格式撰写，是否可被开发人员理解；完备性即需求文档是否能够准确地对大数据应用的实际需求进行全面的描述，是否存在缺漏；一致性即需求文档的内容是否同大数据应用的实际需求有出入。

在大数据管理系统的实际开发阶段，即大数据管理系统的整体设计和编码阶段，要进行以总体设计为标准的事中审计。事中审计应该是一个持续的审计过程，要保证整个开发阶段不偏离基于需求文档产生的总体设计。这种连续的事中审计的实现依托大数据分析技术的应用，通过自动化大数据程序对大数据管理系统的开发进行实时监控，出现数据异常可以及时提醒审计小组。

在大数据管理系统开发完成后，要以成本效益为原则进行事后审计。当大数据管理系统在使用中逐渐稳定下来后，要对系统的实际运行进行分析评价，根据大数据管理系统对大数据应用的支持效果及开发大数据管理系统所耗费的资本为标准进行综合评价。企业大数据管理系统的开发往往需要耗费大量的时间和金钱，是一项大工程，如果不在开发过程中对其进行严格的控制，那么不仅会给企业造成损失，而且会使后续的大数据应用环节受到影响。同时，企业为了降低成本，大多会选择外包的方式进行大数据管理系统的开发。这种情况难以对其开发进行事中审计，因此甲方公司要更加注重事前审计和事后审计，对大数据管理系统的开发进行闭环控制。

（二）大数据管理系统运营和维护审计

1. 大数据管理系统运营审计

大数据管理系统运营审计的核心目的是保证系统运行过程中的数据安全，降低突发事件出现的概率。

首先要审控制。审计小组要审查大数据管理系统是否有相应的操作规范且操作规范是否合法合规，是否存在潜在风险。同时，未来大数据管理系统的一个特点是新硬件驱动，这要求不同种类的硬件处理合适的负载，所以审计小组要审查硬件方面的控制，当运行过程中出现超负荷的情况时要及时做出反应。数据传输方面的控制是重中之重，必须要对数据的传输进行持续监控，当出现错误传输时通过自动控制程序及时预警，避免数据的泄露。未来大数据管理系统还有一个特点是自适应调优，即其能够根据不同的场景组织数据，根据计算自适应调优，自动选择合适的模块重新组合。因此审计小组要对自适应调优的结果进行审查，避免因为程序错误产生问题。

其次要审操作。这主要是要审查操作人员是否按照操作规范操作，以及操作人员的访问权限是否有限制。同时，大数据管理系统在实际运行中存在出现紧急情况的可能性，这时就要允许操作员远程访问大数据管理系统进行应急操作。所以，这时必须要对这种应急操作进行审查，防止有人利用应急操作进行数据的转移、修改等。因此，应急程序必须要经相应的书面文件确认，通过必要的测试对文件进行审查，确保没有任何漏洞。

最后要审报告。在大数据管理系统实际运行过程中难免会出现各种问题，问题出现后，相关人员应撰写详细的问题处理报告。这种问题处理报告应按照提前编制好的记录程序来撰写，以免出现纰漏。审计小组应对问题处理报告进行审查，评价相关人员处理方式是否适当，并从问题处理报告中识别哪些问题已经得到解决、哪些问题尚未解决，将风险大、重要性高、重复的问题及时汇报给管理人员。一是审计小组应对大数据管理系统操作人员进行询问，探明问题发生的原因，判断操作人员的操作是否规范。二是要对大数据管理系统的使用记录进行审查，对问题处理的方法是否恰当进行评价。三是要对是否建立问题处理程序进行审查，评价这种处理程序是否合理，同时要对解决方案是否完整、合理进行审查。四是如果问题的处理存在延迟，审计小组要对这种延迟发生的原因进行调查，并评价其是否合理等。

2. 大数据管理系统维护审计

大数据管理系统的维护即根据大数据应用实际需求的变化对大数据管理系统进行变更和修改。在这个过程中要进行严格的内部审计，防止在维护过程中造成数据泄露等。其内部审计的重心在于评估大数据管理系统维护的效果、是否有健全的维护流程及维护流程是否有效高效，同时要防止没有经过授权的变更。

首先，要对相关人员是否具有变更大数据管理系统的权限进行严格的审查，杜绝一切未经授权的变更行为。这要求审计小组不仅对未经授权试图进行变更的人员进行控制，而且要求其对已经授权的人员进行审查。审计小组要探明对其进行授权的人与其是否存在足以影响大数据管理系统安全的关联等。

其次，要对变更的流程进行审查和控制。变更流程分为两部分，一部分是一般变更，另一部分是紧急变更。对于一般变更流程，审计小组要对变更控制日志中记录的变更是否全部完成进行审查、要对变更需求是否有在适当申请文件中记录进行审查、要对变更测试程序的适当性进行审查等。对于紧急变更流程，审计小组要对工作手册中紧急变更程序是否明确进行审查、要对紧急变更程序进行测试和评估、要对紧急情况下的变更程序合理性进行评估、要对紧急情况下登录的安全访问控制的充分性进行审查等。大数据管理系统具有可伸缩调整、自适应调优的特点，所以对其维护的一个重要方面就是根据大数据应用的实际需要的变化进行可伸缩的调整，也就是各个功能模块灵活的重新组合。甚至针对不同的大数据应用需求，大数据管理系统可以对大数据应用进行深度学习，通过特征提取来建模。通俗来讲就是让机器自适应地对自己进行优化。审计小组需要对这种可伸缩的调整进行监控，防止其出现错误。

（三）大数据管理系统安全审计

大数据管理系统安全审计是对其安全控制体系进行整体性的评估审查，确保其有效性和完整性。目标在于保护大数据的安全。总体来说，企业应该从整体风险出发，建立、实施、运行、监视、保持、改进大数据管理系统安全控制体系。大数据管理系统安全审计要做到以下三点：

以数据库安全审计为核心。大数据管理系统正处于以软件为中心向以数据和大数据应用需求为中心的转型中，数据将成为大数据管理系统的心脏。作为企业核心资产的大数据直接保存在数据库中，因此数据库安全审计在大数据管理系统安全审计中最为重要。审计小组除了要审查访问人员权限、访问人员身份、操作系统日志及系统服务安全，还要关注未来大数据管理系统多数据模型并存的特点，即用同一个数据库保存多种类型的数据，如结构化的图数据、关系数据，以及非结构化的文本数据、视频数据等。为访问这些数据提供统一的接口，因此审计小组不仅要关注相关人员是否有访问数据库的权限，更要关注其具有调用数据库中何种类型数据的权限，实现精细化管理。同时要注意日志的可视化，在实际工作中，很多数据库自身的审计功能缺少可视化，生成大量难以查询、阅读的日志文件，使审计人员难以据此审查。

以网络安全审计为重点。大数据应用必然要在互联网环境下运行，此时就要注意网络安全的相关问题，避免遭到入侵。首先，审计人员要对防火墙及防火墙的更新维护进行审查，避免其失效。其次，必须要对大数据管理系统的操作规范进行审查，最大限度防止因人为操作失误出现的漏洞，从而使黑客利用漏洞入侵数据库。数据库安全和网络安全是保证数据安全的两个重要方面，必须对此严防死守才能避免企业数据泄露等恶性事件发生。

以全局性安全审计为原则。虽然数据库安全审计和网络安全审计是两个最重要的方面，但是其他环节的安全也不可忽视。如人力资源安全、物理环境安全、操作系统安全等。加强各个环节的安全审计才能保证万无一失。如携程网站大范围瘫痪就与企业没有相应制度确保人力资源安全有关，最终导致内部人员盗窃自己企业的数据。

四、结论和启示

“十四五”规划和2035年远景目标中反复强调大数据治理的重要性，随着大数据日益成为企业的核心资产，企业大数据治理能力亟待增强。

企业大数据治理依赖有效的大数据管理系统。在大数据管理系统从以软件为中心向以数据和大数据应用需求为中心演变的趋势下，企业对大数据管理系统的有效控制对于企业大数据治理能力而言变得尤为重要。而事实证明，仅凭技术层面的控制是远远不够的，如果没有合适的内控内审制度保驾护航，会增加企业大数据治理的风险。因此本文探讨了如何通过加强对大数据管理系统的内部审计来增强企业的大数据治理能力，指出在大数据管理系统开发阶段要做好以实际需求为导向的事前审计、以总体设计为标准的事中审计及以成本效益为原则的事后审计；在大数据管理系统运营阶段要做到审控制、审操作、审报告，在大数据管理系统维护阶段要做到审权限、审流程；在大数据管理系统安全方面要做到以数据库安全审计为核心、以网络安全审计为重点、以全局性安全审计为原则，从整体风险出发，建立、实施、运行、监视、保持、改进大数据管理系统安全控制体系。从大数据管理系统的整体控制而言，这种“三位一体”的内部审计模式是必要的。

这种“三位一体”的内部审计模式在现阶段要求审计人员、业务人员、技术人员协同配合，形成以审计人员为核心的专业互补的审计小组。但同时，在业审结合的趋势下，在信息技术日益发展、大数据日益成为企业核心资产的现实推动下，既懂审计，又懂业务，还懂技术的审计人员势必成为未来企业的核心竞争力。

参考文献

[1] 章轲，张冬霁，梁轩瑞，等．大数据审计中要做到的“三个把握”［J］．审计研究，2018（5）：30-34.

[2] 袁野．推进新时代大数据审计工作的思考［J］．审计研究，2020（1）：3-6.

[3] 张敏．大数据审计：五大趋势与五大挑战［J］．会计之友，2020（8）：2-11.

[4] 杜小勇，卢卫，张峰．大数据管理系统的历史、现状与未来［J］．软件学报，2019，30（1）：127-141.

[5] 张庆龙．内部审计学（第2版）［M］．北京：中国人民大学出版社，2020.

[6] 梅宏．大数据发展现状与未来趋势［J］．交通运输研究，2019，5（5）：1-11.

金融创新助力乡村企业发展*

丛颖男　彭　友

【摘要】 在脱贫攻坚战取得胜利、共同富裕进入新阶段、三次分配被着重强调的重要时期，通过发展金融创新助力乡村振兴、巩固脱贫攻坚成果、推进共同富裕显得尤为重要。金融创新能够突破金融业长期聚焦于大城市、大企业的服务模式，为农村中小微企业融资、农村居民收入保障做出重要贡献。本文立足于以金融创新激发农村市场主体的潜力与活力，结合我国金融创新在扶贫和乡村振兴中的宝贵实践经验，对“三次分配”在乡村振兴语境下的双方主体，即大型证券、互联网企业和农村中小微企业提出切实建议，力图助力相对贫困治理和共同富裕的达成。

【关键词】 共同富裕；金融创新；乡村企业；乡村振兴；三次分配

一、背景：共同富裕与农村中小企业发展

（一）共同富裕与相对贫困治理

“治国之道，富民为始。”中国共产党自成立以来就把共同富裕作为党的初心使命和对人民的庄严承诺。从以毛泽东为核心的党的第一代中央领导集体做出成立农业生产合作社的初步尝试到邓小平同志深刻阐明“社会主义的本质，是解放生产力，发展生产力，消灭剥削，消除两极分化，最

---

* 【基金项目】北京市教改项目“法商大数据分析创新型人才培养模式研究”（京教函〔2020〕427 号）；中国政法大学新兴学科培育与建设计划：商业大数据分析；教育部产学研合作协同育人项目“探索基于区块链智能合约的数据法制监管科技复合型人才培养模式”（202102012053）与“共建法商结合的区块链监管人才实践基地”（202102119018）。

【作者简介】丛颖男，中国政法大学商学院讲师，硕士生导师，研究方向为法商大数据分析、人工智能、区块链。彭友，中国政法大学商学院学生，国际商务专业。

终达到共同富裕”，以及“三个代表”重要思想和科学发展观对共同富裕理论的不断深化和完善，再到习近平总书记明确指出、多次强调并从不同方面阐释“共同富裕是社会主义的本质要求”，中国共产党一直把共同富裕作为矢志不渝的奋斗目标。

经过中华人民共和国成立后七十余年的接续奋斗、改革开放四十余年的物质积累，特别是党的十八大以来，以习近平同志为核心的党中央把人民对美好生活的向往作为奋斗目标，经过近八年的精准扶贫、五年的脱贫攻坚，我国完成了消除绝对贫困的艰巨任务，新时代脱贫攻坚战取得全面胜利。2021 年 7 月 1 日，习近平总书记在庆祝中国共产党成立 100 周年大会上庄严宣告，我们在中华大地上全面建成了小康社会。这是我国实现共同富裕道路上的里程碑与新起点，意味着我国的共同富裕建设从消灭绝对贫困走向了消灭相对贫困。党的十九大报告深刻指出，我国社会的主要矛盾是人民日益增长的美好生活需要和不平衡不充分的发展之间的矛盾。我们要清楚地认识到，绝对贫困的解决只是完成了阶段性基础工作，而相对贫困会长期存在。因此，进入“十四五”这一新发展阶段，我们要将综合治理相对贫困问题作为共同富裕建设的重中之重。

相对贫困的核心内涵是收入不平等和分配不均。分配问题是共同富裕的核心，2021 年 8 月 17 日召开的中央财经委员会第十次会议郑重强调，要构建初次分配、再分配、三次分配协调配套的基础性制度安排；要扩大中等收入群体比例，增加低收入群体收入，形成中间大、两头小的橄榄形分配结构。目前，我国仍处于并将长期处于社会主义初级阶段，长期的城乡二元发展导致的城乡收入不平等和分配不均是我国的现实国情，城乡的收入水平、就业机会、教育资源、医疗资源等都存在较大差距。据国家统计局数据显示，1982 年，我国城镇居民家庭人均可支配收入与农村居民家庭人均纯收入之比为 1.98，此后不断震荡上行，2002 年突破 3 之后便一直维持在 3 以上。所以，城乡发展不均衡、收入不平等是解决相对贫困的关键问题，要克服这一难题，必须要从分配入手，提高广大农村居民的收入水平，在脱贫攻坚取得胜利之际趁热打铁，将乡村振兴建设推向新的高潮。

（二）金融科技助力农村中小企业发展

随着土地开发利用率和农业生产科技水平的提高，农产品的产量趋于饱和，农产品市场也因趋于完全竞争而使整体利润水平较低，且农产品价格易受自然因素和市场因素的影响而产生较大波动，故单纯依靠农业生产难以大幅提高农村居民收入。农村中小企业是推动农村地区走向工业化、现代化的中坚力量，在增加农民收入、促进农村就业、延长农业产业链等方面相对于小农经济具有显著优势。所以，在实现共同富裕的过程中，发展农村企业是进行乡村振兴的必由之路。

由于农村中小企业普遍缺乏资金，难以进行扩大生产和产业升级，且因竞争力不强，在资本市场中受关注度较低，亟须金融力量将农村的资源禀赋转化为生产要素。国家十分重视利用普惠金融助力发展农村企业，2021 年 5 月 25 日，中国人民银行、农业农村部等六部委联合印发了《关于金融支持新型农业经营主体发展的意见》，对做好新型农业经营主体金融服务提出了具体要求，并提出稳妥扩大农村普惠金融改革试点，建设金融服务乡村振兴试验区。各地金融系统也纷纷结合本区域内农村地区的实际情况，积极推出精细化金融创新政策，巩固脱贫攻坚的成果。

本文将聚焦农村中小企业在“后扶贫时代”面临的资金缺乏、金融服务欠缺的现实困境，结合脱贫攻坚阶段积累的金融扶贫宝贵经验，为农村中小企业的发展提供对策和建议，助力实现共同富裕。

二、金融创新在扶贫和乡村振兴中的实践成果及启示

在脱贫攻坚战的决胜期，金融行业积极履行社会责任，将私募股权基金、首次公开募股（Initial Public Offering，IPO）、期货、保险等金融手段与农村产业的现实情况融合创新，既为贫困农村地区的产业发展注入了活力，又激发了贫困农村地区劳动人民的内在积极性，为脱贫攻坚战的胜利做出了巨大贡献。

脱贫攻坚目标完成后，2021 年“中央一号文件”立足乡村振兴与农业农村现代化，重视通过金融带动乡村发展，指出要“撬动金融资本、社会力量参与，重点支持乡村产业发展”，强调要“坚持为农服务宗旨，持续深化农村金融改革”，并特别指出要“发展农村数字普惠金融”，这足以证明金融力量在乡村振兴中的重要赋能作用。

（一）间接融资：数字金融创新

2021 年“中央一号文件”明确提出要发展农村数字普惠金融，并“鼓励开发专属金融产品支持新型农业经营主体和农村新产业新业态，增加首贷、信用贷”，为农村数字金融创新开拓了空间、指明了方向。近年来，我国在数字金融领域已有成功经验，可以为数字金融赋能乡村振兴提供借鉴。以互联网银行为例，阿里巴巴牵头创办的“网商银行（MYbank）”未设立一个线下网点，创办 5 年内为 2400 万家小微企业提供了超过 3.6 万亿元随借随还的线上信用贷款，其中超过 80%的客户是从未获得过贷款的微型企业；腾讯公司牵头创办的“微众银行（WeBank）”也通过纯线上运营，在创办 5 年中为 8000 万名客户发放了超过 3 亿笔贷款，其中 2/3 的企业从未获得过银行贷款，1/4 的客户是个体工商户。通过互联网、人工智能实现低成本运营是这类互联网银行的显著特征和其成功的关键——网商银行开创了“3 分钟申请，1 秒钟放款，0 人工干预”的“310 模式”，每笔贷款的平均运营成本仅 2.3 元；微众银行单账户每年技术运营成本仅为 3.6 元，远低于大型国有银行的 18 元、花旗银行的 14 美元和汇丰银行的 37 美元。由此看来，数字金融依靠自身技术优势降低了金融服务成本，提高了金融服务覆盖率，打破了金融服务聚焦于 20%的顶端客户而忽略了剩余的 80%客户的“二八法则”，切实降低了农村小微企业获取贷款的门槛。

（二）直接融资：私募股权基金与贫困地区企业 IPO“绿色通道”

2016 年 9 月，证监会发布了《中国证监会关于发挥资本市场作用服务国家脱贫攻坚战略的意见》（以下简称《意见》），提出“鼓励上市公司、证券公司等市场主体设立或参与市场化运作的贫困地区产业投资基金和扶贫公益基金”，并“支持贫困地区企业利用多层次资本市场融资”，为贫困地区企业通过 IPO、发行公司债和资产支持证券等渠道融资提供优惠。

1. 私募股权基金扶贫

中基协统计数据显示，截至 2019 年 12 月，在协会备案的扶贫方向私募产品共 73 只、规模超过 1571 亿元，为贫困地区的经济发展注入了强劲的资本力量。目前，股权扶贫产业基金运作的主要模式为“股权母基金或直投基金+龙头企业+区域优势资源+新型农牧业经营主体和贫困人口”，即由政府或国有资产平台通过财政资金或国有资金设立扶贫产业基金，通过设立子基金、项目制资金或直接投资的方式带动社会资本参与出资，开发具有发展潜力和脱贫带动作用的项目，培育地方特色产业和龙头企业，从而提升贫困户的生产技能和收入。

2. 贫困地区企业 IPO“绿色通道”

为充分发挥资本市场在服务国家脱贫攻坚战略中的作用，《意见》明确指出，贫困地区符合相关要求的企业申请首次公开发行股票并上市的，适用“即报即审、审过即发”政策，为贫困地区企业上市开通“绿色通道”。从 2016 年《意见》发布到 2019 年年底，三年间便有 14 家企业通过“绿色通道”上市，累计融资 79 亿元，另有 70 家贫困地区企业正在筹备上市。IPO“绿色通道”一方面让贫困地区企业“即报即审、审过即发”优先上市；另一方面采取 100%现场查验，推出了比普通企业更严格的过会审查，保证上市公司的质量。这既促进了贫困地区企业的融资和发展，又维护了市场秩序、保护了投资者的利益。

据悉，贫困地区企业通过 IPO“绿色通道”平均募集资金约 3 亿元，而在国家级贫困地区，这 3 亿元股本资金能带来 4 亿~5 亿元的贷款资金，所以一次 IPO“绿色通道”能给国家级贫困地区带来 7 亿~8 亿元的资金，极大地推动了企业发展，及地方就业、税收和财政收入的增长。以 2017 年上市的陕西盘龙药业为例，2016—2019 年其营业总收入从 3.05 亿元增长至 6.11 亿元，实现翻番。该企业上市后创新多种模式参与乡村振兴，如利用产业优势创造了“公司+基地+贫困户”和“公司+合作社+贫困户”等产业扶贫模式，且在基建、教育上积极投资，在乡村振兴中发挥了积极作用。

（三）保障收入：“保险+期货”融合创新

自 2016 年“中央一号文件”将“稳步扩大‘保险+期货’试点”列入其中以来，“保险+期货”已连续六年被列入“中央一号文件”，其表述也发展为 2021 年的“发挥‘保险+期货’在服务乡村产业发展中的作用”。“保险+期货”模式即农户购买农产品价格保险，一旦遭遇市场价格动荡，触发价格保险赔付条款，将由保险公司赔付亏损。保险公司则通过向期货风险管理子公司购买场外期权产品转移赔付风险，实现“再保险”，形成风险多方共担共赢的格局。这种模式起源于美国，在美国形成了政府主导、市场化运营、期货市场发挥基础支撑作用的三方良性联动，很大程度上保障了农场主的收入。

在我国，2015—2020 年间共有 12 家保险公司、61 家期货公司参与“保险+期货”，依托大连、郑州和上海三家期货交易所及其资金支持，共开展了 397 个项目，累计保障玉米、大豆等主粮作物产量 620.13 万吨，投保土地 1762.67 万亩，为 23 个省（自治区、直辖市）近 70 万户农户提供了收入保障。同时，这一模式也在我国不断发展。有学者基于现存的市场投机过度、发展深度不足、风险过度积累等问题提出了“保险+期货”的扩展模式，将互联网、订单农业、银行、粮食银行、天气衍生品和巨灾债券等元素分别与传统的“保险+期货”模式结合，构建起综合性的农村金融支持体系。其中，“保险+期货+互联网”和“保险+期货+订单”这两种模式已被应用于实践，通过引入新的参与者扩大了风险分散的范围，取得了良好的成效。

三、对乡村企业发展对策的建议

（一）农村中小企业要结合“输血”与“造血”提升融资能力

中财办副主任韩文秀在 2021 年 8 月 26 日的新闻发布会上表示：“共同富裕要靠共同奋斗，这是根本途径。”在金融扶贫中，无论是国家的优惠政策还是企业的对口帮扶，这些“输血”只是振兴的起点。要真正实现共同富裕，农村中小企业需要积累“输血”之力、发展“造血”之能。

积累“输血”之力。农村中小企业要主动了解融资信息，推行企业内部财务制度改革。一方面，农村中小企业的融资渠道一般仅限于农村信用社，许多企业对金融创新缺乏了解；另一方面，大量的农村企业因财务制度不健全、财务信息不真实而无法在正规渠道获得融资，非正规融资渠道已经成为其资金来源的主渠道。所以，农村企业不但要积极从乡村振兴局等官方信息平台全面了解融资信息和优惠政策，而且要根据融资要求将企业的内部管理制度规范化、科学化，建立健全规范的财务管理体系。

发展“造血”之能。农村中小企业要直面市场规律和现实挑战。扶贫产业基金在产业扶贫过程中面临的主要难题之一是吸引社会资本难度大、出资企业经济和社会效益难以平衡。农村企业主要有乡镇企业、小微企业、个体户经营等，体量普遍较小，根据波特五力模型进行分析，除了部分农村企业的供应商的议价能力和购买者的议价能力在国家的政策性保护下有基本保障，大部分企业应对竞争的五种力量都较弱，特别是在低门槛的同质化市场中同业竞争者的竞争程度高，企业难以抵御新进入者的威胁和替代品的威胁。由此看来，除了其主要从事的农牧行业本身利润较低等因素，农村企业缺少特色和不可替代性、缺乏专业化的运营管理能力等也是其在市场中竞争能力较弱的重要原因。因此，无论是通过基金进行直接融资，还是通过金融机构的普惠政策进行间接融资，投资方实际都承受着较大的风险，投资收益难以保证。

在现代农村企业发展中，人才战略是企业发展的核心战略，人力资本是推动企业发展的核心要素。农村中小企业要提升自身竞争力，在市场效率的层面提升对社会资本的吸引力，且当务之急就是提升经营者和劳动者的素质。目前，人才培训和产业扶贫都是乡村振兴局的重点工作，许多大型企业也设立了专项资金支持农村人才培养。如腾讯和农业农村部签订了“耕耘者”振兴计划战略合作协议，将在三年内投入超过 5 亿元用于乡村治理骨干和新型农业经营主体人才培训。农村中小企业经营者应当借此机会加深对现代市场和商业模式的理解，对内优化企业内部管理，对外提升战略眼光，将市场需求与地方特色充分结合，走好特色化、专业化的发展道路，打造区域性特色品牌。企业劳动者则要提升技能水平，为农村产业升级打下坚实基础。

（二）大企业要在“三次分配”中落实社会责任

如前所述，作为掌握大量金融资源的证券公司及具有数字创新能力和资本力量的大型互联网公司是为乡村振兴进行金融赋能的中坚力量。在当前的乡村振兴中，虽然私募股权基金和 IPO“绿色通道”能给部分贫困乡村的产业龙头企业带来发展资源，但区域内的产业龙头企业能带给当地的资源辐射仍十分有限，而大部分农村地区在资本市场中吸引区域外资源难度较大。因此，“三次分配”需要在乡村振兴和相对贫困治理中发挥实质性作用，作为“先富者”的证券公司、大型互联网企业要积极承担起社会主义建设的社会责任，带动作为“后富者”的农村企业发展。

对于证券公司而言，2016 年中国证券业协会发起了“一司一县”结对帮扶行动倡议，号召每家证券公司至少结对帮扶一个国家级贫困县。在脱贫攻坚战取得胜利的共同富裕建设新阶段，证券公司在继续落实“一司一县”倡议的同时，要积极创新，为农村地区量身定制更为“精准”的金融帮扶政策。中国证券业协会党委书记安青松提出，协会将引导行业在乡村振兴中提升证券行业社会责任新境界，在惠及三农的普惠金融方面找准阻碍贫困地区发展的短板，结合当地资源禀赋和地域特色，对症下药、靶向治疗，发挥投资银行枢纽功能，多渠道探索解决深度贫困地区产业基础薄弱、产业项目较少、产业结构单一、抗风险能力不足等难题；在缓解“融资难、融资贵”问题上，进一步引导证券公司通过服务贫困地区企业 IPO、发行债券、并购重组、新三板挂牌、设立产业基金等方式精准施策、精准发力；在评价体系方面，全面引入 E（Environmental）S（Social）G（Governance）评价体系，引导证券公司在参与乡村振兴中将环境、社会与公司治理融为一体，贯彻落实绿色发展的新型责任观、价值观、发展观。这些引导和建议对于证券行业在乡村振兴中以更为高效的方式积极履行社会责任、参与“三次分配”有积极作用。

大型互联网企业开拓农村市场的前景是广阔的，在乡村振兴中承担的角色也是多重的，这要求它们在发展中承担社会责任、实现互利共赢。一方面，它们作为数字金融创新的先驱者和行业引领者，应当自觉遵守行业秩序，切实保障金融安全，发挥产业和资源优势，在为农村中小企业提供持续低门槛、低成本的融资服务中实现共赢；另一方面，它们又是数字经济资源的掌握者和庞大资本的拥有者，这意味着其在“三次分配”和共同富裕中承担着较大的社会责任。大型互联网要在农村产业升级、核心竞争力提高上发挥实际作用，直接和间接带动更多社会资本进入乡村振兴产业。首先，大型互联网企业在开拓农村市场的同时，应当让农村的生产主体切实享受到数字经济带来的红利，同时带动配套的物流、信息产业的发展。其次，应与农村企业的人才战略积极配合，提升农村企业经营者的战略眼光和管理能力，提高劳动者的技艺水平，聚焦农村产业升级和特色化发展，助力打造农村特色品牌。最后，在农村企业和居民的收入保障上积极发挥其“技术+资金”的双驱动效用，参与到“期货+保险+互联网”模式的创新和推动中。

参考文献

[1] 陈宗胜，黄云．中国相对贫困治理及其对策研究［J］．当代经济科学，2021，43（5）：1-19.

[2] 新华社．习近平主持召开中央财经委员会第十次会议［EB/OL］．（2021-8-17）［2021-9-1］．http：//www. gov. cn/xinwen/2021-08/17/content_5631780. htm.

[3] 苏会侠．我国农村中小企业融资面临的困境及对策出路研究［J］．农业经济，2016（1）：118-120.

[4] 汤敏．用数字化技术加强金融扶贫效果［J］．清华金融评论，2020（7）：47-49.

[5] 姜燕．“资本+资源”赋能：私募股权基金精准发力产业扶贫——以通辽市肉牛产业发展基金为例［J］．清华金融评论，2020（7）：56-58.

[6] 汪小亚，星焱，俞铁成，等．多层次股权市场服务脱贫攻坚——以陕西盘龙药业上市为例［J］．清华金融评论，2020（7）：41-44.

[7] 祝惠春．保险+期货：为乡村产业撑起“保护伞”［N］．经济日报，2021-03-16（011）.

[8] 李正强．“保险+期货”服务农民收入保障——美国的经验与中国的探索［J］．清华金融评论，2020（7）：37-40.

[9] 张田，齐佩金．农村金融支持体系的构建及其潜在风险研究——基于对“保险+期货”模式的扩展［J］．投资研究，2019，38（10）：42-51.

[10] 罗祥文．“保险+期货”模式的收入保障现状与发展改革方向［J］．上海保险，2018（8）：32-36.

[11] 张扬．农村中小企业融资行为研究［D］．北京：中国农业科学院，2010.

[12] 张扬．农村中小企业融资渠道选择及影响因素［J］．金融论坛，2012，17（6）：50-58.

[13] 安青松．证券行业积极履行社会责任为脱贫攻坚注入金融力量［J］．清华金融评论，2020（7）：29-32.

数字经济助推乡村振兴的内在价值与实践路径*

郭　琳　李翔宇

【摘要】 将数字经济引入乡村经济发展，实现数字经济与乡村产业结构转型升级相融合，已经确定为我国乡村振兴的战略方向。数字经济是以数字化的信息技术为主要生产要素、以互联网技术为主要载体、以现代化的信息通信技术为重要手段、以完备的数据资源为重要基础、以数字经济和实体经济全面融合为发展路径的一种新型经济形态。数字经济对促进乡村产业转型升级、推动城乡经济融合发展、推进乡村文明建设和提升乡村治理水平有重要价值。数字经济助推乡村振兴的实践路径主要是努力探索数字经济与乡村经济融合发展的有效模式、重视乡村数字基础设施建设、培养发展乡村数字经济所需要的数字化人才、加强制度建设、完善法律法规为乡村数字经济发展保驾护航。

【关键词】 数字经济；数字乡村；数字技术；乡村振兴战略

一、引言

随着信息技术的快速发展，数字经济的潜能越来越凸显，对我国的经济和社会发展产生了深刻的影响。将数字经济引入乡村经济发展，实现数字经济与乡村产业结构转型升级融合，加快数字技术向乡村建设渗透，已经确定为我国乡村振兴的战略方向。为了推动乡村数字化建设，贯彻落实党中央和国务院关于乡村振兴的战略计划，2019 年 5 月，中共中央办公厅

---

* 【基金项目】北京市教改项目“法商大数据分析创新型人才培养模式研究”（京教函〔2020〕427 号）；中国政法大学新兴学科培育与建设计划：商业大数据分析。

【作者简介】郭琳，中国政法大学商学院副教授，硕士生导师，研究方向为产业与区域经济、财税理论与政策。李翔宇，中国政法大学商学院硕士研究生，区域经济学专业。

和国务院办公厅联合印发了《数字乡村发展战略纲要》，对数字乡村建设进行了全面部署，并提出了明确的战略目标和任务，即“到 2020 年，数字乡村建设取得初步进展”。“到 2025 年，数字乡村建设取得重要进展”“到 2035 年，数字乡村建设取得长足进展”。“到本世纪中叶，全面建成数字乡村，助力乡村全面振兴”。要实现这一战略目标，就必须把数字技术作为乡村振兴的核心生产力，加快发展乡村数字经济，使数字化真正成为乡村振兴的重要引擎，最大限度地发挥数字经济的潜能，助力实现乡村振兴的战略目标。

二、数字经济和数字乡村的意蕴

数字经济和数字乡村是两个联系密切的概念。数字乡村的建设必然依赖数字经济的发展，而数字经济的发展水平也会受到数字乡村建设状况的影响，二者是互相融通、互相推动的关系。

（一）数字经济的意蕴分析

当前，数字经济成为经济发展新的增长点，甚至可以说数字经济是一种新的经济形态。从数字经济的热度及其对社会发展质量和人们生活品质的影响程度来看，人类社会已经开启了数字经济时代。虽然“数字经济”一词受到了世界各国的高度关注，但人们对其确切意蕴还没有形成统一的认识。人们比较认同的“数字经济”这个概念的正式提出者是美国经济学家 Don Tapscott，他在 1994 年出版了《数字经济：网络智能时代的前景与风险》，并用了“数字经济”的概念来描述由互联网技术衍生出来的各种经济变革的图景和经济关系，认为信息技术导致了数字革命，实质性地改变了经济发展方式，将世界各国带入了数字经济时代。由于受当时认知的限制，Don Tapscott 并未对“数字经济”的意蕴作出清晰界定。“数字经济”随着互联网技术的进一步发展和信息技术应用市场的不断扩展，其意蕴逐步得到完善和清晰的认识。

2016 年杭州召开了 G20 峰会，在我国的倡导下，参会各国共同签署了《二十国集团数字经济发展与合作倡议》，在这个多国协同发展数字经济的文件中，对数字经济的意蕴作出了比较清晰的概括，明确指出“数字经济指以使用数字化的知识和信息为关键生产要素、以现代信息网络作为重要载体、以信息通信技术的有效使用为效率提升和经济结构优化的重要推动力的一系列经济活动”。对“数字经济”内涵的这一界定为我们准确认识数字经济的意蕴提供了科学指导。2017 年，李克强总理在《政府工作报告》中正式使用了“数字经济”的概念。2020 年 10 月 29 日，中共十九届五中全会通过了《中共中央关于制定国民经济和社会发展第十四个五年规划和二〇三五年远景目标的建议》，在阐述“加快发展现代产业体系，推动经济体系优化升级”时，专门强调了要“加快数字化发展”，并明确指出：“发展数字经济，推进数字产业化和产业数字化，推动数字经济和实体经济深度融合，打造具有国际竞争力的数字产业集群。”这为我们进一步理解数字经济的意蕴指明了方向。

“数字经济”所包含的内容从最初的信息技术产业和电子商务发展到现在，已经包括大数据技术、物联网技术、云计算技术、区块链、人工智能、全面智能等与数字化信息相关的经济活动。“数字经济”的内涵，顾名思义就是以数字技术为核心实施的一系列经济行为。基于以上认识，我们可以把数字经济概括为以数字化的信息技术为主要生产要素、以互联网技术为主要载体、以现代化的信息通信技术为重要手段、以完备的数据资源为重要基础、以数字经济和实体经济全面融合为发展路径的一种新型经济形态。因此，数字经济是与传统经济具有实质性差别的经济发展业态。“数字经济是基于区块链、大数据、云计算、人工智能等现代信息技术的创新发展，具有泛在互联、共享协作、开放包容的特征。”数字经济已经对实体经济环境产生了实质性的影响，是驱动经济系统有效运转的强大动力。

（二）数字乡村的意蕴分析

数字乡村是我国为了利用数字技术实施乡村振兴战略而提出的一个新概念。关于数字乡村的意蕴，在中共中央办公厅和国务院办公厅联合印发的《数字乡村发展战略纲要》中进行了明确概述。《数字乡村发展战略纲要》指出：“数字乡村是伴随网络化、信息化和数字化在农业农村经济社会发展中的应用，以及农民现代信息技能的提高而内生的农业农村现代化发展和转型进程。”关于数字乡村的这一意蕴明确表明了数字技术在建设数字乡村中的关键地位，利用数字技术推动乡村各个方面向网络化、信息化和数字化升级转型，根据新时代的基本国情和农情，进一步解放和发展乡村数字化生产力，促进数字技术与农业农村现代化深度融合发展，利用数据驱动乡村经济全面振兴，引导农业农村现代化转型升级，带动乡村经济高质量发展。

建设数字乡村已经被确立为我国乡村振兴战略的主要发展方向，也是建设数字中国的重要组成部分。为了促进数字乡村建设，党和国家制定了一系列政策，对数字乡村建设进行了明晰的顶层设计，提出了重点发展数字农业、互联网+农业、物联网农业、乡村大数据中心，使数字乡村建设的目标和方向更加明确，有利于探索和创新数字经济与乡村产业一体化发展的体系和模式。

三、数字经济助推乡村振兴的内在价值

贯彻落实乡村振兴战略，必须牢牢抓住数字经济给乡村经济发展带来的红利，必须认识到数字经济与乡村产业融合发展的必要性和重要性。数字化之路就是农业农村现代化的必由之路，对数字经济与乡村振兴应该进行整体统筹，以便为实现乡村的全面振兴提供重要支撑。

（一）数字经济能够促进乡村产业转型升级

发展乡村产业是实现乡村振兴的关键，而数字经济能够提升乡村生产力水平、推动乡村产业转型升级。目前，我国正在大力实施乡村振兴战略，而要实现这一战略的目标任务，乡村数字经济的发展状况起了决定性作用，发展乡村数字经济关键在于促进乡村产业向数字化产业转型升级。

近年来，影响乡村产业发展和经济收入的一个重要因素就是农产品生产和农产品销售的网络建设不完备，许多地方更多地依靠实体性市场销售农产品，导致农产品销售不畅，影响了乡村产业的收入。实践证明，互联网能够为农产品的生产和销售提供高效便捷的服务平台，依靠这一平台能够有效解决信息不对称、时间限制、地域距离、供需矛盾等问题，极大地拓宽了农产品销售的渠道。随着互联网在农产品的生产和销售中的广泛应用，农产品电子商务得到了很大发展。凭借农产品的电子商务平台实现了农户与全国各地市场的直接对接，使农产品生产者与农产品消费者直接联系起来，既惠及了农产品生产者，也惠及了农产品消费者。“随着乡村基础设施的进一步完善，大数据中心、新一代信息技术的应用，基础数据实

现整合共享，数字经济释放出极大的普惠效应和溢出效应。重要农产品的‘产业链、供应链、价值链’得到整固。”

在农业生产过程中运用数据技术，不仅实现了从依靠人工决策到依靠数据决策的转变，而且实现了从粗放式农业生产到精细化、科学化的农业生产的转变，极大地促进了农业生产的智能化发展。依靠数据技术，农产品生产者可以准确获取农作物的生长状况、土壤结构、光照强度、温湿度、灌溉施肥、病虫害防治、采摘收获等方面的准确信息，及时采取相关措施，极大地提高了农业生产效率和农产品的质量。互联网和大数据能够帮助农产品生产者了解消费者的需求，从而围绕消费者的需求进行生产经营，建立以消费者需求为导向的农业生产经营体系，带动乡村产业发展。

（二）数字经济能够推动城乡经济融合发展

党的十九大报告在阐述实施乡村振兴战略时提出“按照产业兴旺、生态宜居、乡村文明、治理有效、生活富裕的总要求，建立健全城乡融合发展体制机制和政策体系，加快推进农业农村现代化”。中共中央、国务院印发的《乡村振兴战略规划（2018—2022 年）》中，对“乡村”作出了明确界定，指出：“乡村是具有自然、社会、经济特征的地域综合体，兼具生产、生活、生态、文化等多重功能，与城镇互促互进、共生共存，共同构成人类活动的主要空间。”从这一界定可以看出，城乡关系是互促互进、共生共存的，城镇和乡村不再是以前的二元经济结构，而是一个相互融合的共同体，乡村补给城镇，城镇为乡村提供发展动力。在数字经济时代，“城市不断向‘智慧城市’发展升级中，乡村的生产、生活、生态空间也朝着数字化、网络化、智能化方向发展，城乡之间应该形成共建共享、互联互通、各具特色、交相辉映的数字经济融合发展格局”。数字技术加速了人才、资金、生产技术、生产资源、数据资源等在城乡经济领域的流转，不断促进城乡经济融合发展。

在发展数字经济的环境下，城乡经济融合发展涵盖的内容非常广泛，既涉及产业升级和基础设施建设，又涉及科技创新和信息化建设等城乡发展的各个领域。因此，数字经济推动城乡融合发展是一个动态的、长期的创新过程。在这一过程中，通过数字技术将现代产业科学技术和先进的产业管理制度渗透到乡村产业结构中，促进乡村产业在产品、技术、服务等方面的创新发展。

（三）数字经济能够推进乡村文明建设和提升乡村治理水平

乡村振兴不仅包括乡村产业兴旺、生态宜居，而且包括乡村文明和乡村治理有效。乡村文明、治理有效既是乡村振兴的应有之义，也是乡村振兴的重要保障。由于数字技术具有快速、便捷、形式多样的优势，因此非常有利于乡村居民接受各种各样的优秀文化资源，极大地丰富了乡村居民的文化生活，使乡村居民直接地受到文化熏陶，提高自身的文化修养。数字技术的优势还有利于加速城乡文化资源的交流，促进城乡文化融合发展。在乡村文化中融入数字技术可以促进乡村文化的传播，提高乡村文化的影响力，“依托数字技术，乡村不仅可以充分开发独特的地方文化资源、传递乡村优秀价值观，而且可以增强年轻人对于优秀传统文化的认同感，推动文化传承与继承”。

数字经济对于提升乡村治理的效能具有重要的促进作用。基层党组织是乡村治理的领导者和引领者，在基层党建工作中运用数字技术，可以提高基层党组织的领导力和影响力。互联网技术大大提高了宣传贯彻党的路线、方针、政策的效率和空间范围，网络技术为及时解答群众提出的问题、满足群众的各项要求提供了高效快捷的平台，使党群关系和谐发展。数字技术促使对党员的管理走向智能化，加强了基层党组织的凝聚力和引领力，以便充分发挥基层党组织在乡村治理中的重要作用。数字技术的应用能够推动乡村集体资产管理、乡村管理体制、乡村服务体制走向数字化管理和数字化服务，数字村务为乡村治理创造了便捷有效的服务平台，既提高了管理效能，又提高了服务质量。数字技术为村务公开、村民议事、集体决策提供了便利，为实现乡村资源共享、乡村事务共治畅通了渠道，因而凸显出数字经济在推动乡村有效治理中的现实价值。

四、数字经济助推乡村振兴的路径选择

我国数字经济未来的发展状况取决于乡村数字经济的发展水平。乡村数字经济不仅是我国数字经济的基础，而且是影响乡村振兴的关键因素。使数字技术与乡村经济密切融合，大力发展乡村数字经济，为实施乡村振兴战略提供新动力。

（一）努力探索数字经济与乡村经济融合发展的有效模式

数字农业和数字乡村治理是乡村振兴的两大支柱。数据技术、互联网、智能化的平台能够推动数字农业的发展和数字乡村治理的现代化。为了充分发挥数字经济助推乡村振兴的价值，有必要努力探索数字经济与乡村经济融合发展的有效模式。从现有研究来看，这一模式可以概括为四种类型：一是数字金融推动创新多元化的“三农”金融服务模式。二是数字技术促进形成科学程度高、透明度强的乡村保险决策模式。三是依托“互联网+”创新乡村产业链模式。四是利用云计算管理乡村生产，创新多位一体的智慧乡村生产模式。这些数字经济与乡村经济融合发展的模式对于降低交易成本和风险、优化乡村资源配置、提升生产要素使用效率、满足乡村产业多样化发展需求、保障乡村经济可持续发展等都具有重要作用，从而为乡村振兴创造有利条件。

（二）重视乡村数字基础设施建设使数字乡村经济发展有所依托

数字基础设施是收集、分析、筛选、传递信息和数据的依托，这对乡村数字基础设施建设提出了很高的要求。从目前来看，互联网在我国乡村地区的普及率尚不能完全满足数字经济与乡村经济融合发展的需求，特别是金融机构在乡村的网点建设还很不完善，给支付结算带来了较大的障碍。这在某种程度上说明乡村数字基础设施建设比较滞后，从而影响了数字乡村经济的发展。因此，必须加快乡村数字基础设施建设，实现村村通光纤、村村接宽带，加强乡村 5G 基站、互联网、大数据中心、配套机房等基础设施建设，鼓励金融机构在乡村设立网点。需要继续提升乡村居民使用计算机和互联网的能力，促进信息技术渗透到乡村金融服务之中，设立安全便捷的支付结算网点，拓宽乡村普惠金融的覆盖面，有效整合乡村资源并加以利用。只有建设完善的乡村数字基础设施，才能有效利用网络通信技术发展电商产业，实现乡村可视化治理，提高数字乡村经济发展的效率。

（三）有针对性地培养发展乡村数字经济所需的数字化人才

数字化人才是数字经济的核心要素和第一驱动力，加快培养一支掌握数字经济技术的人才队伍是有效发展乡村数字经济的当务之急。要建立规范的乡村数字技术人才培训体系，大力培训既懂乡村产业又掌握数字技术的人才。可以采取多样化的培训方式，既可以采取线下培训，也可以采取线上培训，还可以委托具备条件的学校举办专门的培训班。政府和企业应该利用网络教育渠道为乡村数字技术人才培训提供服务和资金。要有计划、有组织地安排数字技术人才开展下乡活动，为普及数字技术知识提供直接指导。要制定政策、采取措施，鼓励数字技术人才扎根乡村，为乡村数字经济发展提供人才。

（四）加强制度建设、完善法律法规，为乡村数字经济发展保驾护航

当前，乡村数字经济发展过程中存在权益保护不力、交易成本较高、交易安全隐患、产权界定模糊、用户与经营者的权利和义务规定不清晰、现有法律实施机制缺乏科技化支撑等问题，反映出保护乡村数字经济发展的制度和法律法规还存在一定程度的不足，这极大地影响了乡村数字经济规范化、高质量发展。数字经济助推乡村振兴，制度和法律法规是重要保障。要解决数字经济助推乡村振兴过程中存在的各种问题，必须制定有效的制度加以规范，还要制定鼓励性的制度和政策，以便吸引乡村居民发展乡村数字经济的积极性。发展数字经济以实现数字经济与乡村经济融合发展还处于起步阶段，相关的法律法规存在一定程度的缺失，因此必须加快制定和完善保护乡村数字经济发展的法律法规，明确规定网络信息管理部门的职责范围，对网络空间安全、数据收集、存储、传输、共享等需要作出具体的法律规定，以便规范数字技术的合理运用，确保权益保障和产权明确，降低交易风险和交易成本，优化数字经济与乡村经济融合发展的方法和模式，为切实推动实现乡村振兴战略目标提供制度和法律法规支持。

参考文献

[1] 陈兵. 数字经济高质量发展中的竞争法治变革 [J]. 人民论坛，2020（3）：3.

[2] 王亚玲. 论共建共治共享社会治理制度与数字经济的耦合性及实现路径 [J]. 社科纵横，2021，36（2）：5.

[3] 华骁飞，华兴顺. 发展数字经济推进乡村振兴的相关研究 [J]. 中小企业管理与科技（上旬刊），2021（11）：46-48.

[4] 习近平. 决胜全面建成小康社会夺取新时代中国特色社会主义伟大胜利——在中国共产党第十九次全国代表大会上的报告 [M]. 北京：人民出版社，2017：32.

[5] 李翔，宗祖盼. 数字文化产业：一种乡村经济振兴的产业模式与路径 [J]. 深

圳大学学报（人文社会科学版），2020（2）：76.

［6］张晨欣．数字经济赋能乡村振兴的内在机理与实践［J］．安徽商贸职业技术学院学报，2020（1）：6.

［7］程博文．数字经济与农村经济融合发展研究［J］．现代商业，2021（27）：77-79.

数字经济对制造业转型的影响与空间异质性研究*

葛建华　张文英

【摘要】基于长江经济带11个省（直辖市）2013—2019年的面板数据，以其原始特征数据为训练样本，通过文献研究与机器学习筛选建立研究的指标体系，使用熵值法测度发展水平；同时使用固定面板模型回归、空间杜宾模型实证研究数字经济对制造业转型升级的影响。研究发现：数字经济发展能够有效促进制造业优化升级。但数字经济对制造业转型的影响存在明显的空间依赖性，不同发展程度的地区影响作用的异质性较为明显，随着长江上游—中游—下游地理的推进，在直接效应中呈现“促进—无—促进”的影响作用，在间接效应中呈现“抑制—无—促进”的影响作用，在总效应中呈现“抑制—无—促进”的影响作用。因此，在制定政策深化数字经济布局、助力制造业转型时应考虑区域发展差异和数字经济的特点。

【关键词】数字经济；机器学习；制造业转型升级；空间杜宾模型

一、问题提出

新一轮科技革命推动的产业变革和数字化转型加速为全球制造业可持续发展提供了重要保障，在一定程度上解决了劳动生产率高增长的进步部门和劳动生产率低的停滞部门之间的不平衡增长问题。但数字经济同时带

* 【基金项目】北京市教改项目“法商大数据分析创新型人才培养模式研究”（京教函〔2020〕427号）；中国政法大学新兴学科培育与建设计划：商业大数据分析。

【作者简介】葛建华，中国政法大学商学院教授，博士生导师，研究方向为网络经济与创新。张文英，中国政法大学商学院博士研究生，创新经济学专业。

来了消费互联网领域的技术和资本涌入，以制造业为代表的实体经济的成长空间被严重挤压，制造业产业结构调整中可能会出现“鲍莫尔病”①，其不利于包容性增长。如果数字经济的发展使制造业的传统结构难以为继，数字技术就难以发挥其创造价值的作用，从而引发“IT 悖论”。

为此，我们难免质疑：数字经济对制造业转型的影响一定是正向促进的吗？这种影响在不同地区间是否会存在差异？探讨这些问题对于正确定位数字经济发展、分析其在区域制造业转型升级中的作用，对于更好地促进区域制造业转型具有重要的理论意义和现实价值。基于此，本文对现有研究进行扩展：采用空间计量经济学方法，从实证分析的角度对“数字经济能否促进区域制造业转型”和是否存在差异进行研究，旨在对如何提升数字经济在区域制造业转型的作用提出更具针对性的政策建议；在数字经济评价指标筛选上，本文引入了机器学习以对现有指标进行优化；研究样本选择长江经济带沿线省级面板数据，覆盖九省二市，横穿东、中、西部的长江经济带，具有一定的典型性。

本文的边际贡献在于：①指标体系的构建方法。现有文献在研究数字经济对制造业升级的影响时，大多构建数字经济的综合指标体系，但在指标设计方面并不统一，这会影响实证模型的结果，如何设计合理的评价指标体系非常关键。机器学习极大地扩展了评估经济面板数据的工具范围。本文将机器学习方法应用于数字经济指标对应的面板数据集，将数据分成训练和测试集、数据缩放、保留所有数据的偏好。基于数据的原始特征，通过文献调研和专家评价得出与数字经济有关的主要变量，然后选择随机森林模型进行变量筛选。虽然机器学习通常缺乏线性回归的明显可解释性，但基于随机森林决策树的方法可对数据集特征的相对重要性进行评分，这在指标选取方面更为科学、客观。②纳入空间因素的影响。在固定面板数据回归的基础上，将区域异质性特点纳入分析框架，从地理临近到认知临近，使分析更为细致、充分，以保证结论的科学性和客观性。

---

① 鲍莫尔病（Baumol's disease）是美国经济学家威廉·鲍莫尔在 1967 年提出的一种现象，也叫鲍莫尔成本病（Baumol's cost disease），主要是说明一种部门的生产力相对落后于另一种部门的理由。

二、文献综述

在数字经济对制造业转型升级的研究中，学者们在理论层面从各个维度来阐释，同时提出了相应的假说进行实证研究。制造业转型升级是使经济体向利润更大或技术含量更高的资本、技能密集型方向转移的过程，而在这一过程中，信息技术及信息基础设施发挥着至关重要的作用。何枭吟认为，以信息技术为代表的数字技术具有高度的渗透力和创新力，使产业边界更加模糊，推动诸如传统制造业的产业结构优化升级和组织模式的创新，如推动制造业实现智能制造，形成更强大的供应链，从而为传统制造业转型升级赋能。从财务层面的成本、产出角度来看，数字经济通过降低成本、提高效率的赋能企业的转型升级。其中，网络化和数字化平台的广泛应用解决了制造业传统供应链分离带来的高额交易成本问题（李海舰等，2014；纪玉俊等，2017；李春发，2020）。数字基础设施的普及加速了信息流动效率，通过技术创新影响全要素生产率（郭家堂等，2016；黄群慧等，2019）及创新效率（韩先锋等，2019；罗珉等，2015）。如人工智能、大数据等先进技术的引入为制造业的各生产环节赋能，带来生产技术的改进和生产工艺的优化（吴勇毅，2018；宋歌，2019）。在创新赋能方面，信息技术的深层次应用和产业的数字化变革使得技术创新和研发活动更加规模化、网络化，创新链作为网状的链条结构，对制造业企业主体各环节的联动融合具有重要意义（张卫华，2020）。这些研究为本文提供了很好的理论支持。

在实证模型方面，大部分学者基于固定面板回归进行动静态分析，在数字经济水平的测度研究上，现有文献大多从数字基础设施建设、数字产业发展、数字技术创新科研、数字技术应用等方面构建指标体系。经济合作与发展组织等（2015）基于信息的“供应”和“效果”构建了以智能化基础设施、社会应用、创新能力、增长与就业四个子系统构成的数字经济指标体系。数字经济论坛等（2018）从产业生态角度构建了数字经济发展指数指标体系，进一步评价了全球的数字经济发展水平，沈运红等（2020）从数字基础设施建设、产业发展和技术创新科研三个方面，运用改进的熵值法，测算了浙江省数字经济发展水平。以上方法对衡量数字经济发展水平较为全面，但数据不容易测量。基于数字经济的技术属性，部分学者对数字基础设施和对经济的渗透程度进行衡量，衡量数字基础设施的主要指标为移动电话、互联网宽带用户数、电信业务量等，对经济的渗透程度主要从电子商务销售额、采购额、电商企业数、软件业务收入、软件业务产品等方面来衡量。

不难发现，学者们从不同维度选取数字经济的衡量指标。数字基础设施是基本指标；考虑到数字经济对传统经济的渗透影响，选择了电子商务相关指标、软件业务指标来进行衡量；在此基础上结合不同的角度来完善数字经济评价指标。如基于投入产出视角从数字化投入、数字化治理、数字化产出的角度建立了评价指标体系。

那么，这些指标之间是否冗余或有所遗漏？如何筛选出更具代表性、客观性的指标？本文在总结学者提出的可测量指标的基础上，引入了机器学习方法进行特征计算，筛选重要程度较高的指标，进而使用熵值法测算数字经济的综合得分来衡量数字经济发展水平。

三、理论分析与假设提出

（一）数据要素投入和供给侧需求倒逼供给侧产业结构升级

数字经济以数据为关键生产要素，带来传统制造业产量增加、产值提升，推动老产品在数字赋能下升级换代，新产品应运而生。具体表现为，在企业生产函数中，新要素 X_{N+1} 的引入和技术进步因子数值的提升（$\lambda'>\lambda$）带来新的产量 Q'（$Q'>Q$）和新的产出 Y'（$Y'>Y$）。

$$Q=X_1^{\alpha_1}\cdot X_2^{\alpha_2}\cdots X_N^{\alpha_N}\cdot e^{\lambda_t}\rightarrow Q'=X_1^{\alpha_1}\cdot X_2^{\alpha_2}\cdots X_N^{\alpha_N}\cdot X_N^{\alpha_N}\cdot e^{\lambda'_t} \quad (1)$$

$$\begin{aligned} Y&=A(X_1,\ \cdots,\ X_N)\cdot F(K,\ L,\ T,\ H)\rightarrow Y' \\ &=A(X_1,\ \cdots,\ X_N,\ X_{N+1})\cdot F(K,\ L,\ T,\ H) \end{aligned} \quad (2)$$

同时，带动了消费互联网的发展，加速了消费升级，需求端信息经过产业链下游到上游的层层反馈，形成了需求侧对供给侧的牵引作用。

（二）提升制造业产业链运转效率，降低交易成本

数字经济以数据为关键生产要素，使得决策流、物流、资金流等信息流高效传递，推动生产、运营、管理的数字化转型，提升制造业产业链运转效率。在网络规模经济、数据要素的零边际成本作用下，使得生产成

本、交易成本得以降低。从企业成本角度来看，假设制造业企业面临的是柯布—道格拉斯一般生产函数①（$C-D$ 生产函数）②，生产函数和成本函数③为：

$$Q = X_1^{\alpha_1} \cdot X_2^{\alpha_2} \cdots X_N^{\alpha_N} \cdot e^{\lambda_t} \tag{3}$$

$$TC = TFC + TVC = TFC + \sum_1^N P_i \cdot X_i \tag{4}$$

随着数字经济向传统制造业的渗透，制造业企业的成本呈现高固定成本、低可变成本的特征，高固定成本、低边际成本。高固定成本（TFC）表现在：一是生产线、生产设备的数字化更新改造成本。二是因数字经济发展、数字技术应用推动的新产品研发带来的新增成本。低边际成本（TVC）表现在：一方面，网络外部性的作用使得企业用户规模达到临界容量后立即触发正反馈，实现强者愈强的马太效应；另一方面，前期固定成本的投入带来的生产线数字化升级改造，使得生产效率进一步提升，边际成本递减规律的下限进一步压低。高固定成本与低边际成本的特性使得行业平均成本（AVC）逐渐降低，这一过程实际上形成了规模经济，规模经济又明显促进了企业产量的增加。由此，本文提出假设：

基于以上理论分析，提出本文的核心假说 1，数字经济对制造业转型升级具有正向作用。

（三）数字经济对制造业转型升级的作用具有区域差异性

制造业作为一个具有典型上下游产业链的行业，在运行过程中，可能会带动相邻地区在某种程度上的联结与互动。但数字经济通过准确、高效的信息传输可能减少传统经济发展中对地理时空的依赖性，部分学者已经通过空间计量发现数字经济存在空间溢出效应④。但是，由于在不同区域内其数字通讯基础设施、数字产业及数字融合产业的发展程度不同，不同

---

① 柯布—道格拉斯（Cobb-Douglas）函数是一种幂指数函数，能很好地表现生产函数形式，只考虑劳动和资本两个要素的 $C-D$ 函数形式为：$Q=AL^{\alpha}K^{\beta}$。$\alpha+\beta>1$，$\alpha+\beta=1$，$\alpha+\beta<1$，分别代表规模报酬递增、规模报酬不变和规模报酬递减。

② 其中，λ 是技术进步因子，t 是时间，X 是广义投入要素（包括劳动力、资本、人力资源等），a_N 是回归系数。

③ 其中，TC 是企业生产的总成本，TFC 是总的固定成本，TVC 是总的可变成本，可变成本由投入要素的价格和数量决定。

④ 张腾，蒋伏心，韦朕韬．数字经济能否成为促进我国经济高质量发展的新动能？［J］．经济问题探索，2021（1）：25-39.

区域内制造业地理集聚具有差异性，不同类型产业的空间集聚趋势也存在显著差异①。不同类型的制造业所依赖的生产要素有所偏重，数字经济以数据为关键生产要素，与传统要素相互融合参与价值分配，这就决定了数字经济对不同要素密集型的制造业产生的影响程度不同。

由此，可以提出本文的核心假说2，不同区域下数字经济对制造业转型的作用不同。

四、数据来源

（一）被解释变量与熵值法

制造业发展水平（UMI）。在度量制造业升级情况时主要有两类测度方法：一是从多个维度，如研发创新、产品创新、经济效益角度计算出综合得分作为指数以衡量制造业升级水平（潘为华等，2019；何冬梅等，2020）②③。二是选取单一指标，根据相关数据直接计算的结果代为衡量制造业升级水平。本文采用前人综合得分的方式从研发创新、产品创新、经济效益的角度切入，分为制造业研究和开发水平、制造业新产品开发和销售情况、制造业经济效益和绿色发展三个维度，并利用熵值法计算中国制造业升级得分指数，作为模型的被解释变量，具体指标设计如表1所示。

表1　制造业升级评价指标体系

一级指标	二级指标
研究和开发	R&D 人员折合全时当量
	R&D 经费内部支出
	高技术产业技术改造经费支出

① 罗胤晨，谷人旭．1980—2011年中国制造业空间集聚格局及其演变趋势［J］．经济地理，2014，34（7）：82-89.

② 潘为华，潘红玉，陈亮，等．中国制造业转型升级发展的评价指标体系及综合指数［J］．科学决策，2019（9）：28-48.

③ 何冬梅，刘鹏．人口老龄化、制造业转型升级与经济高质量发展——基于中介效应模型［J］．经济与管理研究，2020，41（1）：3-20.

续表

一级指标	二级指标
新产品开发和销售	新产品开发经费支出
	拥有发明专利数
	新产品销售收入
经济效益和绿色发展	规模以上工业企业资产
	制造业利润率
	电力消费量
	废水中化学需氧量

采用熵值法对各个指标进行客观赋权，确定权重时仅依赖实际数据，依次进行指标标准化处理，确定指标熵值，确定指标信息效用值，确定指标权重，确定综合得分。基于数据所选变量的数据相对完整性确定时间区间为 2013—2019 年，为了弥补时间序列相对较短的缺陷，本文采用省级面板数据。

（二）解释变量与机器学习

数字经济发展水平（DE）。通过文献关于数字经济指标的归纳整理，我们可以得出多个衡量数字经济的具体指标。随机森林模型以决策树为基础，帮助我们基于原始特征值选择更相关的变量，使得模型更加具有说服力；通过基尼重要度可以更好地预测非均衡面板数据中不同变量的重要程度，经过随机选择、实际训练，使得筛选的结果可信度更高，为此选择随机森林模型对归纳得到的具体因变量进行筛选，将筛选后的变量纳入熵值法计算综合得分作为数字经济发展水平。

1. 输入数据

文献研究共得到 17 个具体可测量的数字经济指标变量作为模型的自变量，以制造业高质量发展具体指标通过熵值法计算后的综合分数为目标变量。

2. 数据预处理与探索

为了降低数字经济指标训练样本量不均衡对预测模型性能的影响，对缺失的数据采用向后填充插值法进行缺失值处理，共 88 个样本。选取样本数据的 80%作为训练数据集，20%作为测试数据集。采用最大最小值标准化方法进行归一化处理。一般情况下，为了使最终筛选的变量更加有效、相互独立，不存在自变量之间存在某种相关或高度相关的关系，以防止对模型的拟合带来影响，要进行多重共线分析。但是本文采用该模型计算变量的基尼重要度，纳入熵值法计算综合得分，在此不做共线分析。

3. 模型训练与评估

随后使用随机森林建立预测模型，对筛选后的变量运用网格搜索方法进行模型训练和参数优化，选择最优参数，最终得到当决策树的最大深度为 3、叶子节点最小样本数为 5、节点最小分裂为 5、决策树的个数为 20 时模型最优，将最优参数下的模型用于测试数据。

在模型评估中，均方根误差（RMSE）是回归问题的典型性能衡量指标，它测量的是预测过程中预测错误的标准偏差，因此用 RMSE 来验证模型的准确性，RMSE = 0. 1056，表示模型的准确性较好。变量筛选预测模型如图 1 所示。

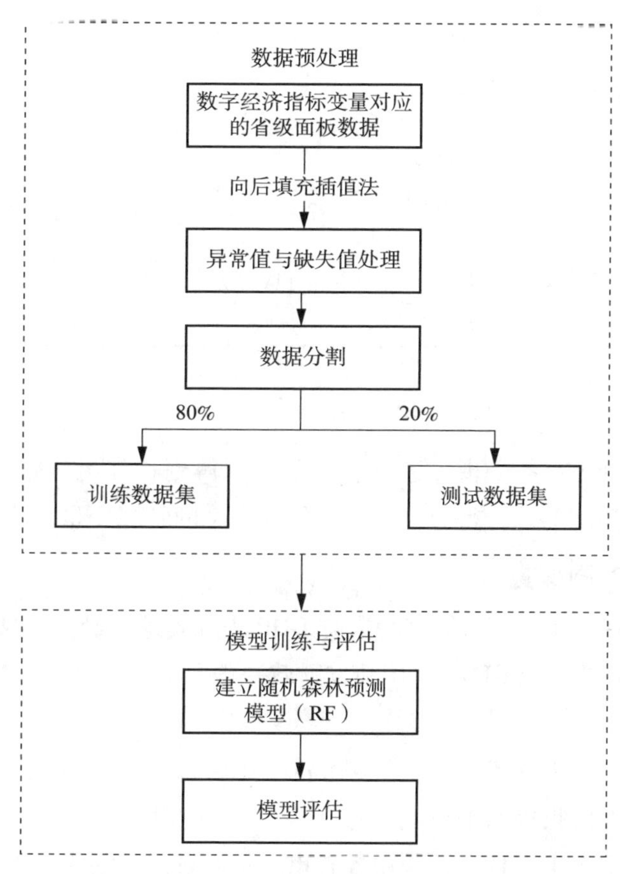

图 1　变量筛选预测模型

4. 特征重要性输出

基于随机森林模型将预测的变量特征对贡献程度进行排序输出，选择特征贡献程度靠前的12个变量。为了更便于理解，我们根据具体指标的性质将其分到三个大维度下，即数字基础设施建设、数字产业发展及数字经济融合应用这三大维度，具体如表2所示。

表2　数字经济指标体系

一级指标	二级指标
数字基础设施建设	光缆线路密度
	互联网宽带接入端口密度
	互联网普及率
	每百家企业拥有网站数
数字产业发展	软件产品收入
	软件业务收入
	电信业务总量占比
	技术市场成交额
数字经济融合应用	电子商务销售额
	电子商务采购额
	工业企业每百人使用计算机数
	有电子商务活动的企业比例

5. 计算数字经济指标综合得分

采用熵值法对各个指标进行客观赋权，得到长江经济带11个省（直辖市）数字经济的综合得分情况，并作为本文的解释变量。

（三）控制变量

经济发展水平（ED）：采用人均GDP表征各地区经济发展水平。

政府干预程度（GI）：采用地方财政一般预算内支出占GDP的比值表征政府参与程度。

外商投资水平（FI）：采用实际利用外商直接投资占地方生产总值的比例来表示外商投资水平。

人力资本水平（HC）：采用各省市人均教育经费代表人力资本水平。

本文使用的数据来自《中国统计年鉴》《中国工业经济统计年鉴》《中国

科技统计年鉴》《中国高技术产业统计年鉴》和《中国能源统计年鉴》。

五、研究设计与结果分析

（一）熵值法综合得分分析

从制造业升级情况综合得分计算结果来看（表3），江苏、浙江作为制造业大省，得分遥遥领先，在技术积累、人力资本积累和制造业固定资产投资等方面占据先发优势，培养了良好的制造业生产能力，形成了较为完备的产业链，而上海市作为国际金融中心，制造业相对弱化，得分低于江苏、浙江。而长江上游地区，如贵州省和云南省，由于其地处内陆，受限于地理环境和经济基础，对外开放程度较低，制造业发展的基础设施相对落后，工业发展后落后于中下游地区。

表3　长江经济带11个省（直辖市）制造业升级综合得分情况

省（直辖市）	2013年	2014年	2015年	2016年	2017年	2018年	2019年	均值
上海	0.305	0.299	0.284	0.280	0.293	0.289	0.318	0.295
江苏	0.924	0.924	0.923	0.924	0.915	0.918	0.918	0.921
浙江	0.516	0.520	0.523	0.507	0.507	0.567	0.627	0.538
安徽	0.205	0.215	0.217	0.225	0.229	0.269	0.277	0.234
江西	0.118	0.113	0.138	0.128	0.134	0.159	0.190	0.140
湖北	0.189	0.199	0.204	0.198	0.190	0.212	0.241	0.205
湖南	0.212	0.212	0.219	0.236	0.243	0.209	0.232	0.223
重庆	0.148	0.156	0.172	0.174	0.159	0.161	0.215	0.169
四川	0.178	0.191	0.167	0.175	0.217	0.222	0.250	0.200
贵州	0.098	0.100	0.098	0.092	0.080	0.084	0.116	0.095
云南	0.076	0.075	0.077	0.079	0.069	0.075	0.100	0.079

从数字经济发展水平综合得分计算结果来看（表4），2013—2019年，长江经济带各省（直辖市）数字经济发展水平差异显著。以上海市、江苏省、浙江省为核心的长三角地区数字经济发展水平领先。湖北省数字经济发展水平在长江中游地区较为突出。长江上游的重庆、四川、贵州、云南四省（直辖市）数字经济发展水平两极分化严重，四川省和重庆市数字经济发展水平综合得分分别为0.23和0.14，而贵州省和云南省得分均在0.06左右。

表4 长江经济带11个省（直辖市）数字经济发展水平综合得分情况

省（直辖市）	2013年	2014年	2015年	2016年	2017年	2018年	2019年	均值
上海	0.817	0.845	0.847	0.829	0.823	0.846	0.853	0.837
江苏	0.626	0.584	0.573	0.560	0.585	0.601	0.613	0.592
浙江	0.295	0.310	0.356	0.363	0.379	0.423	0.451	0.368
安徽	0.107	0.112	0.120	0.126	0.137	0.160	0.167	0.133
江西	0.061	0.060	0.072	0.067	0.087	0.094	0.095	0.077
湖北	0.197	0.222	0.239	0.254	0.256	0.264	0.253	0.241
湖南	0.100	0.105	0.105	0.097	0.112	0.125	0.132	0.111
重庆	0.107	0.127	0.123	0.140	0.135	0.160	0.150	0.135
四川	0.180	0.202	0.220	0.223	0.232	0.294	0.282	0.233
贵州	0.053	0.050	0.057	0.063	0.067	0.079	0.079	0.064
云南	0.057	0.060	0.065	0.053	0.064	0.066	0.067	0.062

（二）基准回归分析

1. 模型设计与选择

为了消除异方差的影响，对数据进行对数化处理。具体的计量模型设定如下：

$$UMI_{it}=\alpha+\beta_0 DE+\gamma_1 ED+\gamma_2 GI+\gamma_3 FI+\gamma_4 HC+\mu_{it}+\varepsilon_{it} \quad (5)$$

其中，i 表示各省（直辖市）（i=1，2…，11），t 表示年份（t=2012，2013，…，2019），α、β 表示待估系数，μ 表示个体固定效应，ε 为随机扰动项。

对于面板数据回归模型，应当考虑模型的内生性和异质性，并选择合适的回归方法。一般来说，面板数据模型有混合估计模型、固定效应模型和随机效应模型三种。首先应用F检验判断是否使用混合回归模型对模型。回归结果显示（表5），模型（1）回归系数不显著，且F检验结果均在5%的显著性水平拒绝了使用混合回归模型的原假设。进一步使用Hausman检验，依据其结果判断是否使用固定效应模型或随机效应模型进行最优估计。回归结果所示，Hausman检验的P值分别为0、0.005、0.012，0和0.016，在5%的显著性水平下，随机扰动项与解释变量无关的原假设均被拒绝，因此，选择固定效应模型得到的估计结果更优。

2. 模型结果分析

从模型（1）回归结果可知，数字经济总体发展对制造业总体水平效应表现如下，在控制经济发展水平、政府干预程度、外商投资水平和人力资本水平后，数字经济发展水平的回归系数为 0.509，在 5%水平下显著，意味着数字经济与制造业升级呈正相关，假设 H1 成立。

表 5 基本回归模型结果

因变量	UMI	
	模型（1）	
自变量	RE	FE
DE	0.531*** (5.12)	0.509*** (4.138)
ED	0.091*** (2.038)	0.131** (2.58)
GI	0.066* (1.56)	0.035** (1.77)
FI	0.001 (−0.01)	−0.002 (−0.18)
HC	0.085*** (2.15)	0.155** (2.290)
cons	0.855*** (2.92)	0.569** (1.74)
R−squared	0.46	0.47
Hausman	$p=0$	

注：***代表 $p<0.05$，**代表 $p<0.10$，*代表 $p<0.15$；括号内为 t 值。

3. 稳健性检验

为保证本文实证结果的可靠性，考虑到浙江省在数字经济和制造业发展水平上都领先，本文剔除浙江省样本数据，重新进行实证研究，对数字经济及其三个子维度对制造业升级情况的影响做稳健性检验。检验结果表明（表 6）：模型（1）中各解释变量对被解释变量的影响作用方向并未发生改变，由此证明上述的实证结果较为可靠。

表 6　模型稳健性检验结果

应变量	UMI	UMI	UMI_rd	UMI_np	UMI_ce
	模型（1）	模型（2）	模型（3）	模型（4）	模型（5）
DE	0.433** (2.52)				
DE_infra		0.457** (2.08)	0.427** (2.56)	0.285** (2.45)	0.349** (2.24)
DE_indus		0.385*** (3.41)	0.333*** (3.51)	0.489*** (3.86)	0.138** (2.03)
DE_appli		0.152** (2.19)	0.287** (2.06)	0.297* (1.86)	0.227** (2.38)
ED	0.350*** (5.02)	0.116*** (4.08)	0.178** (2.73)	0.065** (2.02)	0.073** (2.17)
GI	0.089* (1.97)	0.068 (0.65)	0.028** (1.53)	0.075* (1.59)	0.094* (1.71)
FI	0.007 (-0.63)	-0.002 (-0.31)	0.001 (0.56)	-0.006 (-1.01)	-0.004 (-0.55)
HC	0.236*** (4.06)	0.258 (4.25)	0.059*** (3.15)	0.050 (1.18)	0.038** (2.28)
cons	1.146*** (2.25)	1.376*** (2.34)	0.958*** (1.93)	0.826* (1.15)	0.661* (1.39)
R-squared	0.68	0.70	0.60	0.43	0.39
Hausman	$p=0$	$p=0$	$p=0.001$	$p=0.012$	$p=0.001$

注：***代表 $p<0.05$，**代表 $p<0.10$，*代表 $p<0.15$；括号内为 t 值。

（三）空间计量分析

1. 空间自相关分析

以上面板数据分析模型的各观测值是独立的，并没有考虑横截面之间的空间关系，为了进一步验证数字经济与制造业升级之间的正相关关系，我们需要在普通回归模型的基础上假设空间这一要素。

全域莫兰值能够反映本区域与相邻区域的集群模式，是判断区域之间相互关系的重要指标。本文以 2013—2019 年长江经济带 11 个省（直辖市）制造业升级、数字经济发展为观测值，采用全域 Moran's I 统计值及显著性水平值检验制造业升级、数字经济发展是否具有省域间的空间依赖性，如表7所示。

表7 2013—2019年长江经济带11个省（直辖市）数字经济和制造业升级的空间自相关检验

年份	UMI		DE	
	Moran's I	*z* 值	*Moran's I*	*z* 值
2013	0.104*	1.509	0.153*	1.541
2014	0.104*	1.498	0.157*	1.609
2015	0.097*	1.464	0.201**	1.864
2016	0.095*	1.476	0.210**	1.893
2017	0.107*	1.523	0.223**	1.942
2018	0.158**	1.783	0.238**	1.997
2019	0.138*	1.571	0.275**	2.197

注：***、**和*分别表示在1%、5%和10%的水平上显著。

观察Moran's I统计值可以看到，长江经济带11个省（直辖市）自2013年以来制造业升级、数字经济发展呈现显著的空间正相关关系，这表明不能忽略制造业升级、数字经济发展的空间依赖性，否则会影响模型设计及结果的准确性。其中，长江经济带11个省（直辖市）的制造业升级的空间正相关性大小存在波动，总体呈上升趋势，即更加集聚；数字经济发展的空间正相关性大小则逐年提高，表明集聚程度逐年明显。

2. 模型设计与选择

通过前面的分析我们可以得知，长江经济带11个省（直辖市）数字经济、制造业升级具有显著的空间相关性。为了选取合适的空间计量模型，运用LM、Wald和LR检验方法进行验证。Anselin等（2004）指出，如果LMlag较LMerror在统计上更加显著，且R-LMlag显著而R-LMerror不显著，则可以断定适合的模型为空间滞后模型（SLM）；相反，如果LMerror较LMlag在统计上更加显著，且R-LMerror显著而R-LMlag不显著，则可以断定空间误差模型（SEM）是适合的模型。

从表8中可以看出，关于空间滞后和空间误差的模型效应LMlag、LMerror、R-LMlag和R-LMerror均不拒绝原假设，说明不能使用空间误差模型或空间滞后模型。进行 Wald 检验及 LR 检验，从中可以看出空间滞后项的 Wald 检验在 1%的水平上拒绝原假设，说明空间杜宾模型（SDM）不能被简化为空间滞后模型（SLM），空间误差项的 Wald 检验在 1%的水平上拒绝原假设，说明空间杜宾模型（SDM）也不可以被简化为空间误差模型（SEM），因此，SDM 模型是合理且最优的选择。

表 8　SLM 和 SEM 模型的 LM 值检验

检验方法	检验类型	统计量	P 值
LM 检验	*LM-Lag*	0. 161	0. 689
	Robust LM-Lag	1. 544	0. 214
	LM-Error	0. 670	0. 413
	Robust LM-Error	2. 053	0. 152
Wald 检验	*Test for SLM*	9. 43	0. 093
	Test for SEM	9. 61	0. 087
LR 检验	*Slm nested in sdm*	9. 95	0. 077
	Sem nested insdm	9. 94	0. 077

数字经济对制造业升级影响的空间计量模型设置见式（6）：

$$UMI_{it} = \alpha + \beta_1 DE_{it} + \beta_2 ED_{it} + \beta_3 GI_{it} + \beta_4 FI_{it} + \beta_5 HC_{it} + \rho \sum_{i,\ j=1}^{n} w_{ij} UMI_{it} + \delta \sum_{j=1}^{n} w_{ij}(DE_{it} + ED_{it} + GI_{it} + FI_{it} + HC_{it}) + \varepsilon_{it} \tag{6}$$

公式（6）中被解释变量 UMI 表示制造业升级；解释变量为数字经济（DE）；控制变量包括经济发展水平（ED）、政府干预程度（GI）、外商投资水平（FI）和人力资本水平（HC）。

3. 基准回归分析

总样本回归结果：运用空间杜宾模型前，应判断使用固定效应模型还是随机效应模型。Hausman 检验显示，P 值等于 0. 2846，接受随机效应的原假设，应使用随机效应模型。表 9 是采用式（1）的模型回归结果，空间矩阵选用了地理距离和邻接空间权重矩阵。

表 9　空间杜宾模型回归结果

变量	地理距离 （模型 1）	邻接矩阵 （模型 2）
ρ	0.152*** （3.11）	0.182*** （3.33）
DE	0.403*** （3.50）	0.503*** （4.87）
W×DE	0.201 （0.79）	0.309 （1.29）
控制变量	控制	控制
直接效应	0.420*** （3.49）	0.531*** （4.90）
间接效应	0.317 （1.09）	0.484* （1.68）
总效应	0.737** （2.11）	1.015*** （2.93）

注：***、**和*分别表示在1%、5%和10%的水平上显著，括号内为z值。

由于空间杜宾模型包含解释变量的空间滞后性影响，得到的回归系数不是和线性回归一样表示在其他变量不变的情况下，解释变量变动，被解释变量对应变动，所以还需将作用效果分解为直接效应、间接效应和总效应来分析。

表9是数字经济对制造业升级的空间杜宾模型回归结果，同时显示了地理距离和邻接空间矩阵的回归结果。从数字经济变量的回归系数大小来看，不管是地理距离矩阵还是邻接矩阵，两者的效应是相同的，可通过稳健性检验。在直接效应中，数字经济都对本省（直辖市）制造业升级的影响作用显著为正；在间接效应中，邻接矩阵时的数字经济对外省（直辖市）制造业升级影响作用显著为正；在总效应中，数字经济都显著促进区域制造业升级。为此，在引入空间要素情况下，数字经济对制造业升级的作用依然成立。

4. 异质性回归分析

因为长江经济带横跨上游、中游、下游三大区域，受资源禀赋和开发程度的影响，我们需要进一步分析是否会存在少量的负局部空间自相关的空间位置。因此将长江经济带划分为上游、中游和下游进行异质性分析。其中，云南省、贵州省、四川省和重庆市为长江经济带下游，湖北省、湖南省、江西省和安徽省为长江经济带中游，江苏省、浙江省和上海市为长江经济带上游。采用地理距离空间矩阵进行回归，回归结果见表10的模型（3）、模型（4）和模型（5）。

从长江经济带上游看，在直接效应中，数字经济对本省（直辖市）制造业升级的影响作用显著为正；在间接效应中，数字经济对外省（直辖市）制造业升级的影响作用显著为负，即存在虹吸效应；在总效应中，数字经济显著抑制区域制造业升级。从长江经济带中游看，在直接效应、间接效应和总效应中，数字经济对本省（直辖市）、外省（直辖市）及区域的制造业升级都没有显著影响作用。从长江经济带下游看，在直接效应中，数字经济对本省（直辖市）制造业升级的影响作用显著为正；在间接效应中，数字经济对外省（直辖市）的制造业升级影响没有显著作用；在总效应中，数字经济则显著促进区域制造业升级。因此，数字经济对长江经济带制造业升级的空间影响随着上游、中游、下游的变化呈现“抑制—无—促进”的影响作用。

表10　长江经济带上游、中游、下游异质性回归结果

变量	长江经济带上游 （模型3）	长江经济带中游 （模型4）	长江经济带下游 （模型5）
ρ	−0.477** （−2.45）	−0.373 （1.37）	0.223*** （2.93）
DE	0.108 （0.91）	0.205 （1.29）	0.780*** （2.75）
W×DE	−0.548** （−2.38）	0.344 （0.80）	0.720** （1.98）
控制变量	控制	控制	控制
直接效应	0.235* （1.68）	0.197 （1.23）	0.741*** （2.84）
溢出效应	−0.522** （−2.46）	0.227 （0.58）	0.482 （1.59）
总效应	−0.287* （−1.65）	0.424 （0.92）	1.222*** （2.74）

注：***、**和*分别表示在1%、5%和10%的水平上显著，括号内为z值。

总体来说，数字经济发展可以显著促进我国长江经济带下游制造业的转型，而对于中游地区制造业转型的影响不显著，对上游地区呈现抑制作用。可能的原因在于长江下游地区的产业类型更加偏向资本密集型制造业，技术含量高、附加值高，在市场、人才、技术、资本等要素资源上更加具有优势，数字经济以技术为导向、数据为生产要素本身就有一定的资本偏好，对资本密集型的制造业产业更好地赋能。以技术为核心的工业互联网基础设施的搭建更加完善，能够支撑制造业新型制造模式，产业更加集聚。而上游地带囿于地理位置等原因，经济实力较弱，可能产业结构相对低端，主要以劳动力成本、土地成本、市场成本具有比较优势的劳动密集型和资源密集型产业为主。发展数字经济只会带动生活服务业，并没有显著的帮助制造业转型，反而会带动制造业人工成本、知识服务成本等的上升，加剧鲍莫尔病现象，因此呈现出抑制关系。中游地区可能具有上游数字经济加剧鲍莫尔病成本病现象的特征，但同时临近下游地区在空间上具有一定的辐射作用，承接下游地区制造产业的转移，使得在数据结果中呈现不显著现象，随着时间的推移、数字经济的不断发展，制造业产业结构的不断调整在未来一段时间内有可能会呈现出显著作用。

六、结论与对策建议

本文基于数字经济与传统制造业融合发展的背景，实证中基于文献研究与机器学习相结合的方式构建起评价指标体系，应用熵值法计算长江经济带上游、中游、下游 11 个省（直辖市）数字经济和制造业升级综合得分，并基于各维度指标得分构建固定效应回归模型及空间计量模型，主要的结论如下：总体而言，数字经济发展能够有效促进制造业优化升级。但数字经济对制造业转型的影响存在明显的空间依赖性，不同发展程度的地区影响作用的异质性较为明显，随着长江上游—中游—下游地理的推进，在直接效应中呈现“促进—无—促进”的影响作用，在间接效应中呈现“抑制—无—促进”的影响作用，在总效应中呈现“抑制—无—促进”的影响作用。

基于本文研究成果，在此提出数字经济进一步赋能制造业转型升级的对策建议：

要实施动态化、差异化的制造业数字化战略，加强区域间合作。重视区域间数字经济发展水平和制造业发展质量差异，在经济发展水平、资源禀赋等方面存在差异的东中西部地区实施重点不同的异质性发展政策。利用数字要素传播对空间依赖性较实物要素弱的特点，探索共建共享的跨地区模式，强化省（直辖市）间交流合作，推动先行省（直辖市）制造业带动后发省（直辖市）传统制造产业的优化升级，下游地区已经丧失劳动力成本、土地成本等比较优势的劳动密集型、资源密集型产业，在充分论证其可持续发展的基础上，数字化改造逐步向长江中游、上游地区转移。

针对长江下游地区，第一，要进一步推动数字基础设施建设，如推进工业互联网基础设施建设以实现整个价值链的智能制造。第二，继续推进数字产业的发展，发展科技服务业，使技术进步更好地与制造业升级融合，进一步提升企业的数字化水平，推动数据要素与资本、劳动力等传统要素不断融合，促进企业内部技术自主创新、外部最新数字科技成果转化运用，通过创新驱动向数字化、智能化转型。第三，建立数字化平台，打通制造业产业链，进一步形成更加开放、包容、协同的数字化制造业生态体系，提高产业链上企业的经济效益和社会效益。第四，在产业结构方面，要优先发展先进制造业，使长江下游地区成为我国高端制造业的聚集区。

针对长江中游地区，要充分重视数字基础设施的建设与数字产业的发展，逐渐缩小与下游地区的数字差距，释放数字红利，为制造业数字化转型提供良好的数字基础条件。同时加强与下游地区的合作，积极融入下游地区搭建的云端数字化平台体系，解决企业基础数字化、物联化问题，主动承接下游地区的产业转移，同时将失去要素优势的劳动密集型产业主动向下游转移。

针对长江上游地区，要加强与中下游地区的经济交流，政府要给制造业产业发展提供一定的政策倾向，优化本土营商环境，积极承接中上游的产业转移带动本地区制造产业结构升级，进一步弱化数字经济发展对本土制造业发展的抑制作用。但是，从长远来看，技术发展进步是大势所趋，辖区要借助中上游地区的辐射作用主动推进数字化转型，可适配适宜的云端数字化平台以降低数字化转型的成本，充分借助政策新动能，如贵州大数据中心建设、成都金融中心建设等逐渐缩小与发达地区的数字鸿沟。

参考文献

［1］CHEN J M. An introduction to machine learning for panel data［J］. International Advances in Economic Research，2021（3）：1-16.

［2］GEREFFI G. International trade and industrial upgrading in the apparel commodity chain［J］. Journal of International Economics，1999，48（1）：37-70.

［3］ANSELIN L，LE GALLO J，JAYET H. Spatial panel econometrics［M］. Berlin：Springer，2008：625-660.

［4］何枭吟．数字经济发展趋势及我国的战略抉择［J］. 现代经济探讨，2013（3）：39-43.

［5］李海舰，田跃新，李文杰．互联网思维与传统企业再造［J］. 中国工业经济，2014（10）：135.

［6］纪玉俊，张彦彦．互联网背景下的制造业升级：机理及测度［J］. 中国科技论坛，2017（3）：50-57.

［7］李春发，李冬冬，周驰．数字经济驱动制造业转型升级的作用机理——基于产业链视角的分析［J］. 商业研究，2020（2）：73-82.

［8］赵涛，张智，梁上坤．数字经济、创业活跃度与高质量发展——来自中国城市的经验证据［J］. 管理世界，2020，36（10）：65-76.

［9］郭家堂，骆品亮．互联网对中国全要素生产率有促进作用吗？［J］. 管理世界，2016（10）.

［10］黄群慧，余泳泽，张松林．互联网发展与制造业生产率提升：内在机制与中国经验［J］. 中国工业经济，2019（8）：5-23.

［11］韩先锋，宋文飞，李勃昕．互联网能成为中国区域创新效率提升的新动能吗［J］. 中国工业经济，2019（7）：119-136.

［12］罗珉，李亮宇．互联网时代的商业模式创新：价值创造视角［J］. 中国工业经济，2015（1）.

［13］吴勇毅．抢占数字经济发展高地大数据产业集群崛起［J］. 上海信息化，2018，14（9）：10-15.

［14］宋歌．数字经济时代加快传统制造业转型升级研究［J］. 产业创新研究，2019（12）：116-118.

［15］经济合作与发展组织，张晓．衡量数字经济：一个新的视角［M］. 上海：上海远东出版社，2015.

［16］数字经济论坛，毕马威，阿里研究院．2018 全球数字经济发展指数报告［R］. 数字经济论坛，2018.

［17］沈运红，黄桁．数字经济发展水平对制造业产业结构优化升级的影响研究——基于浙江省 2008—2017 年面板数据［J］．科技管理研究，2020，40（3）：147-154.

［18］万晓榆，罗焱卿，袁野．数字经济发展的评估指标体系研究——基于投入产出视角［J］．重庆邮电大学学报（社会科学版），2019，31（6）：111-122.

中国稀土贸易政策的演变与趋势研究*

张淑静

【摘要】稀土是稀缺的、可耗竭的战略性资源。1985 年至今，中国稀土贸易政策经历了鼓励出口、管制出口、放松管制三个阶段。本文基于对稀土资源的特性、存储及其供需现状的分析，重点研究 1985 年至今中国稀土贸易政策的演变与发展趋势，探讨中国贸易政策与产业政策之间的互动与协调方法。2012—2014 年的稀土案，WTO 判定中国涉案产品的出口关税、出口配额措施不符合 WTO 相关规则和《中国入世议定书》承诺，主要理由是中国没有对国内、国外的生产及消费采取同等有效的限制措施。从 2013 年开始，中国放松对稀土的贸易管制，但是放松管制并非取消管制，强化稀土贸易政策与产业政策协调是大势所趋。

【关键词】稀土；贸易政策；产业政策；战略储备

一、引言

稀土不是“土”，是由 15 种镧系元素及钪、钇共 17 种元素组成的非常珍贵的金属元素的总称，是一种稀缺的、可耗竭的自然资源。稀土具有丰富的电子能级和优异的光、磁、电、声及热性能，被誉为“工业维生素”，广泛应用于农业生产、冶金工业、石油化工、玻璃陶瓷制造、医疗应用、纺织工业等传统生产领域，以及新能源、新材料、节能环保、航空航天、电子信息等新兴战略领域，是保障国防安全和经济建设必需的资源

---

* 【基金项目】本文系中国教育部规划基金项目《中国优势稀土类产品出口管制政策体系研究》结项成果，项目号为 11YJA790209，主持人为张淑静教授。

【作者简介】张淑静，中国政法大学商学院教授，硕士生导师，研究方向为国际经济与贸易，中欧经济一体化。

（中国国务院新闻办公室，2012）。

目前，发展中国家出口稀土初级加工品、发达国家出口高附加值稀土制成品的贸易格局确实符合李嘉图的比较优势论、赫克歇尔—俄林模型的要素禀赋论等传统国际贸易理论。然而，稀土资源的战略性意义没有得到足够重视，稀土资源的粗放型开采与利用、远低于其实际价值的销售价格造成广大出口国的贸易条件恶化。

中国稀土资源储量丰富，是稀土初级产品出口大国。但是，中国稀土产品的国际竞争力弱，未能充分发挥比较优势，没有掌握定价权，处于稀土产业链的低端，以日渐耗竭的宝贵资源换取极少的中间利润。

本文基于对稀土资源的特性、存储及其供需现状的分析，重点研究1985年至今中国稀土贸易政策的演变与发展趋势，探讨中国贸易政策与产业政策之间的互动与协调方法。稀土产品不仅具有商品的一般性质，而且具有稀缺性、不可再生性、不可缺少性等，与国家安全、经济可持续发展密切相关。在制定相关贸易政策时，既要考虑创汇能力、贸易条件、经济可持续发展，又要考虑产业结构升级、国家竞争力；既要考虑国家利益，又要兼顾国际合作、互利共赢，减少或避免贸易摩擦。

二、稀土资源的存储与供需概况

（一）稀土资源的存储

稀土资源主要分布在中国、美国、澳大利亚、俄罗斯和印度等国家。据美国地质调查局（USGS）统计，2009年，世界稀土资源的总储量（以稀土氧化物计）为9858万吨；中国已探明的稀土资源储量排名世界第一，共计3600万吨，占世界稀土资源总储量的36.5%；俄罗斯和美国紧随其后，储量分别为1900万吨和1300万吨。排名靠前的还有澳大利亚（540万吨）和印度（310万吨）（中国国务院新闻办公室，2012）。

值得注意的是，中国已探明稀土资源占世界稀土资源总储量的比例呈快速下降趋势，20世纪70年代高达74%，之后一路下降，20世纪80年代为69%，20世纪90年代末为45%，2009年为36.5%，2012年仅为23%。究其原因，一方面是因为国外不断发现新的稀土资源，世界稀土资源总储量增加；另一方面因为中国多年来对稀土资源大量无序开采，导致现有稀土资源储量急剧下降。

（二）稀土产品的供需

稀土资源的储量、产量差距很大。作为发达经济体的美国、澳大利亚及能源大国俄罗斯基本封存了本国的稀土矿，单纯依靠进口满足国内的稀土消费需求。美国的芒廷帕斯矿（Mountain Pass）自被发现以来经过 50 多年的开采，对当地环境造成了极大污染。面对国际市场上来自中国的供给充足且价格低廉的稀土初级产品，美国 2002 年封闭了芒廷帕斯矿，稀土原材料的产量为零，2010 年才重新启动并不增加稀土开采。其他稀土资源拥有国出于保护环境、控制资源等目的，也纷纷减产或停产稀土初级产品。

与国外对稀土资源的限产、停产形成鲜明对比的是，中国长期扮演着世界稀土最大供应者的角色，源源不断地为世界稀土市场提供廉价的稀土初级产品。持续、大量、粗放的稀土原料开采使中国稀土资源储量占世界稀土资源总储量的比例快速下降。与此同时，中国的稀土产品（特别是原材料和初级产品）产量占世界稀土产品总产量的比例却持续走高。2009 年，中国稀土年产量（以稀土氧化物计）为 12 万吨，占世界稀土产品总产量的 97%。而此时，中国已探明稀土资源储量仅占世界稀土资源总储量的 36%（Humphries Marc，2010）。2012 年，中国已探明稀土资源储量约占世界稀土资源总储量的比例下降到 23%，产量仍占世界总产量的 90%以上（中国国务院新闻办公室，2012）。

（三）稀土原料的国际贸易格局

稀土国际贸易市场中，主要出口国为中国、俄罗斯和印度等，潜在出口国为澳大利亚、加拿大等，最大的稀土进口国（地区）是日本、美国、欧盟（叶仁荪等，2014）。

自 20 世纪末以来，中国长期稳居世界第一大稀土产品出口国的地位。中国稀土产品出口量占年产量的比例很高，2001—2006 年的比例都在 55%以上，其中 2001 年、2003 年高达 80%，2007 年后开始逐年下降，这是因为从 2006 年开始中国的稀土贸易政策开始由鼓励出口型转向出口限制型[①]（叶仁荪等，2014）。相对而言，中国国内制造业对于稀土原料的需求

① 出口量数据根据海关资讯统计网整理，http：//www. chinacustomsstat. com/；产量数据来自 USGS，http：//minerals/usgs. gov. /minerals/pubs/commodity/cement/。

量很少，主要因为中国的稀土产品以简单加工的稀土原料为主，深加工稀土产品占比很小。

日本、美国及西欧各发达经济体（法国、荷兰、意大利等）是中国稀土冶炼分离产品的主要进口国，而且对中国稀土材料的进口依存度非常高。以2008年为例，从中国进口稀土总量排名前8位的国家分别是日本、美国、法国、荷兰、意大利、英国、德国和韩国。以稀土的代表性产品氧化钕为例，2010年进口总量排名前3位的国家分别为日本、荷兰与法国，所占比例分别为55%、13%、10%。

2010年，中国稀土出口量的55%流向日本，位居第1位；13%流向荷兰，位居第2位；10%流向法国，位居第3位；9%流向美国，位居第4位（亚洲金属2010年稀土行业年度报告）。2011年，中国稀土出口到日本的数量仍然占总出口量的第1位（56%），其次是美国（14%）和法国（10%），其他的出口主要流向德国、意大利、韩国、荷兰和越南（中国国务院新闻办公室，2012）。

事实上，日本、美国等进口稀土原料不仅为了满足现有的工业生产需求，还用来增加本国稀土的战略储备，以保障稀土这一“工业味精”的持续供应。

三、中国稀土贸易政策的演变及其背景

（一）鼓励出口阶段：1985—2005年

1. 政策背景

20世纪70年代，中国稀土工业之父徐光宪教授团队研发出用推拉体系高效率萃取分离稀土技术，并很快在国内推广，大大提高了中国稀土工业的国际竞争力，使中国一跃成为世界稀土分离领域的领头羊（王珺之，2011）。

1973—1978年，中国出口稀土产品（按REO[①]计）共计150吨，产品种类主要集中于混合氯化稀土等中间产品和富集物。20世纪80年代初，随着高品位稀土精矿的大批生产，稀土提取分离工艺取得了许多新的突

① REO，即rare-earth oxide，稀土元素氧化物的简称。

破，生产也得到了发展。氯化稀土的价格降低了一半，出口大幅增长；单一稀土的价格也大幅下降，开始有少量出口，并且逐年增加（马鹏起，2012）。

1981 年 11 月，中国有史以来规模最大的一次稀土推广应用会议顺利召开。发挥稀土存量大国的比较优势、鼓励稀土出口、拉动国内稀土产业发展成为稀土贸易政策的导向。

2. 贸易政策

1985—2005 年，中国政府的贸易政策目标是鼓励出口，以出口退税措施为主。然而，这是一个由松到紧的过程，后期逐步减小鼓励出口的力度，直至取消。具体措施如下：

（1）初期实行大力度的出口退税政策。从 1985 年 4 月 1 日起，中国开始实行出口退税政策，鼓励出口稀土产品，把出口创汇放在对外贸易的第一位。在此政策的刺激下，中国稀土企业不惜成本大量向国外出口稀土（叶仁荪等，2014）。

（2）中期进行名不副实的稀土配额管理。1999 年，中国发布对稀土实行出口配额有偿招标通知，实行稀土配额管理，旨在抑制过热的稀土出口，配额总量逐年下降（叶仁荪等，2014）。不过，稀土配额指标远大于世界市场需求量。与此同时，依然实行出口退税政策。这种一手软一手硬的方式对过热稀土出口的降温效果有限。

（3）后期完全取消出口退税政策。2005 年，中国全面取消 20 种稀土产品的出口退税政策，将稀土金属、钇、钪等化合物的关税税率调至 5%。至此，中国的稀土出口鼓励型政策告一段落，同时降低了稀土产品的进口门槛（叶仁荪等，2014；张群卉，2016）。

（二）管制出口阶段：2006—2012 年

1. 政策背景

（1）中国陷入量大价低的稀土出口窘境。

经过 20 世纪八九十年代的大发展，中国稀土工业的产能迅速扩大，产品迅速占领了世界市场，世界上其他国家纷纷关闭本国矿山改为从中国进口。中国稀土年产量由 1985 年的 0.85 万吨增至 2005 年的 11.9 万吨（方辉，2010）。世界市场出现了中国忙着出口，他国设法储备的怪现象。中国稀土出口面临国际定价偏低、出口潜力降低、出口政策转型困难等问题。

根据美国地质调查局的统计，2009 年，中国稀土资源储量为 3600 万吨，占世界稀土资源总储量的 36%；年产量则为 12 万吨，占世界稀土总产量的 97%（Humphries Marc，2010）。中国稀土产品出口量占年产量的比例较高，2001—2006 年的比例均在 55%以上，其中 2001 年和 2003 年高达 80%；绝大部分稀土产品被出口到国外（叶仁荪等，2014）。

1973 年之后的近 30 年，中国稀土产量暴涨、出口剧增、存量骤降的同时，一直伴随着国际稀土价格持续低位运行的窘况。1986 年，中国稀土价格约为每千克 8 美元。1990—2005 年，中国稀土的出口量增长了近 10 倍，平均价格基本在每千克 10 美元，且大部分时间为每千克 10 美元以下（中国国务院新闻办公室，2012）。与铁矿石等稀有资源类产品高不可攀的价格乱象相比，中国稀土产品的出口价格长期呈显著下降趋势，多年来中国稀土业一直处于产多赚少的怪圈。

稀土因其稀缺、分布不均、不可再生、可耗竭等特性而不同于普通商品，而且具有重要的战略意义，理应处于卖方市场由卖方掌握着定价权。稀土产品的价格除了应体现其开采、运输、国内税、关税等一般性的成本，更应该合理体现稀土资源的稀缺性和可竭性、开采与加工过程中巨大的生态环境损失、稀土产品应用过程中隐含的巨大升值空间等价值所在。然而，以中国为主要出口方的稀土价格长期低迷，严重背离其价值。

中国在稀土领域拥有绝对份额却没有调控国际市场供求和价格的能力和权力，作为稀土的出口大国，中国面临定价权缺失、贸易条件恶化的问题。此情此景，与 20 世纪上半叶“工业血液”石油的遭遇相似。石油工业兴起后，石油长期处于不正常的买方市场，主要石油消费国美国与英国掌控着石油价格，一直维持着每桶 1~2 美元的超低价格。

（2）中国稀土资源面临耗竭的危险。

中国稀土资源的开采存在乱采滥挖、采富弃贫和漏采压矿的普遍现象，造成大面积植被破坏和水土流失。伴随着粗放开采、过度浪费、大量出口，中国稀土资源保有储量及保障年限不断下降，稀土资源储量在世界占比快速下降。中国的稀土资源优势大大降低。截至 2012 年 6 月，轻稀土矿丰富的包头稀土矿主要矿区资源仅剩 1/3；离子型中重稀土矿丰富的江西赣州、福建龙岩等南方矿区矿储采比[①]已由20年前的50降至15。另外，因为采富弃贫、采易弃难现象严重，稀土资源的回收率较低，南方离子型稀土资源开采回收率不到50%，包头稀土矿采选利用率仅为10%（中国国务院新闻办公室，2012）。

在中国稀土资源储量骤减的同时，对于稀土元素的世界年均需求量快速增长，由2009年的13.4万吨增至2012年的18万吨，年均增长在10%以上（Humphries Marc，2010）。

（3）稀土资源的战略性地位日益突出。

随着稀土资源持有量的快速减少及稀土重要性的日益凸显，中国对稀土战略性地位的重视程度越来越高。普遍认为，对稀土进行出口管理是保障中国持续安全供给、国防安全及经济角逐的需要，严格控制中国稀土出口刻不容缓。中国必须正视稀土的战略性地位，减少稀土开采量与出口量，增加稀土的战略储备，以避免在不久的将来被迫花大价钱进口稀土原料和稀土产品。

（4）中国稀土走私比较严重。

中国国内市场稀土供大于求，面临价格下降的压力。然而，国际市场对于稀土的需求却具有一定的刚性，尤其是稀土资源稀缺、需求量大、重视储存的日本，以及封存自有矿产同时大量消费、大量储备稀有金属的美国与欧盟。

在这种供给内多外少、需求内弱外强、价格内低外高的情况下，尽管中国海关将稀土列为重点打私项目，稀土的出口走私仍然比较严重。

2006—2008年，国外海关统计的从中国进口的稀土量比中国海关统计的出口量分别高35%、59%和36%，2011年更是高1.2倍（中国国务院新闻办公室，2012）。根据国家发改委内部通报数据，2008年国外从中国走私的稀土数量高达2万吨（曹开虎，2011），走私量约占当年中国稀土产品实际对外出口量的1/3。再加上各地整合和企业自主开采，中国稀土的年实际产量大于国家各相关部门的统计数据。

中国稀土走私主要流向日本，其次是韩国、美国和欧洲一些国家（方辉，2010）。大量的稀土走私，造成了中国宝贵资源的廉价流失，大大抵

① 储采比指上年年底矿物的剩余可采储量与上年年底矿物的采出量之比。

消了中国政府出口管制的政策效力。

2. 贸易政策

2006 年，中国开始实行管制型稀土贸易政策，具体措施包括征收出口关税，设置出口配额，限制初级产品出口，实行出口许可证管理制度。旨在减少稀土资源的过度开发与浪费，努力实现稀土资源的可持续发展，提高稀土产品出口附加值。

中国开始对出口稀土加征 15%~25%的关税，将稀土原矿、41 种稀土产品列入加工贸易禁止类商品目录（方辉，2010）。中国出口配额限制措施主要针对稀土氧化物等资源型稀土产品（需要进行加工才能使用的产品），不适用于应用型稀土产品（可被当作零部件直接使用的产品）。

（三）放松管制阶段：2013 年至今

1. 政策背景

（1）稀土出口管制政策对稀土价格的影响不太显著。

中国政府加强对稀土出口管制的调控预期及相关政策的出台，短期内表现出较强的影响力，稀土的出口价格由 2004 年的 6 美元/千克攀升至 2007 年的 18 美元/千克。

然而，好景不长。中国稀土的出口价格更大程度上取决于国际需求市场的景气指数及进口国的态度与政策。2008 年金融危机在全世界迅速蔓延，美国、日本和欧盟等主要经济体经济衰退、需求萎缩，对中国稀土的进口量大幅减少，中国稀土产品出口大大受挫，稀土价格急速下滑，一度降至 10 美元/千克以下。2009 年，稀土价格回落到 8 美元/千克。2009 年上半年，中国最大的稀土生产商包钢稀土产量占到全球需求的 50%，但亏损额度高达 6000 多万元（陈占恒，2010）。

自 2009 年后，稀土价格开始反弹，一方面因为部分进口国的经济开始转暖，另一方面因为中国对稀土的出口管制政策发挥了一定的效力。

总体而言，中国稀土出口管制政策对稀土价格的影响不太显著。虽然 2000—2010 年中国稀土产品价格波动上行，上涨了 2.5 倍，但其涨幅远低于黄金、铜、铁等原材料产品，同期，三者的价格分别上涨了 4.4 倍、4.1 倍和 4.8 倍（中国国务院新闻办公室，2012）。

（2）稀土出口管制政策导致国际争端。

中国稀土出口政策由鼓励变为限制的转型之路困难重重，不断遭遇美国、日本、欧盟等进口方的强烈反对。

2009 年 6 月，美国、欧盟、墨西哥相继向 WTO 提出立案请求，指控中国对 9 种原材料（不包括稀土）的贸易管制措施违反 WTO 相关规则。旨在投石问路，试探 WTO 与中方的态度（贺小勇，2009）。

2012 年 3 月，日本、美国、欧盟将矛头直指中国稀土，相继诉诸 WTO 争端解决机构，称中国针对稀土、钨、钼的出口限制措施违反 WTO 规则及《中国入世议定书》，具体包括出口配额、出口许可证和出口限价措施，向中国提出磋商请求。涉及案号为 DS431、DS432、DS433，被称“稀土争端”（胡健等，2012）。

2014 年 8 月 7 日，WTO 公布了最终裁决结果，判定中方涉案产品的出口关税、出口配额措施不符合相关 WTO 规则和《中方入世议定书》承诺。WTO 专家组认为，中国没有对国内外的生产及消费采取同等有效的限制措施，中国在限制稀土出口的同时没有对国内稀土开采和消费采取相应的限制措施。

2. *贸易政策*

WTO 终裁中国败诉，意味着中国将不能采用配额的方式对出口稀土的企业进行限制。2014 年 12 月 31 日，商务部发布《2015 年出口许可证管理货物目录》，稀土由“实行出口配额许可证管理的货物”一项转为“实行出口许可证管理的货物”项下。具体而言，中国届时将取消稀土出口配额管理，对稀土进行出口许可证管理，只需凭出口合同即可申领出口许可证，无须提供批文（郭丽琴，2015）。

四、强化稀土贸易政策与产业政策协调是大势所趋

（一）放松稀土贸易管制时机已到

历经 30 多年的变化，中国稀土贸易政策由松到紧再到松；从鼓励出口到管制出口，再到放松管制。

2006—2012 年，中国坚持加强对稀土出口的管制，即使遭遇进口方的

反对，即使在WTO争端解决机制中处于不利地位，但在某种程度上也是一种胜利。坚持对稀土出口实施管制是姿态的宣示，是战略目标的选择。

中国借此机会向世人表明，中国同样重视稀土的战略性资源地位，同样难以容忍稀土的粗放型开采造成的巨大环境污染，中国不再屈从世界稀土廉价供应商的地位，所有的稀土资源大国应该共同开发、共同探讨维持全球稀土资源可持续发展的技术与方法，使稀土资源的开采与利用更加高效、更加清洁、持续时间更长。

事实上，中国稀土出口政策的转型已经起到了重要的警示作用，促使世界各国更加重视稀土的战略性地位。中国稀土出口政策的转型迫使进口方减少对中国稀土的依赖度。20世纪末，美国封存了莫利矿业公司（Molycorp）开发的芒廷帕斯矿。2010年，莫利矿业公司开始增加研发投入，重点研发减少污染、提高废物循环利用的技术，启动并逐步提高稀土的开采与销售量。日本也在加大对开发稀土产品回收利用技术的投入。

客观来说，中国放松稀土贸易管制的时机已到，况且，放松管制并非取消管制。中国仍然可以在GATT1994第XX条第（g）款允许的范围内，基于保护国家利益例外原则和保护稀有自然资源例外原则对稀土这种可耗竭自然资源进行适当保护，必要情况下仍可采取关税、配额等保护措施限制低附加值的稀土原料出口。需要同时关注的是中国的稀土出口限制措施必须与“可耗尽自然资源的保护”相关，出口限制措施的生效必须与涉案产品的国内生产和消费限制相联系。

2014年WTO争端解决机制最终裁决中国败诉稀土案，主要理由是中国在限制稀土出口的同时没有对国内稀土开采和消费采取相应的限制措施。2013年，中国政府开始更加强调国内国际两个市场、两种资源，建立内外同等的资源保护体系，对开采、生产和出口采取同步管理措施，强调稀土贸易政策与产业政策的联动与协调（中国国务院新闻办公室，2012）。

（二）以隐性出口限制政策替代显性出口限制政策

限制战略资源出口是一个国家不可被剥夺的权力。中国有权力在保障国家安全、产业安全的前提下，循序渐进地加强对稀土的出口限制，逐步掌握定价权，改变现有不公平的贸易格局，以资源换取技术。

然而，如果采取关税与配额等显性贸易限制政策，很容易招致伙伴国的反对。相对而言，技术标准、环境保护措施、通关壁垒等隐性贸易限制政策的政治敏感性较低，伙伴国不容易找到对等的贸易报复手段，对其宽容度远大于显性贸易限制政策（叶仁荪等，2014）。

隐性贸易限制政策的首要措施是制定并强化稀土产品的技术标准、环保标准。在中国稀土行业的中长期规划、行业准入、污染控制等方面出台或完善相关法律法规，整顿行业秩序，规范企业行为，提高生产企业在国际市场的竞争力；加强环境保护，抬高开采准入的环保门槛，提高对污染物排放限值、监测和监控的要求，着力解决饮用水源、大气、土壤、海洋污染等关系民生的突出环境问题。

隐性贸易限制政策的另一重要措施是指定稀土产品出口通关地，提高海关检测的技术水平，增加通关难度，加大对稀土资源走私行为的查处力度。

（三）以生产环节管制政策替代出口环节管制政策

出口环节管制政策属于贸易政策。以关税、配额等措施管制稀土出口会直接影响稀土进口国的利益，容易引发贸易报复行为。生产环节管制政策属于产业政策，是一个国家的内部政策，对其他国家的间接影响远小于出口管制政策的直接影响，政治敏感度较低，一般不会触及国际贸易规则红线。相对于出口关税、出口配额等政策，在稀土资源的开采许可、日常监管和国内分销方面，中国政府具有较大的自由裁量权，不在 WTO 规则的约束范围之内。

控制稀土开采量、提高稀土资源税和环境税等生产环节管制政策同样可以起到保护稀土资源、提高稀土价格的作用（叶仁荪等，2014）。

第一，大力整合稀土行业，提高稀土产业集中度。始于 2006 年的稀土行业整合计划以包钢稀土、江西铜业为中心，对中小企业进行整合，初步形成南北巨头格局。工信部制定的《2009—2015 年稀土工业发展规划修订稿》将包钢稀土、中国五矿、江西铜业列为国家整合稀土行业的三家龙头企业。2012 年，中国的稀土工业体系已经成型，包括内蒙古包头、四川凉山轻稀土、以江西赣州为代表的南方五省中重稀土三大生产基地，具有完整的采选、冶炼、分离技术，以及装备制造、材料加工和应用工业体系（中国国务院新闻办公室，2012）。2012 年 4 月成立了中国稀土行业协会。

第二，延长国内产业链条，增加国内稀土需求。中国出口的稀土多为初级产品，附加值低，国际价格低于实际价值，关键是由于国内市场的产业链过短，缺乏高端的分离提纯技术和产品深加工技术。所以，本着全国一盘棋的战略目标，工信部、发展改革委、公安部、财政部、自然资源部、生态环境部、商务部等相关部委从稀土产业链的整体管理着手开展综合治理，鼓励大型企业加大科技投入，并予以财政支持，提高开采和冶炼水平，加强生产研发投入，增加稀土资源加工流程的科技含量，大力提高稀土的利用效率。中期内，继续加强对稀土产业的宏观调控，加大对稀土应用型产品生产技术的研发支持，促进国内稀土产业的结构升级，拉动国内对于稀土需求量的增加。

第三，加强国际合作，有选择性地引进外资。21 世纪初期，中国积极营造公平、开放的投资环境，鼓励外商投资稀土环境治理、废旧产品回收再利用、高端应用及装备制造产业。截至 2012 年年底，在中国投资稀土业的独资、合资企业共 38 家，主要来自美国、德国、法国、加拿大和日本。中国的大部分稀土深加工、稀土新材料和稀土应用项目都是由外资企业完成的。此外，还出现外企只经过冶炼、制粉、成型、烧结的简单步骤，变相加工出口稀土原矿的恶劣行为。

所以，中国政府在继续国际合作的同时，加强了对稀土这一战略性资源的保护，有选择地引进外资，加强外商在中国的稀土投资项目管理，保护国内稀土资源得以合理使用，防止外国企业以投资为名扰乱国内稀土产品市场。除了明文禁止外商在中国境内建立稀土矿山企业，禁止其涉足矿山开采和初加工领域，还要严格立法，细化海关税则，防止外资对稀土原料简单加工后再出口。

（四）增加稀土储备

中国是世界上最大的稀土供应国，目前稀土资源的储量居世界第一，但占比呈现逐年下降的趋势。对稀土的战略性储备迫在眉睫。

中国已经开始建立稀土战略储备制度，实施稀土资源地储备和产品储备，划定了首批 11 个稀土国家规划矿区，编制完成了稀土资源重点规划区（矿区）专项规划（中国国务院新闻办公室，2012）。这只是万里长征的第一步，中国还需要进一步完善稀土战略储备制度，保护性地开采、有计划地储备稀土，旨在改善供需关系，合理引导市场价格，满足维护国家经济安全和保障国防的需要。

五、结论

中国稀土贸易政策经历鼓励出口阶段（1985—2005 年）、管制出口阶段（2006—2012 年）、放松管制阶段（2013 年至今）。其演变过程令人深思，既有优势稀土资源带来的自豪与狂放，又有粗放开采、严重污染、大量出口、小额赚汇带来的无奈与恐慌；既有内乱又有外患。随着稀土存量的日益减少，稀土的战略性地位日益突出，中国以出口关税、出口配额等措施加强对稀土出口管制的贸易政策引发美国、日本、欧盟等稀土进口大户的强烈反对。

2012—2014 年的稀土案，WTO 判定中国涉案产品的出口关税、出口配额措施不符合 WTO 相关规则和《中国入世议定书》承诺，主要理由是中国没有对国内、国外的生产及消费采取同等有效的限制措施。之后，中国稀土贸易政策的主要思路：一是以隐性出口限制政策替代显性出口限制政策。二是以生产环节管制政策替代出口环节管制政策。中国政府越来越强调国内国际两个市场、两种资源，建立内外同等的资源保护体系，对开采、生产和出口采取同步管理措施，强调稀土贸易政策与产业政策的联动与协调。

参考文献

［1］HUMPHRIES MARC. Rare Earth Elements：The Global Supply Chain［R/OL］.（2010-09-30）. Congressional Research Service 7-5700. www. crs. gov. R41347.

［2］中国国务院新闻办公室．中国的稀土状况与政策［M］. 北京：人民出版社，2012.

［3］叶仁荪，吴一丁．中国稀土战略开发及出口产业规制政策研究［M］. 北京：科学出版社，2014.

［4］亚洲金属 2010 年稀土行业年度报告［EB/OL］. http：//www. asianmetal. cn/.

［5］日本研究小组称在南鸟岛发现大量高浓度稀土［EB/OL］. http：//www. chinanews. com/gj/2013/02-28/4602936. shtml. 2013-02-28.

［6］马鹏起．萃取串级理论在浮选中的应用［C］//稀土报告文集．北京：冶金工业出版社，2012：363.

［7］张群卉．中日稀土产品贸易条件及其影响因素——基于 1993—2014 年稀土行

业面板数据的实证分析［J］. 国际商务——对外经济贸易大学学报，2016（6）：17-28.

［8］方辉 . 中国稀土或有 40%走私海外合金绕道出口配额［N］. 中国经营报，2010-10-09.

［9］曹开虎 . 稀土走私猖獗冲击出口配额［N］. 第一财经日报 . 2011-11-18.

［10］陈占恒 . 我国稀土产业现状和发展趋势［N］. 中国冶金报 . 2010-5-20（C02）.

［11］WTO 维持裁定中国限制 9 种原材料出口违规［EB/OL］. http：//www. sina. com. cn. 2012-01-31.

［12］贺小勇 . 论中美欧“稀有金属出口限制争端”的法律问题［J］. 政治与法律，2009（10）：3-9.

［13］胡健，张国栋 . 中国稀土出口或遭 WTO 调查与美日欧协商 2 月未果［EB/OL］. http：//news. china. com/domestic/945/20120516/17199117_1. html. 2012-05-16.

［14］郭丽琴 . 告别配额制　稀土市场影响几何［N］. 第一财经日报，2015-01.

大数据背景下提升产业创新效能的路径探析*

郭　琳

【摘要】大数据已发展成为一种新兴的战略性产业形态，其价值日益明显地展示出来。大数据是以容量大、类型多、存取速度快、应用价值高为主要特征的数据集合。随着国家推动数据资源的整合利用，大数据在产业创新中发挥出越来越重要的作用，主要表现在大数据是产业创新的引擎、推动产业创新、提高决策质量、促进不同产业协同创新实现共赢。国外对大数据研发和运用采取的措施、积累的经验、运用的理念等对我国加快提升大数据技术的分析质量、推动产业创新具有一定的启示。大数据时代提升产业创新的效能，应该主要通过准确把握政府在大数据时代产业创新中的定位；构建数据技术产业链，提高协同开展产业创新的能力；注重大数据专业技术人才培养，为大数据产业发展提供人才保障等路径来实现。

【关键词】大数据；产业创新；大数据人才

一、引言

现代信息技术的发展已经由信息时代转型发展到数据时代。目前，数据资源被看作非常重要的基础性战略资源之一，依靠数据资源催生了许多产业创新的模式，大数据的价值逐步得到世界各国的普遍认可，已发展成为一种新兴的战略性产业形态。面对经济发展的压力，大数据的价值日益明显地展示出来。世界各国为了促进大数据产业的发展，纷纷出台了一系

---

* 【基金项目】中国政法大学新兴学科培育与建设计划：商业大数据分析。

【作者简介】郭琳，中国政法大学商学院副教授，经济学博士，研究方向为产业与区域经济，财税理论与政策。

列政策。2015 年 8 月，国务院印发的《促进大数据发展行动纲要》把“推动产业创新发展，培育新兴业态，助力经济转型”作为促进大数据发展行动的主要任务之一。国家“十三五”规划纲要明确规定实施“大数据战略”，从而使大数据开发和应用成为我国的一项战略任务。因此，加强探讨大数据发展与产业创新发展的互动和影响的内在逻辑关系，从而提升我国产业创新的效能成为我们面临的一项重要任务。

二、大数据的含义及在产业创新中的价值

在互联网发展过程中诞生的大数据技术将会在产业创新中发挥重要作用。通过对数据资源的收集和专业化分析处理可以有效提升产业创新的决策质量，深刻影响产业创新的效能。大数据技术与产业创新的有机结合必将实现大数据的增值，并对产业创新的决策和效能产生积极影响。

（一）大数据的含义及特征

大数据是近年来学术界和产业界高度关注的一个概念，但是人们对大数据的含义尚未达成共识，国内外从不同的角度对大数据的含义进行了概括。

国外主要从以下角度概括了大数据的含义：第一，从大数据具有的体量、速率、种类、价值、准确性等特征来概括其含义。第二，认为大数据是通过采集、存储、分析从数据资源中发现其价值的一种新的技术手段。第三，基于社会需求把大数据看作一种文化和技术现象，对我们理解和组织社会产生巨大影响。第四，将大数据具有的特征属性、技术特点和资产功能结合起来概括大数据的含义。认为大数据是具有数量大、类型复杂多样、速率快、真实性高等特征，运用特殊的分析技术获取的具有实用价值的信息资产。

国内大多数学者主要通过借鉴和引用国外的研究成果，从技术、资源、价值等方面界定大数据，认为大数据是运用特殊技术，从复杂多样的海量数据资源中发现具有应用价值的信息，以获取经济利益和社会效益。随着数据的迅速增长和作用的日益凸显，我国政府已经把数据看作国家的基础性战略资源，在国务院印发的《促进大数据发展行动纲要》中明确把大数据界定为“是以容量大、类型多、存取速度快、应用价值高为主要特

征的数据集合，正快速发展为对数量巨大、来源分散、格式多样的数据进行采集、存储和关联分析，从中发现新知识、创造新价值、提升新能力的新一代信息技术和服务业态”。这一界定包括了大数据涉及的“资源、技术、价值、业态”等方面的内容，对我们科学地理解和把握大数据的内涵具有重要的指导意义。

依据大数据的内涵可以把大数据的特征概括为以下几点：首先，数据规模非常庞大。大数据的重要特征就是“大”。各类固定数据终端、智能手机和移动电脑等移动数据终端、加工后的微基站等都可以成为数据收集的设备，致使产生和存储的数据规模达到非常庞大的程度。面对庞大的数据，如何有效地收集、存储、分析、利用有价值的数据，并进行科学决策，成为企业提升产业创新效能的一项复杂而艰巨的任务。其次，数据产生和流转速度快。在现实生活中，时刻都会产生大量数据。由于数据变化快、时效性强，因此要求对存储的数据必须快速地分析处理，以便保证对未来的情况准确地进行预测，及时进行有效的决策。再次，数据类型复杂多样。大数据时代的数据不只局限在一般的数字和文字信息，更多的数据是以图片、视频、音频、网页、地理位置记录等形式显示出来。这些数据在来源、格式、存储等方面类型多种多样，导致分析处理数据的方式存在很大差别。这就要求企业和政府部门尽量扩大数据收集范围，各企业和政府部门之间要加强对数据的协同管理，实现数据共享。最后，数据的价值密度较低。大数据时代的数据量虽然非常庞大，但是由于各类数据处于高度分散状态，值得有效利用的数据并不多。所以，只有从大量数据中准确挖掘出具有实用价值的数据并加以科学运用，才能真正体现出大数据的优势和价值。大数据开发和应用的战略意义不仅在于广泛收集数据信息，而且在于对数据信息进行实时快速的处理，以便实现数据信息增值。

（二）大数据在产业创新中的价值

大数据在产业创新中的逐步应用将会对我国产业创新体制改革产生重大影响。目前，我国在大数据开发和应用方面已经具备比较好的基础，随着国家推动数据资源的整合利用，大数据在产业创新中发挥出越来越重要的作用，助力产业转型升级，为产业创新提供有利契机。

第一，大数据是产业创新的引擎。大数据在产品研发、优化资源配置、企业管理方式创新、商业模式升级等方面都能够发挥重要的引导作用。在产业创新过程中融入大数据可以为产业创新架设数据应用平台，充分发挥数据资源的价值，为产业创新提炼出可以发挥重要作用的准确信息，最大限度地降低产业创新的风险，增强产业创新的可控性，提升产业创新的成功率。

第二，大数据能够推动产业创新、提高决策质量。在产业创新过程中，可以利用大数据有效降低产业创新的成本，从而提高企业的经济效益。大数据还能够为产业创新提供信息交流的便利，为企业正确决策奠定坚实的基础，增加决策成功的概率。利用大数据平台有效促进企业产品研发、设备更新、资源配置，保障实现产业创新可持续发展。

第三，大数据能够促进不同产业的协同创新，实现共赢。各个产业都会有自己的优势和不足，大数据为各个产业实现优势互补、取长补短提供了信息完备的数据资源，推动各产业之间开放产业资源，进行协同创新，实现产业转型升级，提高数字化管理水平，充分发挥实时数据的功能，促使企业实现跨界合作和创新，达到各产业之间资源配置的最优化，实现共赢。大数据与产业创新融合已经成为推动产业发展的重要动力，不仅有利于开发和运用大数据的价值，而且对产业转型升级具有积极意义。

三、国外大数据发展状况及对我国产业创新的启示

目前，我国的产业创新正处于升级发展的关键时期，亟须一种可行的手段助力产业创新发展。国外各行业在产业升级发展方面已经开展了利用大数据促进产业创新的尝试，并取得了一定的成效。因此，分析国外大数据的发展状况，总结其发展的经验，对我国产业创新的有效进行具有重要的启示作用。

（一）国外大数据发展的基本情况

在国外大数据的开发和应用方面，美国率先采取了一系列措施。早在2013年，为了推动大数据产业的发展，美国政府宣布投入2亿美元开展大数据的研发，颁布实施了《大数据研究和发展计划》，把大数据研发提升到国家战略的高度，并且非常重视数据人才的储备，认为数据资源的占有规模及运用数据资源的能力是一个国家综合国力的重要体现，也是一个国家的核心资产和竞争力。美国在数据收集、数据存储、数据梳理、数据开

放、创新驱动、技术改进、数据运用等方面都取得了显著的成绩。欧盟各国非常重视联合进行数据资源的研发和运用，通过实施连接欧洲设施计划整合各国的数据资源，以数据资源为中心建立统一的欧盟生态环境，以便建成欧盟各国共享的数据资源库，促进欧盟各国之间有效交流数据资源。英国通过制定实施《把握数据带来的机遇：英国数据能力战略》，加大了对大数据研发和运用的经费投入，强化数据挖掘和使用价值，从而使数据分析技术得以提升、数据研发与产业创新合作得以推广、数据安全和数据共享得以保证。日本非常重视大数据发展战略，大数据研发注重走务实的道路，以大数据的应用为主，在产品销售、产品创新等方面充分发挥大数据的作用，尤其在 IT 行业，大数据的研发和运用取得了显著的成绩。澳大利亚于 2011 年实施了《国家数字经济战略》，以促进国家宽带网络建设和数字经济发展。2013 年澳大利亚又实施了《公共服务大数据战略》，"旨在推动公共行业利用大数据分析进行服务改革，制定更好的公共政策，保护公民隐私。"

综合来看，国外大数据的研发和应用体现出将数据公开规定为政府的义务、把发展数字经济作为大数据研发的重要任务、将鼓励社会创新作为大数据研发的主要方向等特点。数据资源开放是其发挥作用的前提条件，因此各国政府非常重视数据资源开放，针对数据资源开放制定了具体政策。例如，美国政府发布的《透明和开放政府备忘录》中明确要求全面开放政府拥有的公共数据；欧盟发布的《数字议程》强调开放公共数据资源可以提供更多的工作机会和消费者选择商品的便利；英国政府发布了《开放数据白皮书》，并建立了"数据开放研究所"，以促进政府开放数据资源，帮助产业部门运用数据资源进行产业创新，创造新的经济发展增长点；日本总务省发布了行动计划，提出要通过数据资源开放拓展市场空间。国外大数据的研发和运用还非常重视大数据与实体经济进行线上线下的互动，以便实现实体经济的增值，因为实体经济与大数据相结合可以为企业提供用户需求的准确信息，及时打造用户需求的产品类别，更好地满足用户需求，使企业获得更大的收益。为了使大数据的商业价值得到充分发挥，以"深度链接"的形式开发出了跨屏广告，极大的方便了用户在不同终端上观看广告，并且重视对跨屏广告的效果进行评估，根据评估结果进一步优化大数据产品的研发；为了对资源进行优化配置，在大数据增值服务方面，大力开展了数据预测分析，有效地提高了数据资源的价值。另外，在大数据开放环境下，世界各国政府制定了比较健全的数据保护法律，对公民的数据隐私权和网络隐私权进行严格保护。

（二）国外大数据的研发和应用对我国产业创新的启示

国外通过对大数据的研发和运用已经将数据资源渗透到各行各业，使大数据成为各行各业提高创新能力、增强竞争优势、提升生产力水平的重要因素。大数据的研发和运用能力已成为各行各业的核心竞争力。国外对大数据研发和运用采取的措施、积累的经验、运用的理念等对我国加快提升大数据技术的分析质量、推动产业创新都具有一定的启示。

第一，加强数据库建设，充分发挥数据资源的作用。建设信息完备的数据库是发挥数据资源作用的基础。经过多年的努力，各行各业积累了大量的数据资源，但是，这些数据资源的作用还没有充分发挥出来。在产业创新过程中，加强建设数据库是一项非常重要的工作。信息完备的数据库不仅要收集各种各样的信息源、信息素材和信息作品，而且要收集各个产业创新团队和尽可能多的产品用户的信息。各行各业需要拓宽各自的数据收集渠道，建立数据收集平台，实时收集产品用户的需求信息，增加数据库的数据资源，为充分发挥数据资源的作用奠定坚实的基础。

第二，各行各业协同建设数据平台，实现数据资源共享。不断增长的数据资源、各种各样的数据类型、日益加快的数据产生速度要求各行各业重视协同建设数据平台，整合各行各业的数据资源，打通各行各业数据平台交流的渠道，推动各行各业数据资源的科学管理和有效利用，以便在产业创新过程中及时调整产品类型，实现产品创新的实用价值，增加产业创新的效益。

第三，加强数据预测分析，优化资源配置。在市场经济的环境中，各行各业竞争激烈，给各行各业的生产成本带来了很大压力。因此，数据预测分析对于降低新产品开发、销售的成本，避免投资风险，资源优化配置，将产生重要影响。

四、大数据时代提升产业创新效能的路径

随着大数据在产业创新中的应用，大数据所蕴含的经济价值和战略

意义日益凸显，已经成为引领产业创新的技术潮流，受到世界各国和产业界的普遍认可，纷纷出台政策、制订计划、采取措施大力对大数据进行研发和运用。可以说，在产业创新过程中，对大数据研发和运用的状况直接决定了产业创新的成效和竞争力的提升。技术创新是产业创新的源泉，也是夺取产业竞争优势的根本。因此，在大数据价值凸显的时代，调整和优化产业结构一定要高度重视大数据的研发和运用，以大数据引领产业创新，努力提升产业创新的效能，保持产业创新可持续发展。

（一）准确把握政府在大数据时代产业创新中的定位

在大数据时代背景下，政府通过制定有效的产业创新政策和大数据发展战略对降低产业创新的风险、提升产业创新的效能具有非常重要的作用。

首先，政府应该制定国家大数据发展战略，引领企业利用大数据进行产业创新。“大数据为‘建设什么样的政府’提供了技术新背景和方法论新注解，客观上大数据已经成为政府治理生态的关键要素，重塑和改造着政府的外部生态系统，政府主观上也迫切需要大数据在治理过程中彰显效能、发挥作用。因此，政府必须在理念层面、技术层面、保障层面积极回应大数据时代提出的新要求。”目前，大数据在我国各个地区的发展还不平衡，经济发达地区发展得较好，欠发达地区的发展水平相对较低。政府从顶层设计层面制定国家大数据发展战略，对大数据的收集、存储、梳理、分析、运用等方面都能够有具体的政策指导，并且从整体上建立大数据发展格局，在带动欠发达地区的大数据技术发展，促进各地区之间大数据技术发展的平衡与协调，保障各地区运用大数据进行产业创新等方面都能取得良好的效能。

其次，制定数据资源开放的具体政策，实现数据资源共享。数据资源开放是数据资源共享的前提条件。数据资源开放的作用既体现在满足公民的知情权，也体现在使数据资源流动起来，最大限度地发挥数据资源的价值，推动经济增长的升级转型，还能够提高政府工作的透明度和产业创新的效率。为了规范和保护数据资源的开放和共享，搭建数据资源开放与共享的平台，政府在制定数据资源开放与共享政策时，“一方面应尽快制定公共数据开放标准，明确数据资源开放方式、内容、对象等；另一方面建立各级政府和部门间的数据共享机制，按照标准统筹建设各级政府部门数据交换共享平台，打通信息共享渠道，实现数据跨区域、跨部门共享。”

最后，加快制定保护大数据技术健康发展的法律。健全的法律是大数据技术健康发展的先决条件。许多国家针对数据采集、数据存储、数据传输、数据分析、数据管理、数据开放、数据权属、数据隐私、数据使用等制定了一系列法律，形成了较为完备的保护大数据技术发展的法律体系。国外发展大数据技术的经验和优势在于制定了比较健全的法律体系，为大数据技术健康发展提供有效保护。鉴于我国大数据技术发展的现状，对政府信息公开条例进行适时修订，在风险可控的原则下最大限度地开放政府数据。在制定法律方面，应该重点对数据产权、数据安全、数据隐私等加强研究，尽快出台相关法律，为我国大数据技术和产业创新的发展提供有效的法律保护。

（二）构建数据技术产业链，提高协同开展产业创新的能力

国外在促进数据产业创新过程中非常重视构建完整的产业链，并以产业链为中心构建产业创新网络和连贯性的产业创新生态体系，形成有效循环的产业创新链条，这有利于实现各区域之间、产业之间、企业之间协同创新能力的提升。数据技术产业链能够促使创新因素的凝练，提升竞争能力，使产业创新的主体优势互补、协同创新的机会增加、创新资源实现共享。数据技术产业链的发展，一是需要传统产业链转向大数据产业链；二是需要制定有效的政策引导数据技术产业链的发展。搭建数据技术产业链发展的平台，为利用数据技术进行产业创新奠定了良好的基础。另外，还需要建立产业创新的合作交流组织，加强产业和企业之间的信息沟通，共同提高创新效率和创新能力；组建全国性或区域性的数据技术产业组织，协调并服务于各产业协同创新。

（三）注重大数据专业技术人才培养，为大数据产业发展提供人才保障

在大数据技术发展领域，专业技术人才起着核心作用。数据的采集、分析、筛选、整合、运用等环节只有拥有大数据技术的专业人才，才能从中挖掘出可以发挥作用的有效数据信息。但是，目前我国既熟悉本行业需求又掌握大数据技术的专业人才比较缺乏。“大数据时代呼唤创新型人才……中国是人才大国，但能理解与应用大数据的创新人才更是稀缺资

源。”培养大数据专业技术人才，既要注重大数据技术的理论知识的学习，又要加强大数据技术的实践能力的培养。理论知识的学习高等学校具有优势，实践能力的培养企业具有优势。因此，培养大数据专业技术人才需要高等学校与企业加强合作，协同培养大数据专业技术人才，只有这样才能培养出既掌握理论知识又具有实践能力的大数据技术专业人才。

为了培养大数据复合型人才，应该根据大数据产业的发展状况和企业的现实需求创新大数据技术人才培养模式，构建多层次、多类型的培养体系，充分发挥高等学校和企业各自的优势，联合培养大数据技术专业人才。高校之间也要加强合作，联合培养跨学科综合性人才，共同建设大数据创新人才的培养平台。探讨并建立符合企业需求的人才培养标准，实现理论课程与行业案例的有机结合，着重提升大数据人才的实际应用能力，打造“产学研用”一体化的大数据专业技术人才培养模式，为推动我国的大数据发展、提升产业创新的效能提供有力的人才支撑。

总之，我国大数据开发和应用时代的开启与推动产业创新发展密切联系在一起，并且互为动力和挑战。当下，我国的大数据开发和应用直接关系到产业创新的效能。大数据对我国的产业创新发展提出挑战的同时，也给我国的产业创新发展提供了机遇，可以说挑战与机遇共存。这必然与我国产业创新发展的内在需求形成良好的互动效应，进而推动产业创新的思维变革。

参考文献

［1］王能强．发达国家及我国主要地区大数据发展的政策启示［J］．中国管理信息化，2017（4）：159-160.

［2］迪莉娅．我国大数据产业发展研究［J］．科技进步与对策，2014（4）：56-60.

［3］刘旸．大数据是“媒体转型”的助推器［J］．电视研究，2015（4）：92-94.

［4］任志锋，陶立业．论大数据背景下的政府“循数”治理［J］．理论探索，2014（6）：82-86.

［5］蔡高楼．中国大数据产业创新绩效研究［D］．北京：北京邮电大学，2017：32-34.

［6］邬贺铨．大数据时代的机遇与挑战［J］．求是，2013（4）：47-49.

第二篇

大数据应用创新研究

智慧养老视角下老年人隐私安全意识的研究*

李　超　朱　晨　毛庆庆

【摘要】：随着医疗和互联网技术的发展与应用，我国老年网民数量越来越多，智慧养老体系也逐步完善，研究如何提高老年群体的隐私保护意识极具现实意义。本文借助中国综合社会调查2017年的数据，运用相关性分析法和结构方程模型分析了影响老年人隐私保护意识的因素。结果发现人口学变量显著影响隐私保护意识，媒介信息接触是隐私保护意识的关键所在，通过自我情感状况、社会交流意愿和网络防范意识三条路径影响老年人的隐私保护意识。最后结合研究结论对提高老年人隐私保护意识提出了针对性的建议。

【关键词】：智慧养老；隐私安全意识；结构方程

一、引言

随着经济发展和科技进步，医疗水平和居民预期寿命都显著提升，再加上居民生育意愿降低，许多国家人口结构趋于老化。第七次全国人口普查显示，60岁及以上人口达2.6亿人，占18.7%，我国人口老龄化程度不断加深。据估计，今后5年，60岁及以上老年人将以每年约1000万人的速度增长。高龄和失能失智老人数量不断增多，养老服务需求持续增长，对服务能力和质量提出更高要求。2020年，党的十九届五中全会通过《中

---

* 【基金项目】北京市教改项目“法商大数据分析创新型人才培养模式研究”（京教函〔2020〕427号）；中国政法大学新兴学科培育与建设计划：商业大数据分析。

【作者简介】李超，中国政法大学商学院教授，硕士生导师，研究方向：养老产业与大健康产业。朱晨，中国政法大学商学院硕士研究生，产业经济学专业。毛庆庆，中国政法大学商学院硕士研究生，政治经济学专业。

共中央关于制定国民经济和社会发展第十四个五年规划和二〇三五年远景目标的建议》，其中明确提出“实施积极应对人口老龄化国家战略”。2021年，《中共中央、国务院关于加强新时代老龄工作的意见》中指出，实施“智慧助老”行动，加强数字技能教育和培训，提升老年人数字素养。社会环境的变化往往蕴含着新的技术需求，应对人口老龄化离不开新技术的支持。大数据、云计算、物联网以及各类智能设备和智能家居的广泛应用，智慧养老概念应运而生，智慧养老方案也被积极探索，来提高老年人的生活满意度和幸福感。[1]相比于传统养老模式，智慧养老在信息收集、共享等方面具备显著优势，成为解决老年人养老难题的发展方向。[2]在当前我国智慧养老实践中，“老年人信息管理不规范”是主要问题之一。[3]

我国正着力推进互联网“适老化”建设，降低互联网应用使用门槛和学习难度，许多互联网应用已经初步完成适老化改造，而且越来越多老年人在心态上变得愿意接受和学习新事物，因此我国老年网民规模会进一步扩大。互联网时代，涉及个人隐私的数据在产生、收集、储存、分享、分析运用等环节中被泄露的风险日益增加。而老年人由于本身的生理和心理特点，个人信息的泄露风险更为突出。《中老年人互联网生活研究报告》发现，老年人在使用互联网时信息甄别能力不强，网络素养亟待提高。一方面是老年网民绝对数量多且规模将逐渐扩大，另一方面是老年人在网络中个人信息保护意识和能力不强，因此老年人的隐私保护权益容易受到侵害，个人信息容易在使用互联网的过程中泄露。综上所述，研究如何提高老年人的信息保护意识和能力有重大意义，不仅有助于老年人更好地使用互联网，更有助于老年人更好地参与到智慧养老的建设中去。而要想提高老年人的信息保护意识和能力，必须先研究老年人的信息保护意识和能力强弱的影响因素，这样才能对症下药。

目前，学界对个人信息保护的研究往往是面向一般群体，专门针对老年人这一特殊群体研究个人信息保护意识和能力的文献较少，且缺乏定量研究。本文的贡献在于通过结构方程模型，定量地考察老年人的信息保护意识和能力强弱的影响路径。

二、文献综述与理论基础

（一）理论基础

1. 技术威胁规避理论和保护动机理论

技术威胁规避理论（Technology Threat Avoidance Theory，TTAT）基于信息技术发展带来的潜在威胁，包括威胁评估和应对评估。[4]威胁评估是当个体面临风险和威胁时出于自我保护免受威胁的心理反应特征，应对评估是对个体采取措施所耗费的会计成本、机会成本和时间成本等的评估。保护动机理论于 1975 年由 Rogers 提出[5]，其通过合并威胁评估和应对评估来解释行为改变的过程，以此研究和理解个人在不同类别环境背后的动机行为。保护动机理论分为三个部分，信息源、认知中介过程和应对模式，具体指通过认知调节过程的威胁评估和应对评估来解释行为改变的过程，个体在此基础上做出相应决策。[6]基于此，老年人的隐私保护意识起点在于智慧养老技术发展，参考卢家银等人[7]研究，本文以媒介信息接触为逻辑起点来探测老年人的隐私保护意识。

2. 感知愉悦性、隐私防范与隐私保护意识

感知愉悦性被看作反映消费者内在情感动机的变量。[8]之后，Moon 等[9]研究甚至发现，消费者的感知愉悦性显著影响行动意愿，感知愉悦性的影响甚至大于感知有用性。老年人更需要情感陪伴，表现出来更真诚的社会交流意愿，以此获得更多的感知愉悦感，进而影响行为抉择和隐私保护的意识。此外，用户在某种特定信息下的隐私防范敏感度，例如基本信息、行为数据、财务信息及社交信息的隐私防范敏感度会触发其隐私风险保护意识的感知程度。[10]结合文献和专家、学者的意见，本文认为老年人的情感和网络交流均会影响其隐私安全意识。

（二）国外智慧养老与老年人隐私保护

发达资本主义国家进入老龄化社会比中国早，在智慧养老方面取得了一些成就，但隐私安全方面仍存在理论和实践的差距，值得中国吸取成功经验和反思不足，学者对国外智慧养老模式的特点进行了深刻剖析。赵宁等人认为，美国的智慧养老进程中引入了市场竞争机制，在远程医疗中制

定相关政策保证隐私安全[11]，并配以智能辅助设施。尽管辅助设施提供更好的健康护理，却因隐私问题使得老年人敬而远之[12]。与此相对应，有学者指出，英国的智慧养老采取政府主导模式，推广智能化养老公寓，自2012年开始普及护理机器人。由于物联网和设备传感器可以收集到老年人的生理特征和物理数据，病人信息和健康状况由语义网络技术所管理[13]，如不加强隐私保护，老年人将变成“数据人”和“透明人”。日本是世界上老龄化最严重的国家之一，劳动力严重不足，其依托先进的信息通信技术[14]，大力发展智慧养老。面临的问题是智能居家设备牵涉到个人隐私，老年人出于隐私安全意识，导致其生活状况很难被及时监测。由前述文献研究可知，智慧养老依托了大数据和产业化的发展，在技术上看是成熟的。但从可行性角度看，隐私保护还未能跟上技术进步的步伐，政府层面上的隐私保护有待进一步强化，以提高老年人对政府能进行信息保护的安全感。

（三）中国养老产业发展状况

在中国，智能养老被视作一项准公共资源[15]，近来学者就智慧养老所面临的挑战进行了研究。林宝剖析老年健康服务弊端，认为发展滞后，与养老服务脱节。[16]刘晓静等从专业人才的角度出发，解释当下我国医护专业人才不足[17]，还可能存在基金持续性问题等。[18]智慧养老使得资源得以整合，于凌云等人[19]在智慧养老的协同机制研究中指出：智慧养老是多主体和多资源的协同，主体涉及政府部门、非政府部门和老年消费者三方主体，人力资源和资金资源相互牵制。智慧养老涉及的主体众多，资源链条密集，意味着信息由多方共享，而我国还没有形成智慧养老行业标准和管理规范，也缺乏行之有效的监督体系。[20]老年人的隐私保护与信息安全意识，是决定养老事业发展的重要因素。

有关隐私安全防范举措，学者从以下几个维度提出思考。胡漠建议可以利用私有链架构，对老年人健康安全信息进行储存，并且信息可溯源。另外还有学者指出，政府在智能技术的推广中起到不可低估的作用，智慧化发展必然会面临伦理、隐私等系列问题，政府可通过市场监管、执行标准制定、隐私保护协议等措施来保护老年人隐私问题。[21]技术人员要保证用户的知情权，处理用户信息要征得用户同意，同时法律应作为严格惩戒数据处理者违法犯罪的有效手段。郑志峰指出，人工智能需要以数据和算法作为支撑，对隐私具有天然的侵袭性，应探索一条“多管齐下，激励相容”的隐私保护路径，并综合运用法律、技术、市场、伦理等手段。[22]

从过往文献得到如下结论：智慧养老背景下，我国老年健康事业还存在诸多问题；人工智能发展对隐私具有侵袭性，隐私防范问题是无法避免的；从措施方面看，主要是依托行业和政府的管制，缺乏从老年人主体方面的隐私安全宣传。事实上，老年人作为智慧养老的主体，其自身的隐私安全意识才是有效解决安全问题的关键。当前，我国信息保护机制并不完善，信息时代数据泄露风险频发。智慧养老平台收集大量老年人的个人隐私信息，平台监管缺失使得老年人信息被非法披露并使用。[23]老年人因情感缺失、感知风险不足以及信息更新速度不及时[24]，更容易相信外界反馈信息，而缺乏辨别信息真伪的能力。当前，各种人工智能都熟练利用算法推送用户感兴趣的新闻、视频、商品等，只看用户想看的，只听用户想听的，最终在不断重复和自我证实中强化了固有偏见和喜好，形成“信息茧房”。[22]在诈骗分子有心利用老年人的这些特点时，老年人容易相信并造成财务损失。有必要研究在智慧养老背景下，老年人提升隐私安全意识，社会加强对老年人隐私保护意识的宣传，加快完善个人隐私安全监督立法。

（四）研究思路与方法

本文以老年人媒介信息接触为逻辑起点，以自我情感缺失、网络交往深度及网络防范意识为中介变量，进而剖析老年人隐私安全意识。依据《老年人权益保障法》，本文将年龄起点标准是 60 周岁的人定义为老年人。数据来源于中国学术调查数据资料库，通过个案筛选得到 4327 个有效样本。接下来，本文对问卷进行可靠性分析，继而对隐私保护意识与变量指标进行相关性分析及中介变量分析，最后实证分析结果，提供对策建议。

三、模型构建和实证分析

（一）问卷可靠性分析

为使问卷选取的问题更加符合本文实际需要，对问卷进行可靠性分析（见表 1）。从可信度视角看，主要采用组合信度（composite reliability,

CR）和克伦巴赫系数（Cronbach's alpha）为检验指标，所有观测变量 CR 均大于 0.809，Cronbach's alpha 均大于 0.567，表明信度较好。从效度视角看，主要采用标准化因子载荷和平均方差提取量（average variance extracted，AVE）作为检验指标，标准化因子载荷均大于 0.669（标准为大于 0.5），AVE 均大于 0.691（标准为大于 0.5），表明问卷具有良好聚敛效度。通过信度和效度分析检验所得到的问卷适合本文需要。

表 1　信度、效度检验

维度	潜变量	标准化因子载荷	Cronbach's alpha	CR	AVE
媒介信息接触	手机媒介使用	0.898	0.818	0.917	0.691
	报纸媒介使用	0.927			
	杂志媒介使用	0.739			
	互联网媒介使用	0.669			
	电视媒介使用	0.891			
自我情感缺失	缺少陪伴	0.835	0.879	0.927	0.81
	被孤立	0.927			
	被冷落	0.935			
网络交往深度	与爱好相同的人	0.675	0.794	0.899	0.693
	与家人	0.932			
	与朋友	0.942			
	与同事	0.749			
网络防范意识	网络重要信息先验证再相信	0.834	0.567	0.809	0.7
	网络支付前观察使用环境	0.815			
隐私保护意识	1. 保护隐私行动	0.894	0.952	0.882	0.789
	2. 隐私保护信心	0.882			

（二）隐私保护意识相关性分析

借鉴拿破仑·希尔将人类大脑的意识分为潜意识和显意识，本文将隐私保护意识划分为“隐私保护潜意识”和“隐私保护显意识”，进而对隐私安全意识三大中介效应及部分人口学因素的相关性进行检验（见表 2）。研究表明，媒介信息接触与隐私保护潜意识和隐私保护显意识均呈现反向作用，这意味着，越是过多接触媒介信息，隐私意识反而越弱。另外，自我情感缺失、网络交往深度及网络防范意识三大维度与隐私保护意识均呈现正向相关关系且统计显著。相关性研究表明，以媒介信息接触为逻辑起点、以三大维度为中介的理论分析，显著影响老年人隐私保护意识。

表2 隐私保护意识相关性研究

维度	显变量	隐私保护潜意识	隐私保护显意识
媒介信息接触	手机媒介使用	-0.143**	-0.149**
	报纸媒介使用	-0.102**	-0.113**
	杂志媒介使用	-0.110**	-0.108**
	互联网媒介使用	-0.072**	-0.130**
	电视媒介使用	-0.031	-0.051*
自我情感缺失	缺少陪伴	0.078**	0.084**
	感觉被孤立	0.078**	0.084**
	感觉被冷落	0.055*	0.070**
网络交往深度	与爱好相同的人	0.260**	0.304**
	与家人	0.362**	0.278**
	与朋友	0.330**	0.253**
	与同事	0.354**	0.312**
网络防范意识	网络重要信息先验证再相信	0.206**	0.149**
	网络支付前观察使用环境	0.174**	0.148**

注：*、**、***分别表示在10%、5%和1%水平上显著。

（三）人口学变量标准化总效应

在对测量模型进行初步验证和对数据进行初步分析后，建立结构方程对模型进行检验。为使检验模型更为清晰可靠，在结构方程模型中设定了人口学特征控制变量，并检验控制变量标准化总效应（见表3）。研究结果表明，民族和经济收入对五大维度具有显著影响，其中民族与“媒介信息接触”和“网络交往深度”具有显著正向相关关系，与“隐私保护意识”具有负向相关关系；经济收入与五大维度均具有显著负向相关关系。尽管性别和教育程度与几大维度关系不显著，但其系数符号表达了一定指导意义。为避免内生性和截面相关等问题，后续研究将人口学特征变量作为主要控制变量。

表 3　结构方程中人口学变量标准化总效应

	性别（男=1）	民族（汉族=1）	受教育程度	经济收入
媒介信息接触	1.088 1.104	70.636*** 2.671	-1.471 6.402	0.000*** 0.000
网络交往深度	1.107 0.049	83.12*** 1.909	-1.971 0.285	-0.858*** 0.000
自我情感缺失	0.309 0.200	11.943 16.352	-0.556 1.160	0.003*** 0.000
网络防范意识	0.487 0.013	11.266 1.467	-0.667 0.078	-0.058*** 0.000
隐私保护意识	-1.609 0.119	-101.583*** 5.098	2.334 0.693	-0.161*** 0.000

注：*、**、***分别表示在10%、5%和1%水平上显著。

（四）中介效应分析

中介效应常见于路径研究，是连接两个变量之间的纽带，中介意味着变量内部某种作用机制[25]。在本文中，以媒介信息接触为基础探索老年人在智慧养老和数字化背景下的隐私保护意识，采用自我情感缺失、网络交往深度及网络防范意识三种介质，适用于中介效应分析，并控制了民族、经济收入等人口学特征。学者 Baron[26]提出逐步检验法，认为中介效应前提为自变量和因变量之间存在显著关系，否则程序应该终止。温忠麟等人[27]模拟研究发现，系数乘积法和差异系数法比逐步检验法精确，且具有较高的统计效力，结合本文实际，采用后者方法进行中介检验。

路径分析如图 1，媒介信息接触对网络交往深度和自我情感缺失均具有负向显著的影响；网络交往深度对隐私保护意识具有正向显著影响，而对网络防范意识具有负向显著影响；另外，网络防范意识也正向显著作用于隐私保护意识。

进一步分析，三种不同中介效应作用于隐私保护意识结果表明（见表 4），三条传导路径（自我情感缺失、网络交往深度以及网络防范意识）都使得媒介信息接触对隐私保护意识中介效应显著为负，中介效应值分别为 -0.057、-0.005 和 0.001。存在中介变量自我情感缺失时，媒介信息接触对隐私保护直接产生负向影响。存在中介变量网络交往深度时，媒介信

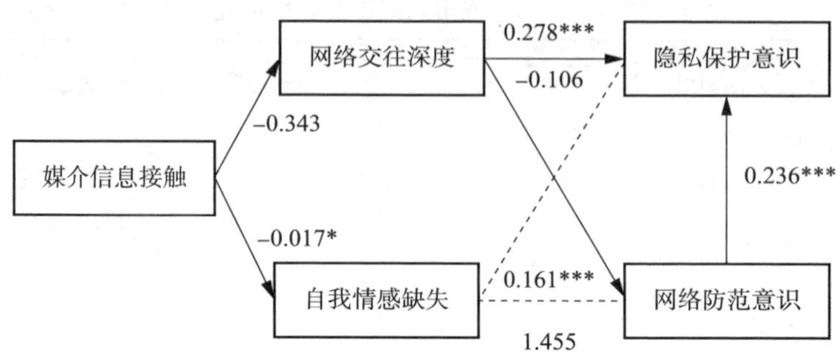

注：*、**、***分别表示10%、5%和1%水平上显著。

图 1　老年人隐私保护意识路径

息接触对隐私保护直接产生正向影响。另外，为探测媒介信息接触对网络防范意识的影响，增加了自我情感缺失和网络交往深度两条中介效应，结果表明，媒介信息接触通过网络交往深度和自我情感缺失，正向影响网络防范意识。

表 4　中介效应分析

传导路径	总效应	中介效应	直接效应
媒介信息接触=>自我情感缺失=>隐私保护意识	-4. 320**	-0. 057***	-4. 227***
媒介信息接触=>网络交往深度=>隐私保护意识	0. 815**	-0. 005***	0. 005
媒介信息接触=>网络防范意识=>隐私保护意识	0. 815**	-0. 001***	0. 890***
媒介信息接触=>自我情感缺失=>网络防范意识	-0. 424	0. 118***	-0. 413
媒介信息接触=>网络交往深度=>网络防范意识	-0. 424	0. 162***	-0. 32

注：*、**、***分别表示在 10%、5%和 1%水平上显著。

四、结论与政策建议

（一）研究结论

数字经济时代，互联网尤其是智慧养老的发展与应用将进一步影响老年人的生活。在此背景下，保护老年人的隐私，研究提高这一特殊群体的个人隐私保护意识和能力至关重要。本文运用中国综合社会调查（Chinese General Social Survey，CGSS）2017 年的数据，对影响老年隐私保护意识的因素进行了分析。初步研究发现，人口学变量特征，如老年人的民族和经济收入水平对老年人的隐私保护意识有显著影响。媒介信息接触是影响老年人隐私保护意识的关键因素，研究结果显示，媒介信息接触不仅负向影响了老年人的隐私保护信心，还左右着隐私保护行为。为更准确地研究媒介信息接触对老年人隐私保护意识的影响路径，将人口学变量作为控制变量，运用结构方程模型进一步研究发现，媒介信息接触通过自我情感缺失、网络交往深度和网络防范意识，对隐私保护意识产生负向作用。以上结论进一步证实技术威胁规避理论和保护动机理论。智慧养老时代，老年人数据资源的收集、储存、分享和分析，给了不法分子可乘之机。面对纷繁复杂的信息，老年人的年龄增加认知局限，使其无法辨别真伪[28]，使其隐私保护意识随其面临信息的强度增加而弱化。

（二）政策建议

完善隐私权保护的相关法律法规体系。隐私权是基本人权，必须加以保护。隐私权法律保护机制的建立和执行不仅是对人基本权利的尊重和保护，更直接地为潜在侵犯隐私权的隐患划清了边界[29]。但仅仅有法律是不够的，法律制定还要和行业规范一起融入企业开发智慧养老技术和平台的过程中，保证企业行为兼顾大数据的使用效用和最小化隐私泄露。[30]因此，隐私权保护体系需要社会各方面配合。如在智慧养老领域，既要有国家医疗保障局的监督，也要有医院和医疗组织的协作，还要有互联网应用平台的自律自觉，更要有社会公众尤其是老年群体的参与。

加强对老年人在互联网方面的教育培训。媒介信息接触会通过网络交往深度和自我情感缺失负向影响网络意识。培养老年人的互联网使用技能是未来老年人教育培训的题中应有之义，而且培训教育本身也是老年人进行社会交流的过程，为老年人提供了情感交流与表达的渠道，不仅丰富了老年人的生活意义，也有助于提高老年人的隐私保护意识。[31]为此，政府、社会、社区和家庭要共同协作，以便构建多层次、多种类的老年培训体系。

推动社会形成尊老爱老的社会风尚和家庭风气，弥补老年人的情感缺失。社会支持是影响老年人主观幸福感的重要因素，这种社会支持既有来自家庭如配偶子女的陪伴，也包括良好的社会风尚。这些社会支持不仅弥合了老年人容易产生的自我情感缺失问题，满足了老年人的情感需求和交流意愿，也能间接增强老年人的网络防范意识和隐私保护意识。

多种方式进行“互联网适老化改造”，降低互联网使用门槛。媒介信息接触会通过网络交往深度负向影响隐私保护意识。提高网络交往深度既要加强对老年人的互联网培训，也要降低互联网使用门槛。老年人由于年龄较大，身体和认知能力有一定退化，而部分互联网产品的产品设计和交互的门槛相对较高，给老年人的使用造成了一定困难，有必要推进“互联网适老化改造”。我国在这方面已经积累了不少经验，如适老版、关怀版、无障碍版应用要具有大字体、大图标、高对比度等功能，界面模式要简单、易操作，互联网产品内容信息要适当加配字幕[32]，针对老年人的特点和使用习惯，专门设计相应的老年型产品。互联网应用使用门槛的降低会进一步提高互联网在老年群体的普及率，也就间接提高了老年人的隐私保护意识。

参考文献

［1］ROGERS R W. A protection motivation theory of fear appeals and attitude change1［J］. The journal of psychology，1975，91（1）：93-114.

［2］DAVIS F D，BAGOZZI R P，WARSHAW P R. Extrinsic and intrinsic motivation to use computers in the workplace［J］. Journal of applied social psychology，1992，22（14）：1111-1132.

［3］MOON J，KIM Y. Extending the TAM for a World-Wide-Web context［J］. Information & Management，2001，38（4）：217-230.

［4］WU J，LI H，CHENG S，et al. The promising future of healthcare services：When big data analytics meets wearable technology［J］. Information & management，2016，53（8）：1020-1033.

［5］HUERTAS CELDRAN A，GIL PEREZ M，GARCIA CLEMENTE F J，et al. Preserving patients' privacy in health scenarios through a multicontext-aware system［J］. Annales des télécommunications，2017，72（9-10）：577-587.

［6］ZHANG Q，LI M，WU Y. Smart home for elderly care：development and challenges in China［J］. BMC geriatrics，2020，20（1）：318.

［7］MACKINNON D P. Introduction to statistical mediation analysis［M］. New York：Lawrence Erlbaum Associates，2008.

［8］BARON RM，KENNY D A. The moderator-mediator variable distinction in social psychological research：conceptual，strategic，and statistical considerations［J］. J Pers Soc

Psychol，1986，51（6）：1173-1182.

［9］吴方，李菁，孙铭阳．大数据背景下智慧医养护一体化5I模式研究［J］．河海大学学报（哲学社会科学版），2021，23（2）：79-87.

［10］杨芳．智慧养老发展的创新逻辑与实践路向［J］．行政论坛，2019，26（6）：133-138.

［11］张雷，韩永乐．当前我国智慧养老的主要模式、存在问题与对策［J］．社会保障研究，2017（2）：30-37.

［12］陈昊，张嵩，吕途．智能系统用户隐私意识与隐私保护意愿研究［J］．情报理论与实践，2021（11）：1-13.

［13］贾若男，王晰巍，范晓春．社交网络用户个人信息安全隐私保护行为影响因素研究［J］．现代情报，2021，41（9）：105-114.

［14］卢家银，白洁．中国青年的网络隐私忧虑及其影响因素研究——基于对1599名共青团员的实证调查［J］．新闻记者，2021（2）：69-79.

［15］段秋婷，谢兴政．以小共同体本位为特征的社交媒体用户隐私保护意向形成机制［J］．图书情报工作，2021，65（6）：118-128.

［16］赵宁，张健．国外智慧养老发展模式的经验与启示［J］．社会科学动态，2020（8）：67-71.

［17］施锦芳，吴学艳，隋霄．日本ICT辅助健康养老产业发展研究［J］．财经问题研究，2020（6）：40-48.

［18］林宝．康养结合：养老服务体系建设新阶段［J］．华中科技大学学报（社会科学版），2021，35（5）：9-18.

［19］刘晓静，张向军，谢秋实．京津冀协同发展视域下河北省养老服务面临挑战及发展建议［J］．河北大学学报（哲学社会科学版），2019，44（1）：139-145.

［18］穆怀中，杨傲．“艾伦条件”边界与现收现付养老适度水平［J］．国际经济评论，2021（5）：137-161.

［19］于凌云，李易颖．社区智慧养老资源配置协同度评价研究［J］．经济与管理评论，2021，37（4）：149-160.

［20］任洁，王德文．智慧养老中的老问题、新形式与对策研究［J］．兰州学刊，2021（5）：197-208.

［21］胡漠，马捷．异构区块链网络视域下智慧养老多元信息协同模式研究［J］．图书情报工作，2020，64（7）：110-118.

［22］彭聪．中国智慧养老内涵及发展模式研究［J］．广西社会科学，2021（1）：132-138.

［23］郑志峰．人工智能时代的隐私保护［J］．法律科学（西北政法大学学报），

2019，37（2）：51-60.

［24］张健明，刘晴．智慧养老视域下老人隐私权保护的特殊性和复杂性研究［J］．黑龙江社会科学，2019（6）：71-76.

［25］梁智迪，林川琪．老年人社区智慧养老认知与需求研究——以廊坊市为例［J］．社会与公益，2019（11）：43-45.

［28］温忠麟，张雷，侯杰泰，等．中介效应检验程序及其应用［J］．心理学报，2004（5）：614-620.

［29］郭滢，肖红蕊，龚先旻，等．情绪影响错误记忆认知机制的年龄差异［J］．心理发展与教育，2022（1）：17-25.

［30］林凌．网络涉老隐私信息传播的法律规制［J］．编辑学刊，2015（1）：37-41.

［31］刘雅辉，张铁赢，靳小龙，等．大数据时代的个人隐私保护［J］．计算机研究与发展，2015，52（1）：229-247.

［32］徐敏华，梅兵，裴建华．终身教育视域下老年教育师资队伍发展现状与策略——基于对上海市老年教育机构的调研［J］．成人教育，2020，40（11）：34-42.

［33］张山，郝晓宁，马骋宇，等．老年人对“互联网+医疗”的认知和使用意愿分析［J］．卫生经济研究，2021，38（11）：36-39.

手机使用频率对我国老龄群体心理健康的影响研究*

李　超　金凡蕾

【摘要】新媒介对于老龄群体的心理健康水平有重要影响，但过往的研究忽略了其影响机制以及基于老龄群体视角的探究。本文利用 CGSS 的微观数据，以老龄群体为研究中心，借鉴相关经典理论，将老龄群体视为技术应用的能动主体，实证分析手机作为新媒介，其使用频率的高低对于老龄群体的心理健康有何影响及如何影响。研究发现，手机的高频率使用可以显著地提高老龄群体的心理健康水平，社会关注在这一过程中起到积极的中介作用。现代科技的迅猛发展给庞大的老龄群体带来了便利，智能手机等新媒介的使用是一种积极的选择性行为，有助于老龄群体融入科技、信息素养提升、丰富生活，从而改善其心理健康状况。

【关键词】手机使用频率；老龄群体；心理健康；中介效应

一、引言

第七次全国人口普查数据显示，我国 60 岁及以上人口达 2.64 亿人，占人口总数的 18.70%，老龄群体人数攀升，我国人口老龄化程度进一步加深。与此同时，我国移动互联网进入快速发展期，新媒介、新技术不断更新换代，老龄群体从传统的通过报纸、广播、电视等媒介获取信息转变为通过智能手机等移动设备获取新闻资讯。老龄群体使用手机上网的现象

* 【基金项目】北京市教改项目“法商大数据分析创新型人才培养模式研究”（京教函〔2020〕427 号）；中国政法大学新兴学科培育与建设计划：商业大数据分析。

【作者简介】李超，中国政法大学商学院教授，硕士生导师，研究方向：养老产业与大健康产业。金凡蕾，中国政法大学商学院硕士研究生，产业经济学专业。

越来越普遍，智能手机的使用对老龄群体的心理健康状态产生了潜移默化的影响。重视老龄群体数字化生存现状，改善其数字化体验，提高其心理健康水平，成为社会全面发展的重要内容之一。

国外学者在老龄群体新媒体使用方面的研究早于国内学者。老龄群体学习并使用新媒介能够扩大其娱乐社交范围，增加参与社会、感受社会的支持（Leist，2013），不仅可以提高生活质量、促进学习、维持生活稳定（Haris 等，2014），还能够降低孤独感，提升自身社会角色的满意度（Hutto 等，2015）。老龄群体规模的不断庞大以及科技的迅猛发展是我国老龄数字鸿沟产生的重要原因。近年来，国内学者开始关注科技媒介对老龄群体日常生活的影响。使用新媒介可以帮助老龄群体提高健康水平、生活质量和社会交往能力（王萍，2010），更好地适应社会、融入社会，并且对自身做出清晰的角色定位（丁卓菁等，2017）。最重要的是使用新媒介可增加老龄群体的社会参与感与成就感，帮助其克服抑郁，提高心理健康水平（陈坤，2017）。

本文贡献有以下三点：其一，已有相关研究大多停留在老龄群体接触新媒介和使用新媒介的层面，较少有研究从其心理层面出发来探究此问题。智能手机是最常用的、使用频率最高的新媒介之一，本文明晰了老龄群体手机使用频率与其心理健康状态之间的关系。其二，老龄群体心理健康水平的研究多从心理学或社会学的角度出发，影响因素以客观因素为主，内部因素考虑较少，本文引入老龄群体社会关注程度作为中介变量，对智能手机使用频率与心理健康水平的相关关系进行研究。其三，本文以老龄群体为中心分析视角，借鉴相关理论，对 2017 年中国综合社会调查数据进行分析，运用二分类 Logistic 回归模型考察自变量（手机使用频率）和中介变量（社会关注程度）对于因变量（心理健康）的影响，在稳健性检验时选择平衡性检验和倾向得分匹配两种方法修正模型误差。最后本文引入结构方程模型进行机制分析，探究智能手机使用频率对老龄群体心理健康程度的影响路径。

二、文献综述、理论分析框架与研究假设

（一）文献综述

老龄群体由于离开工作岗位或身体机能不能快速适应时代发展变化等

原因，会逐渐感受到被社会孤立。最早国外学者将这种消极的心理健康状态定义为孤独感，即个体感受到自己被疏远、误解、拒绝，或是由于缺少社会活动参与而感受到的一种持续性的不愉悦的心理感受（Rook，1984）。国内学者认为这种负面情绪是由于被忽略或被遗忘而引发的一种情绪。由于老龄群体易与社会脱离，故其心理健康状态是需要密切关注的话题。因此，本文选择“心情是否愉悦”作为衡量老龄群体心理健康状态的核心指标。

学术界关于新媒介使用对于老龄群体心理健康水平的研究目前有三种较为成熟的观点。第一类观点是“在场替代效应论”，即老龄群体使用新媒介会降低其在现实生活中参与社会活动的频率，从而减少与亲朋好友直接的互动与交往。新媒介的使用不仅不利于老龄群体的身心愉悦，相反会增强老龄群体的孤独感、恐惧感和抑郁心理（Nie，2001；Gilleard 等，2007；吴新慧，2017）。第二类观点是“网络增益效应论”，即新媒介以及网络的使用会促进老龄群体社会参与水平，从而对其心理健康状况产生积极影响（Shapira 等，2007；Lelkes，2013；Heo 等，2015；Khalaila，Vitman-Schorr，2017）。第三类观点认为新媒介的使用与老龄群体心理健康水平之间没有显著关系（VanIngenetal，2017；Karin Slegers，2008）。

（二）理论分析框架与研究假设

1. 马斯洛需求层次理论

马斯洛需求层次理论包括需求的五级模型，从层次结构底部向上分别为生理需求、安全需求，社交需要、尊重和自我实现。拥有新媒介且掌握使用新媒介的能力，不仅可以满足老龄群体的基本生活需求，还能够帮助其更好融入现代社会，满足社交需求，有效避免退休后与社会脱离，降低负面情绪（Chou，2013），实现被尊重的需求（Cotten，2013）。如果没有新媒介或没有掌握使用新媒介的能力，老龄群体无法满足一些较低层次的生活需求，在一定程度上会产生与社会脱离的失落感，受尊重的需求更是无法满足的。

2. 贫困文化理论

贫困文化理论从社会文化的角度解释贫困现象。穷人独特的居住方式促进了穷人间的集体互动，与其他人在社会生活中相对隔离，因此产生出一种脱离社会主流文化的贫困亚文化（Oscar Lewis，1959）。老年人作为科技劣势群体，若不能及时获取等量信息，很容易在数字社会因信息贫困被孤立，不仅不利于老龄群体的心理健康状况，还会引发社会矛盾，造成社会撕裂。

基于上述两种理论，本文提出第1组“竞争性假设”。

假设1a：与不使用手机或使用手机频率较低的老龄群体相比，手机使用频率较高的老龄群体的心理健康水平更高。

假设1b：与不使用手机或使用手机频率较低的老龄群体相比，手机使用频率较高的老龄群体的心理健康水平更低。

3. 护航理论与社会情绪选择理论

护航理论指个体在整个生命的发展过程中都在主动地、有选择地积累和发展社会关系网络（Antonucci，Fiori，Birditt & Jackey，2010）。社会情绪选择理论认为老龄群体会感知到未来时间有限，因此会改变社会目标的排序。在老年，个体参与社会交往活动的主要目的是提高生活满意度，对抗身心压力，适应角色变化带来的负面情绪。

结合护航理论与社会情绪选择理论，本文提出社会关注程度与老年人心理健康之间的影响路径。社会关注程度在理论上存在着两种相互竞争的影响路径。路径一：老龄群体使用手机可以提高社会关注程度，主要机制在于通过使用手机可以及时获取信息，扩大社交范围，方便交流沟通，保持社会联系，不与社会脱离，有利于老龄群体保持愉悦的心理健康状态。路径二：老龄群体使用手机在网络空间活动，会在一定程度上挤占在其他现实空间的社会关注程度和社会交往频率，从而不利于老龄群体保持愉悦的心理健康状态。故本文提出第2组“竞争性假设”。

假设2a：社会关注程度在手机使用频率对老龄群体心理健康的影响中起着正向的中介作用。

假设2b：社会关注程度在手机使用频率对老龄群体心理健康的影响中起着负向的中介作用。

本文仅将社会关注程度作为可能影响手机使用频率对老龄群体心理健康水平的中介变量，但本文并不认为社会关注程度这一中介变量足以解释老龄群体心理健康水平在使用手机频率之间的所有差异，除此变量，还可能有其他中介变量发挥作用。

三、数据、变量与研究方法

（一）数据来源

CGSS（中国综合社会调查）是我国最早的全国性、综合性、连续性学术调查项目。CGSS 系统全面地收集社会、社区、家庭、个人多个层次的数据，对于因变量心理健康水平与自变量手机使用频率而言，CGSS 数据是目前最新的、质量最高的且最具有代表性的调查数据之一。2017 年，CGSS 数据的原始样本为 12582 份，筛选出 60 岁及以上年龄群体并剔除缺失情况严重的变量后，共有 3148 个样本进入本文分析。

（二）变量测量

因变量：心理健康情况（心情是否愉悦）。老龄群体心情愉悦与否是测量其生活质量的一个重要指标。在 CGSS 2017 问卷中对应的具体题目为"在过去的四周中，您感到心情抑郁或沮丧的频繁程度是"。选项包括"总是""经常""有时""很少""从不"。基于对整个样本情况以及研究实际情况的考虑，本文将前三个选项合并为"心情抑郁或沮丧"，赋值为 0，后两个选项合并为"心情愉悦"，赋值为 1。

自变量：手机使用频率。在 CGSS 2017 问卷中对应的具体题目为"过去一年，您对手机的使用情况是"。选项包括"从不=1""很少=2""有时=3""经常=4""非常频繁=5"。本文将前两个选项合并为"手机使用频率较低"，赋值为 0，后三个选项合并为"手机使用频率较高"，赋值为 1。

中介变量：社会关注程度（表 1）。在 CGSS 2017 问卷中对应的具体题目分别为"过去一年看报纸的频率""过去一年看杂志的频率""过去一年听广播的频率""过去一年看电视的频率"，选项包括"从不=1""很少=2""有时=3""经常=4""非常频繁=5"。重新定义一个新的中介变量——社会关注程度（social），本文拟将五等级频率转化成百分制成绩且四个变量权重相同，从而衡量老龄群体的社会关注程度。

表 1　老龄群体的社会关注程度　（单位：分）

五等级频率	从不	很少	有时	经常	非常频繁
百分制成绩	20	40	60	80	100

社会关注程度=(20×报纸+20×杂志+20×广播+20×电视)/4

此外，本文还纳入了一些基本控制变量，包括性别、年龄、婚姻状况、城乡类型、住房套内居住面积、自评健康状况、个人全年总收入、个人全年职业/劳动收入和家庭总收入。

（三）研究方法

为检验手机使用频率对老龄群体心理健康水平的影响，根据因变量的特点，本文首先运用二分类 Logistic 回归方法，建立实证模型如下：

$$Y=\propto_0+\propto_1 phone+\beta X \tag{1}$$

其中，Y 表示老龄群体心理健康情况-心情愉悦程度；$phone$ 表示手机使用的频率；X 表示性别、年龄、婚姻状况、城乡类别、住房套内居住面积、自评健康状况、个人全年总收入、个人全年职业/劳动收入和家庭总收入，β 为其系数矩阵。本文主要关注手机使用频率对老龄群体心理健康的影响，具体到模型中就是 $\propto_0$ 和 $\propto_1$ 符号的正负、数值的大小以及在统计上是否显著。

仅采用普通 Logistic 回归模型可能会由于内生性问题导致结果存在虚假性，因此，本文后续采用倾向值得分匹配进行稳健性检验，其基本逻辑是在探讨自变量对因变量影响的真实效果之前，通过模型估计并控制个体受到自变量影响的概率（胡安宁，2012），从而消除混淆变量的影响。运用中介效应分析，探讨社会关注程度这一中介变量的中介效应。

四、主要研究结果

（一）描述性统计分析

表 2 提供了主要变量的描述性统计分析结果。独立样本 t 检验和卡方检验结果表明，性别、住房套内居住面积、个人全年总收入、个人全年职业/劳动收入与老龄群体心理健康之间的相关关系并不显著。但年龄、婚姻状况、城乡类型、自评健康状况、家庭总收入与老龄群体心理健康水平呈显著的相关关系。中介变量社会关注程度与老龄群体心理健康呈显著的正相关关系。自变量手机使用频率与老龄群体心理健康之间也呈现显著的正相关关系。为了进一步验证自变量和因变量之间的关系，下文将在此基

础上进一步展开回归分析。

表 2 主要变量的描述性统计分析结果

变量	心情抑郁或沮丧=0		心情愉悦=1		总体	
	均值/比例	标准差	均值/比例	标准差	均值/比例	标准差
性别	—	—	—	—	—	—
女性=0	0. 406	—	0. 594	—	0. 501	—
男性=1	0. 345	—	0. 655	—	0. 499	—
年龄（岁）	69. 098	7. 127	69. 208	7. 341	69. 167	7. 261
婚姻状况	—	—	—	—	—	—
无配偶=0	0. 431	—	0. 569	—	0. 252	—
有配偶=1	0. 357	—	0. 643	—	0. 748	—
城乡类型	—			—	—	—
农村=0	0. 470	—	0. 531	—	0. 410	—
城市=1	0. 311	—	0. 690	—	0. 590	—
住房套内居住面积	114. 899	104. 051	107. 102	84. 350	110. 032	92. 309
自评健康状况	44. 834	19. 443	66. 914	19. 718	60. 121	21. 478
个人全年总收入	23500. 07	263786. 7	30249. 86	107744. 2	27712. 8	182744. 1
个人全年职业/劳动收入	7055. 026	14652. 28	17308. 13	226761. 2	13453. 04	179404. 8
家庭总收入	37125. 65	68138. 51	67674. 22	236938. 5	56195. 48	192356. 5
手机使用频率	0. 080	0. 272	0. 173	0. 378	0. 138	0. 345
社会关注程度	42. 639	14. 340	49. 161	16. 451	46. 711	16. 004

（二）回归分析

表 3 是基于 CGSS 2017 构造的截面数据回归结果。模型 1 为基准模型，主要考察控制变量对因变量（老龄群体心理健康）的影响。模型 2 和模型 3 分别在基准模型的基础上逐步纳入自变量（手机使用频率）和中介变量（社会关注程度）。从模型 1 到模型 3，AIC 的数值在持续下降，BIC 的数值也在引入中介变量后下降（AIC 和 BIC 是用于同时衡量模型拟合度和复杂度的统计量），这表明模型的整体拟合程度在逐步引入自变量（手机使用频率）和中介变量（社会关注程度）的过程中是在不断完善的。

表 3　手机使用频率对老龄群体心理健康影响的 Logistic 回归模型结果

变量	模型 1	模型 2	模型 3
性别	1. 137 (1. 54)	1. 126 (1. 42)	1. 088 (1. 00)
年龄	1. 012 ** (1. 93)	1. 014 ** (2. 27)	1. 012 ** (1. 99)
婚姻状况	1. 309 *** (2. 73)	1. 305 *** (2. 69)	1. 252 ** (2. 26)
城市	1. 421 *** (3. 82)	1. 368 *** (3. 36)	1. 239 ** (2. 23)
住房套内居住面积	1. 000 (-0. 57)	1. 000 (-0. 40)	1. 000 (-0. 15)
自评健康状况	1. 043 *** (19. 62)	1. 043 *** (19. 47)	1. 042 *** (19. 11)
个人全年总收入	1. 000 (-0. 58)	1. 000 (-0. 61)	1. 000 (-0. 81)
个人全年职业/劳动收入	1. 000 * (1. 63)	1. 000 (1. 46)	1. 000 (1. 05)
家庭总收入	1. 000 ** (2. 41)	1. 000 ** (2. 07)	1. 000 * (1. 72)
手机使用频率 (0-1)	—	1. 382 ** (2. 31)	1. 291 * (1. 81)
社会关注程度	—	—	1. 012 *** (3. 94)
Constant	0. 037 *** (-7. 09)	0. 032 *** (-7. 45)	0. 024 *** (-7. 84)
AIC	3566. 237	3562. 774	3548. 984
BIC	3626. 782	3629. 374	3621. 638
样本量	3148	3148	3148

注：* 代表 $p<0.10$，** 代表 $p<0.05$，*** 代表 $p<0.01$。

模型 1 是基准模型，呈现的是控制变量与老龄群体心理健康水平之间的关系。老龄群体的年龄与其心理健康水平之间存在显著的正相关关系，根据“成熟效应”，随着年龄增长，老年人对于生命的认知会更加透彻，所以更容易感受到心情的愉悦（Rodin，1986）。婚姻状况对老龄群体的心理健康状况有重要影响，有配偶的老龄群体相比于无配偶的老龄群体心理健康程度更高。城乡类型差异对老龄群体心理健康水平有显著影响，具体而言，与农村老龄群体相比，城市老龄群体心理健康水平更高，这可能与城乡发展差异有关。虽然近年来我国农村各方面在不断发展，但在经济发展水平、社会文化和公共福利等方面还是与城市存在一定差距。老龄群体自评健康状况与其心理健康水平呈显著的正相关关系，即自评健康状况越好，心理健康程度越高，身体健康是影响心理健康的一个关键因素。最后，心理健康程度还与家庭总收入高度相关，即家庭总收入越高，老龄群体心理健康水平越高。

模型 2 在模型 1 的基础上纳入了自变量手机使用频率。从模型 2 来看，手机使用频率与老龄群体心理健康状态有显著的正相关关系。具体来说，手机使用频率高的老龄群体心理更健康的可能性是手机使用频率低的老龄群体的 1.103 倍。证实了理论分析部分提出的假设 1a，即与不使用手机或使用手机频率较低的老龄群体相比，手机使用频率高的老龄群体更容易享受数字社会的红利，拓展社会关系网络，沟通交流更方便流畅，避免与社会脱离，从而其心理健康水平更高。从理论上来说，老龄群体使用手机等新媒介获取信息也是减少负面情绪、增加生活乐趣的一种方式，所以手机使用频率较高的老龄群体的心理健康水平会更高。

模型 3 在模型 2 的基础上加入了中介变量社会关注程度。在 0.01 的显著性水平上，社会关注程度与心理健康之间存在显著的正相关关系。但是在模型 3 中引入社会关注程度这一变量后，手机使用频率的 Beta 值有所下降，这表明社会关注程度在手机使用频率影响老龄群体心理健康的过程中可能具有中介效应，后续需要进一步检验。

（三）稳健性检验

在二分类 Logistic 回归模型分析中，手机使用频率对老龄群体心理健康状况的影响可能会受到混淆变量的影响，模型估计与研究结果的真实性会受到影响。为了处理自选择偏误导致的模型估计偏误，增强研究结果的稳健性，本文采用卡尺内最近邻匹配（nearest-neighbor matching within caliper）和半径匹配（radius matching）两种方法来修正选择性偏误。

根据表 4，两组样本偏差大幅降低，通过平衡性检验，消除了变量之间的不平衡性，满足了倾向值得分匹配的要求。表 5 展示了利用倾向值得分匹配方法得到的手机使用频率对老龄群体心理健康状况的平均处理效应，通过卡尺内最近邻匹配和半径匹配获得的平均处理效应在 1%的水平上都是显著的。匹配结果表明，在消除了控制组和处理组的样本偏差后，手机使用频率对老龄群体心理健康水平仍有显著的正向影响。同时，通过卡尺内最近邻匹配和半径匹配得到的平均处理效应接近，也在一定程度上印证了上文的研究结果是具有较高稳健性水平的，进一步证实了假设 1a。

表 4　平衡性检验

变量	未匹配/匹配	平均处理效应		偏差	偏差降低比例	T 值	P 值
性别	U	0. 570	0. 487	16. 7	—	3. 23	0. 001
	M	0. 571	0. 590	-3. 7	77. 8%	-0. 55	0. 583
年龄	U	66. 244	69. 627	-51. 6	—	-9. 14	0. 000
	M	66. 212	66. 592	-5. 8	88. 8%	-0. 98	0. 330
婚姻状况	U	0. 846	0. 733	28. 0	—	5. 07	0. 000
	M	0. 846	0. 857	-2. 9	89. 8%	-0. 48	0，634
城乡类型	U	0. 922	0. 536	96. 2	—	15. 76	0. 000
	M	0. 922	0. 935	-3. 5	96. 4%	-0. 79	0. 430
住房套内居住面积	U	83. 779	114. 270	-39. 7	—	-6. 44	0. 000
	M	83. 829	82. 235	2. 1	94. 8%	0. 50	0. 619
自评健康状况	U	68. 368	58. 791	47. 4	—	8. 74	0. 000
	M	68. 387	67. 926	2. 3	95. 2%	0. 36	0. 720
个人全年总收入	U	52351	23734	19. 6	—	3. 04	0. 002
	M	52288	1. 1e+05	-38. 0	-94. 5%	-1. 63	0. 104
个人全年职业/劳动收入	U	20696	12294	6. 1	—	0. 91	0. 365
	M	20743	20987	-0. 2	97. 1%	-0. 08	0. 934
家庭总收入	U	1. 2e+05	45856	25. 0	—	7. 60	0. 000
	M	1. 0e+05	86071	5. 4	78. 4%	1. 94	0. 052

表 5　不同匹配方法的结果

匹配方法	平均处理效应	t 检验
卡尺内最近邻匹配	0.753	4.52***
半径匹配	0.748	4.91***

注：***代表 $p<0.01$。

（四）内在机制分析

倾向值得分匹配的结果同样表明，手机较高频率使用对老龄群体心理健康状态的积极作用。在此前提下，本文运用结构方程模型验证假设 2，进一步分析手机使用频率对老龄群体心理健康状态影响的内在机制。

表 6 是手机使用频率对老龄群体心理健康影响的结构方程模型结果，模型估计结果与前文基本一致。控制变量中，年龄越大、有配偶陪伴、在城市居住、自评健康状况越好的老龄群体心理健康的可能性越大。同时，该模型也显示了手机使用频率会通过社会关注程度这一途径，对老龄群体的心理健康产生正向影响。理论部分提出的假设 2a 得到了证实，即手机使用频率可能会通过老龄群体的社会关注这一途径来提高老龄群体的心理健康水平。

表 6　手机使用频率对老龄群体心理健康影响的结构方程模型结果

变量	非标准化系数	标准误	标准化系数
社会关注程度	—	—	—
手机使用频率	12.590***	0.710	0.301
心理健康情况	—	—	—
手机使用频率	0.051**	0.023	0.040
性别	0.017	0.016	0.018
年龄	0.002**	0.001	0.037
婚姻状况	0.046**	0.019	0.041
城市	0.054***	0.018	0.055
住房套内居住面积	−0.000	0.000	−0.002
自评健康状况	0.008***	0.000	0.374
个人全年总收入	−0.000	0.000	−0.012
个人全年职业/劳动收入	0.000	0.000	0.023
家庭总收入	0.000	0.000	0.022
社会关注程度	0.002***	0.001	0.077

注：*代表 $p<0.10$，**代表 $p<0.05$，***代表 $p<0.01$。

本文对手机使用频率影响中国老龄群体心理健康水平的中介效应进行分析，构建以下三个模型：

$$Mood = c\ phone + e_1 \tag{2}$$

$$Social = a\ phone + e_2 \tag{3}$$

$$Mood = c' phone + b\ social + e_3 \tag{4}$$

因果逐步回归结果和中介效应检验结果如表 7 和表 8 所示。

表 7　因果逐步回归结果

变量	方程（2） 因变量：*mood*	方程（3） 因变量：*social*	方程（4） 因变量：*mood*
Constant	−0. 195** （−2. 19）	19. 486*** （6. 81）	−0. 241*** （−2. 70）
phone	0. 064*** （2. 66）	6. 754*** （8. 64）	0. 048** （1. 97）
Social			0. 002*** （4. 30）
Controls	控制	控制	控制
R^2	0. 1833	0. 2268	0. 1881

注：*代表 $p<0.10$，**代表 $p<0.05$，***代表 $p<0.01$。

表 8　中介效应检验结果

	系数	标准差	Z 值
a	6. 754***	0. 782	8. 637
b	0. 002***	0. 001	4. 298
间接效应	0. 016***	0. 004	3. 848
直接效应	0. 048***	0. 025	1. 971
总效应	0. 064***	0. 024	2. 650

注：***代表 $p<0.01$。

图 1 展示的是在控制其他各个变量的条件下，手机使用频率对老龄群体心理健康程度影响的路径示意图。如图所示，在手机使用频率影响老龄群体心理健康程度的过程中，社会关注程度起着正向的中介作用，即手机高频率使用而增加的积极情绪，会通过社会关注程度的提高提升老龄群体的心理健康水平。

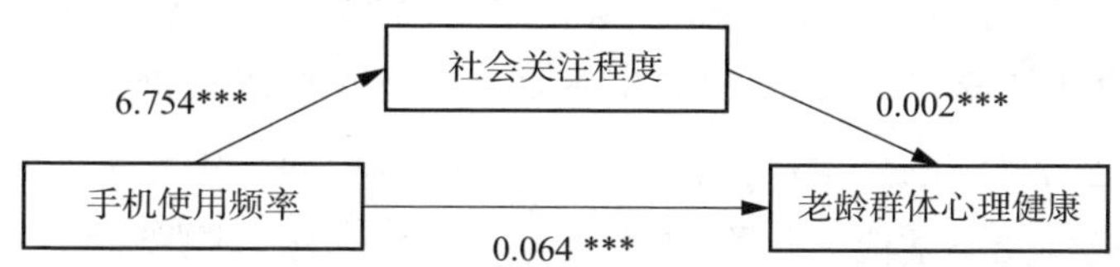

图 1　手机使用频率、社会关注程度与老龄群体心理健康程度影响的路径

注：＊＊＊代表 $p<0.01$。

五、结论与讨论

本文以老龄群体为分析视角，借鉴马斯洛需求层次理论、贫困文化理论、护航理论与社会情绪选择理论等经典理论，实证分析了手机使用频率对老龄群体的心理健康有何影响以及如何影响。综合本文分析结果，可以得出以下两个结论：

第一，手机高频率使用对于老龄群体心理健康水平有显著的正向影响，且经过倾向值得分匹配方法检验后结果仍然稳健，本文结论符合“网络增益效应论”。拥有并能正确使用新媒介，可以帮助身处数字化时代的老龄群体满足较低层次生活方面的需求，还能够帮助老龄群体扩大与维系社会网络关系，避免与社会脱离，从而降低负面情绪，对心理健康水平产生积极的影响。

第二，社会关注程度在手机使用频率对中国老龄群体心理健康的影响中起着积极的中介作用。老龄群体使用手机等新媒介，可以提高他们的信息获取能力，加强与社会的联系，从而有利于参与社会、融入社会。

研究还发现，老龄群体的年龄与其心理健康水平之间存在显著的正相关关系，符合“成熟效应”。有配偶的老龄群体相比于无配偶的老年人心理健康程度更高；与农村老龄群体相比，城市老龄群体心理健康水平更高；老龄群体自评健康状况越好，心理健康程度越高；身体健康是影响心理健康的一个关键因素；心理健康程度还与家庭总收入高度相关，即家庭总收入越高，老龄群体心理健康水平越高。

上述结论对于优化老龄群体使用手机等新媒介以提高其心理健康水平有以下启示：一是要帮助老龄群体紧跟时代变化，不脱离智能化社会，积极提供互联网和数字信息科技教育，帮助老龄群体提高信息化应用能力。

二是要鼓励科技企业加大适合老龄群体使用的智能产品的生产研发，媒介、服务要贴近老龄群体的需求，增加研发投入，优化创新科技环境。三是要提高老龄群体的社会关注程度，老龄群体不同于中年人，可能对社会角色的快速转变不适应，从而被社会隔离开来，逐渐脱离社会。所以各方（包括政府、社会、社区和家庭在内）都要帮助老龄群体提高对社会的关注程度，帮助他们快速适应新的社会角色，更好地融入社会。

本文存在一些不足之处。首先，老龄群体使用手机等新媒介仍处于起步阶段，所以在研究中没有更加具体的考虑使用行为的差异。其次，由于数据本身的制约，本文仍可能存在一些内生性的问题。

参考文献

[1] PEPLAU LA，PERLMAN D. Loneliness：a sourcebook of current theory，research and therapy [M]. New York：John Wiley Sons，1982：129.

[2] SLEGERS K，VAN BOXTEL M P J，JOLLES J. Effects of computer training and Internet usage on the well-being and quality of life of older adults：A randomized，controlled study [J]. The journals of gerontology series B：Psychological sciences and social sciences，2008，63（3）：176-184.

[3] COTTEN S R，ANDERSON A WILLIAM，MCCULLOUGH M BRANDI. Impact of Internet use on loneliness and contact with others among older adults：Cross-sectional analysis [J]. Journal of Medical Internet Research，2013，15（2）：39.

[4] LEIST A K. Social media use of older adults：A mini-review [J]. Gerontology，2013（4）：378-384.

[5] CHOU W H，LAI Y T，LIU K H. User requirements of social media for the elderly：a case study in Taiwan [J]. Behaviour&in-formation technology，2013（9）：920-937.

[6] HARIS N，MAJID R ABDU LLAH，et al. The role of social media in supporting elderly quality daily life [J]. International Conference on User Science and Engineering，2014（3）：253.

[7] HUTTO C J，BELL C，FARMER S，et al. Social media gerontology：Understanding social media usage among older adults [C]. Web Intelligence. IOS Press，2015（1）：69-87.

[8] HEO J，CHUN S，LEE S，et al. Internet use and well-being in older adults [J]. Cyber psychology Behavior and Social Networking，2015（5）：268-272.

[9] Rook K. Promoting social bonding：strategies for helping the lonely and socially isolated [J]. American Psychologist，1984（39）：1389-1407.

[10] NIE N H. Sociability, Interpersonal Relations, and the Internet: Reconciling Conflicting Findings [J]. American Behavioral Scientist, 2001 (3): 420-435.

[11] GILLEARD C, HYDE M, HIGGS P. Community and Communication in the Third Age: The Impact of Internet and Cell Phone Use on Attachment to Place in Later Life in England [J]. Journals of Gerontology Series B: Psychological Sciences and Social Sciences, 2007 (4): S276-S283.

[12] SHAPIRA N, BARAK A, and GALL. Promoting Older Adults' Well-being through Internet Training and Use [J]. Aging&Mental Health 2007 (5): 477-484.

[13] LELKES O. Happier and less isolated: internet use in old age [J]. Journal of Poverty and Social Justice, 2013 (14): 33-46.

[14] HEO J, CHUN S, LEE S, et al. Internet Use and Well-Being in Older Adults [J]. Cyber psychology Behavior and Social Networking, 2015 (5): 268-272.

[15] KHALAILA R, VITMAN-SCHORR A. Internet use, social networks, loneliness, and quality of life among adults aged 50 and older: mediating and moderating effects [J]. Quality of Life Research volume, 2018 (27): 479-489.

[16] LEWIS O. Family Dynamics in a Mexican Village [J]. Marriage and Family Living, 1959, 21 (3): 218-226.

[17] Antonucci, Toni C. Fiori, Katherine L. Birditt, Kira Jackey, Lisa M. H. Convoys of social relations: Integrating life-span and life-course perspectives [J]. APA PsycInfo. 2010 (2): 434-473.

[18] RODIN J. Aging and Health: Effects of the Sense of Control. Science [J]. 233 (4770): 1271-1276.

[19] 陈坤．老年人遇见新媒体：积极老龄化视野下的媒介生活 [D]. 合肥：安徽大学，2017：50.

[20] 丁志宏，张现苓．中国城镇老年人上网状况及其影响因素 [J]. 人口研究，2021，45 (2)：61-74.

[21] 丁卓菁，沈勤．新媒体对城市老人社会适应的影响——以上海老人为例 [J]. 当代传播，2017 (5)：79-82.

[22] 丁卓菁．新媒体环境下老年群体媒介素养教育探讨 [J]. 上海：新闻大学，2012 (3)：116-121.

[23] 杜鹏，韩文婷．互联网与老年生活：挑战与机遇 [J]. 人口研究，2021，45 (3)：3-16.

[24] 杜鹏，汪斌．互联网使用如何影响中国老年人生活满意度？[J]. 人口研究，2020，44 (4)：3-17.

［25］胡安宁．倾向值匹配与因果推论：方法论述评［J］．社会学研究，2012，27（1）：221-242+246.

［26］蒋俏蕾，刘入豪，邱乾．技术赋权下老年人媒介生活的新特征——以老年人智能手机使用为例［J］．新闻与写作，2021（3）：5-13.

［27］刘杰，郭超．中老年人手机支付使用现状及其影响因素研究［J］．调研世界，2021（8）：3-10.

［28］孟博文，殷文．老年传播视角下新媒介适老性研究——以智能手机与微信、抖音等 APP 为例［J］．传媒观察，2021（8）：74-79.

［29］石舒雅，李洪翔．老年人孤独感：影响因素及其干预措施研究综述［J］．太原师范学院学报（社会科学版），2015，14（5）：48-51.

［30］王红云，高维杰，胡燕．智慧养老护理背景下我国老年人新媒介素养现状及启示［J］．护理学杂志，2018，33（8）：97-100.

［31］王萍．新媒介使用对老年人生活质量的影响［J］．理论界，2010（10）：186-188.

［32］吴新慧．老年人互联网应用及其影响研究——基于 CSS（2013）数据的分析［J］．云南民族大学学报（哲学社会科学版），2017，34（4）：63-72.

大数据时代《中华人民共和国个人信息保护法》对企业隐私条例的影响

——以个人敏感信息为例*

丛颖男　孙宇骜

【摘要】 大数据时代下，越来越多的用户个人信息被企业收集与掌握。由于企业与个体存在技术力量差异、用户保护个人信息意识较薄弱、政府对行业监管力度不足，企业与用户在个人信息收集方面存在高度不对称。尽管《中华人民共和国个人信息保护法》的出台为该问题的解决提供了法治方案，但较宏观的法条无法细致回应实践中的具体疑难。基于此背景，本文将首先对企业隐私条例进行分析，梳理其中的不足与潜在的漏洞，并基于《中华人民共和国个人信息保护法》与大数据治理的要求，为企业优化隐私条例提供建议，以期实现企业与个人在大数据使用与个人信息保护上的共赢。

【关键词】 大数据；个人信息保护；企业隐私条例

一、引言

2021 年 8 月 20 日，《中华人民共和国个人信息保护法》（以下简称《个人信息保护法》）经第十三届全国人民代表大会常务委员会第三十次

* 【基金项目】北京市教改项目“法商大数据分析创新型人才培养模式研究”（京教函〔2020〕427 号）；中国政法大学新兴学科培育与建设计划：商业大数据分析；教育部产学研合作协同育人项目“探索基于区块链智能合约的数据法制监管科技复合型人才培养模式”（202102012053）与“共建法商结合的区块链监管人才实践基地”（202102119018）。

【作者简介】丛颖男，中国政法大学商学院讲师，硕士生导师，研究方向：法商大数据分析、人工智能、区块链。孙宇骜，中国政法大学商学院学生，国际商务专业。

会议审议通过，并于2021年11月1日开始施行。作为我国第一部针对个人信息保护的专门立法，《个人信息保护法》对“大数据杀熟”“人脸识别”等社会密切关注问题予以回应，督促大数据行业合规运行。在此之前，大数据市场出现个人信息泄露、个人信息保护“霸王条约”泛滥等问题，使用户几乎失去对个人信息的掌控力。随着《个人信息保护法》的施行，个人信息缺乏保护的困境得到改善，个人的权力有了基本保障。但是，原本在与消费者的博弈中取得绝对优势的大数据企业却陷入了尴尬境地。大数据企业不仅收集个人信息，还广泛收集了用户隐私信息。企业应该如何更新隐私条例，在合法的前提下满足其信息收集需要？在敏感信息问题上，大数据又能给企业带来哪些启示呢？本文通过对于大数据企业的深入研究以及大量文献参考，以期为企业大数据发展提供借鉴。

从1991年程志斌提出“信息的社会价值高于个人价值”[1]，到2001年洪晓梅、蓝天呼吁“尽快出台保护个人信息的专门的法律制度”[2]，再到2008年华劼提出我国应与国际个人信息保护接轨[3]，个人信息的保护逐渐成为学者关注的领域。学习域外隐私条例经验成为研究的重要路径。如2016年，丁晓东通过对于欧洲《一般数据保护条例》的全面分析，认为“必须把数据权利等概念还原到特定的语境与社群中进行思考”。[4] 2021年，陈美、梁乙凯再次拓展了我国对于隐私条例的研究，通过研究加拿大隐私PIA政策，期望丰富我国隐私条例。[5]随着我国对于个人信息保护重视程度的加强，我国对于个人信息保护的措施逐渐完善，相关的研究也在不断增多。但现有研究有关于《个人信息保护法》与具体实践中疑难问题的探讨较为笼统，较少有文献研究相关企业与政策出台之间的密切联系。本文提供了另一种视角，将大数据同法律相结合，从经济角度对《个人信息保护法》进行解读。

随着信息技术的蓬勃发展，大数据已经逐渐成为企业在新一轮竞争中取得优势的核心竞争力。随着新旧动能转换的需要，大数据产业化也成为我国经济由粗放型向高精尖发展的必经之路。随着大数据企业的快速发展，大量的个人信息被企业掌握，成为企业的战略资源。然而由于个人信息收集具有不确定性和持续性，个人用户不能确认个人信息的收集范围，也无法确认企业对于收集的数据是否能够妥善保管。根据现有的情况看，企业对于数据的保管存在漏洞：2021年4月，约5.33亿名脸谱网用户的个人隐私信息，包括电话号码、脸谱网登录 ID、姓名全称、住址、出生日期、个人简历，以及电子邮件地址等被泄露。同年 6 月，约 12 亿条淘宝信息被盗，包括客户 ID、淘宝昵称、手机号等。一方面，个人信息被各大公司作为重要资源予以强制收集；另一方面，各大公司的信息库保护并不完善，比如分散式的信息存储让较多员工有机会接触到用户个人信息，这无疑对大数据安全发起了巨大的挑战。在此情况下，国家出台了《个人信息保护法》，对相关问题进行了界定。

二、企业隐私条例中的不足和漏洞

随着《个人信息保护法》的出台，企业隐私条例也要发生变化，然而面对着越来越精细化的法律制度，企业在制定隐私条例的过程中也充满了未知与挑战。

（一）企业制定隐私条例的相关问题

在全面贯彻新发展理念的时代背景下，信息化发展水平已经成为衡量一个国家创新驱动发展能力的重要标志，“得数据者得天下”成为全民共识。作为国家经济发展的主力军，企业对于大数据的收集不仅有利于自身服务水平的提高，更有利于每个公民的生产与生活，还促进了国家信息产业的发展。倘若能将个人信息处理得当，无疑是三方共赢的局面。但是随着企业的进一步发展，企业与个人之间的侵权事件频发，个人信息保护早已迫在眉睫。

1. 企业隐私条例标识不明显

企业隐私条例标识不明显的问题可以说是老生常谈。在国家《网络安全法》出台前，企业隐私政策存在很大问题。有相关学者认为：企业隐私政策标识不明显、条款晦涩难懂，用户很少阅读。[6] 然而在具体实践中，用户使用的 App 在注册进入时一般都会显示隐私条例，大部分隐私条例选择使用下划线且运用不同字体着重标出，且必须由用户勾选“同意”选项，这足以让用户看到隐私条例。所以在笔者看来，“隐私条例不明显”显然不能作为矛盾之一。

真正应该值得用户重视的是企业在获取用户基本信息后，会进一步设法获取用户其他重要信息。《个人信息保护法》出台后，将个人信息保护的核心规则定为“告知—同意”原则，当个人信息处理的重要事项发生变更时，企业应当重新向个人告知并取得同意。然而，除了在注册时能看到隐私保护政策的全文，用户很难再次看到全文。当企业需要对用户的隐私信息进行收集时，就会弹出“是否同意”的对话框，但是大部分的对话框中并没有隐私保护政策的全部内容，对于该隐私暴露的后果也只字未提，这就会给用户造成一种信息收集不重要的假象。就以《王者荣耀》这款游戏来说，当用户进入游戏前，进入界面会显示隐私保护指引，倘若用户同意该指引，其基本信息就会被第一次收集。在用户进入主页想要打开“聊天室”时，游戏中就会弹出“是否允许打开语音功能”的对话框，而这第二次的信息收集并不会附带相应隐私保护政策，往往只需要选择“是”或“否”，这无疑大大降低了消费者对于自身隐私的保护意识，从而将其信息拱手让人。

2. 用户信息删除权有待完善

企业对于收集信息的处理缺乏系统化的管理方式，尤其是对于信息的“善后”工作更是需要进一步完善。《个人信息保护法》中提到“个人对其个人信息的处理享有知情权、决定权，有权限制或者拒绝他人对其个人信息进行处理”。例如，用户卸载了某 App，那么该用户在此 App 的所有信息均应被删除，但是很难通过技术手段证明相关企业真的删除了数据。有相关学者比对了 20 款 App 隐私政策文本，认为国内外运营商在隐私政策中对于个人信息删除权的规定较为简单，缺乏详细说明。[7] 对于企业来说，一个人的个人数据往往包含很多方面，几乎所有大型 App 均会对数十项个人信息进行收集，这些个人信息被分别存放在不同的存储器上，有些信息还被备份了不止一次。倘若删除这些信息，从技术层面来说会很困难。除此以外，个人信息不仅能帮助企业绘制消费者偏好，使其卖出更多产品，更能成为一种新型资源，帮助企业抢占市场，所以企业并不会主动注销已经收集好的信息。近年来，学者对于数据删除权的问题愈加重视。通过以“个人信息数据删除”“数据删除权”和“被遗忘权”为关键词进行检索就能得知，相关论文数量正在急剧上升。然而就目前来看，虽然企业故意阻碍用户删除信息的情况变少了，但是对于用户如何能查看自己的信息是否真的被删除、企业保管个人信息的时间到底应该多长这一类的问题，还没有清晰地界定。

3. 第三方共享信息者的展示情况需说明

除了对信息保管时长的规定，第三方共享信息的情况往往也是研究者容易忽略的地方。根据既有研究，有学者对比了10种App隐私条例，只从“苏宁易购”一款App中看到了详细列举的第三方机构名称等信息，其他App对于第三方共享信息都采取“笼统式”表达。[8]笔者同样分别选取了“微信”“美团”“王者荣耀”“网易云”“京东”等使用频次较高的App进行测评，测评结果如表1所示。除了“美团”“网易云”“京东”对于第三方（主要是关联企业和技术合作方）SDK有清晰的介绍，剩下的“微信”“王者荣耀”App对于第三方的介绍均是寥寥数句。这不由得让民众对于企业能否真正保护好个人信息产生疑惑。

表1　各类App对于信息保管时长的规定

相关App	信息保管时长	第三方共享信息展示
微信	合理期限	没有对于第三方公司的详细描述
美团	必要的最短时间内	有第三方SDK具体信息
网易云	必要的最短时间内	有第三方SDK具体信息
京东	无法立即从备份系统中删除相应信息	有第三方SDK具体信息
王者荣耀	未说明	没有对于第三方公司的详细描述

（二）个人对于信息保护的意识问题

在“十三五”规划中，我国确立了“深化大数据在各行业的创新应用，探索与传统产业协同发展新业态新模式，加快完善大数据产业链”的要求，这也就需要各企业更加深度地与数据融合。换言之，需要企业进行更多数据收集，不断利用大数据进行突破与创新。一方面，企业要不断挖掘用户的信息来促进自身成长，并间接完善大数据产业链；另一方面，作为用户，按理说应该提供其信息方便企业的使用，但是《个人信息保护法》的出台又间接减少了其信息外流。个人信息到底应该被个人还是企业把握的问题依旧被学者们争论。有关机构超出原有目的使用个人信息，个人信息保管机制不健全，存在信息被泄露、篡改的可能等都是个人不愿相信企业的原因，个人信息保护意识不强的问题导致企业处于绝对优势地位，隐私条例成为一纸空文。

1. 公民对于信息保护的意识仍需加强

公民个人对于其信息保护的意识千差万别，学者们对此也是众说纷纭：有学者通过调查问卷对大学生个人信息保护进行调研，发现20%的大学生个人信息保护意识淡薄，反推得出中国公民对于个人信息的保护意识差。[9]与之相反，还有学者认为中国人对于个人信息的重视程度远远高于西方国家，“比如在婚姻状态这个信息指标上，中国用户暴露这些隐私信息的概率要比美国低10个百分点左右。”[10]综合几种观点，笔者认为我国公民个人信息保护意识仍有上升空间，国家对于个人信息保护的宣传仍然较弱。正是由于公民对于个人信息权认识不足，才导致企业在制定隐私条例时难以识清界限。

2. 对于未成年人信息保护较弱

在最新制定的《个人信息保护法》中，我国着重了对于十四周岁以下未成年人的个人信息保护。该法规定“个人信息处理者处理不满十四周岁未成年人个人信息的，应当取得未成年人的父母或者其他监护人的同意。个人信息处理者处理不满十四周岁未成年人个人信息的，应当制定专门的个人信息处理规则”。通过家长监督和企业保护双重保险，有效增强了对于未成年人信息的保护力度。然而，各大企业对于该项法律的执行力度却不尽相同：“王者荣耀”等游戏App专门设置了“未成年人保护”的措施，实行严格的防沉迷措施，甚至会通过在线语音判断是否为未成年人，并实行人脸识别。但是像“美团”等App对于未成年人信息的保护则略显简单，“如您为未成年人的，建议您请您的父母或监护人仔细阅读本隐私权政策……如果我们发现自己在未事先获得可证实的父母或法定监护人同意的情况下收集了未成年人的个人信息，则会设法尽快删除相应数据。”“设法”“尽快”等词显然是模糊处理，且该隐私政策强制力度也很难保障。根据既有学者研究，当下对于未成年人个人信息的保护存在3类问题：①缺乏有效的个人识别系统；②制度设计存在冗余；③技术、标准不统一。[11]由此可看出，有些企业对于未成年人隐私的规范化处理还有进一步提升的空间。

三、通过《个人信息保护法》对上述问题的再讨论

（一）对于企业制定隐私条例相关问题的解决

1. 企业应再次完善隐私条例的设置

《个人信息保护法》总则第五条规定："处理个人信息应当遵循合法、正当、必要和诚信原则，不得通过误导、欺诈、胁迫等方式处理个人信息。"由此为企业行为划定了界限，同时，对于单独的用户，该法又提出"个人的同意必须是个人在充分知情的前提下自愿、明确的作出，个人信息处理者不得以个人不同意处理其个人信息或者撤回同意为由，拒绝提供产品或者服务。"因此，倘若企业有进一步弱化隐私条例的现象，用户可以通过投诉、诉讼等方式要求企业修改隐私政策并进行赔偿。同时，对于企业来说，更应了解其在大数据发展中扮演的"守门人"角色，牢牢保护好用户的个人数据，而不是"监守自盗"，诱导用户输入更多个人信息。

2. 企业应及时对于保存时长进行反馈

对于保存时长难以辨析等问题，《个人信息保护法》在第二章第十九条中规定："除法律、行政法规另有规定外，个人信息的保存期限应当为实现处理目的所必要的最短时间。"对于企业来说，应该将最短时限标注清晰，并及时进行消费者反馈，倘若个人要求查阅信息无果，相关企业应当负起法律责任。近年来，个人信息删除权被人们广泛关注，越来越多的学者都赞同应该成立专门的监管机构并及时通知个人信息受让方，删除相关个人信息。同时，应该尽快通知第三方删除用户或匿名化处理个人信息，将《个人信息保护法》同相应监管有机结合。[7]

3. 企业应建立第三方信息公开制度

对于第三方信息的处理，有学者认为应该建立信息共享公开制度，并且改变用户授权模式，对于用户不授权的业务应当予以制止，赋予用户选择的权利，更不能使用骚扰战术，频繁征求用户的授权同意。[12]对此，笔者也持同样观点：当下的第三方共享条例确实有"霸王条约"的倾向，应当让用户自己选择是否将信息交予第三方，而非强制性地告知。除此以外，企业还应将具体第三方共享信息展示在隐私条例中并附上相应链接，

以便用户进行追踪查询。从而有效对第三方实行监督。

（二）对于个人信息保护意识问题的解决

1. 增加公民重视程度

《个人信息保护法》一经出台，立刻引起了学界热烈的讨论。在此之前，随着我国对于个人信息保护重视程度不断提高，相关的学术论文日益剧增，但大部分公民仍然对于个人信息保护的意识不强。然而在 2021 年 8 月 20 日，《个人信息保护法》正式通过后，人们也开始逐渐关注相关话题。笔者截取了百度公司 2021 年 1~9 月人们对于“个人信息保护”的搜索趋势（见图 1），可以很明显地看出，在《个人信息保护法》通过后，人们对于“个人信息保护”的搜索量明显增加，更好地帮助公民在大数据时代提升对于个人隐私的关注力度。除此以外，《个人信息保护法》的出台还具有警示作用，通过法律手段迫使违规企业进行整顿，重新出台相应隐私条例，在一定程度上也促进了相关用户对于个人信息保护的重视。

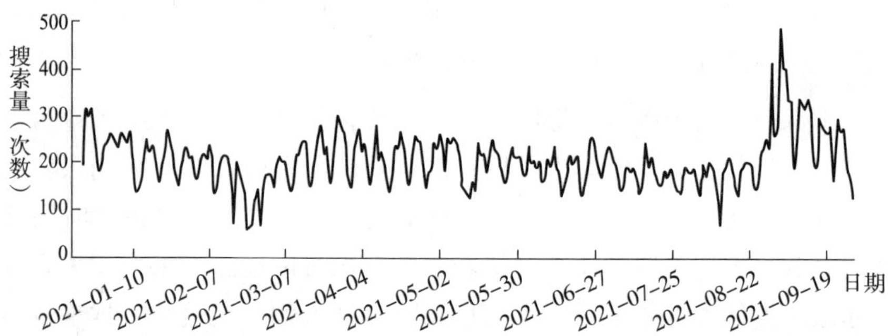

算法说明：以网民在百度的搜索量为数据基础。以关键词为统计对象。科学分析并计算出各个关键词在百度网页搜索中搜索频次的加权。根据数据来源的不同，搜索指数分为PC搜索指数和移动搜索指数。

图 1　百度公司 2021 年 1~9 月人们对于“个人信息保护”的搜索趋势

2. 对未成年人隐私加大保护力度

根据前文，未成年人隐私条例有三重问题。对此，相关学者提出要建立主动的信息披露制度，并督促企业对于未成年人观看的内容进行一定程度的审查。还有的学者认为应当推动学校等教育管理主体积极参与，从而形成多元共治的局面。[13]对此，《个人信息保护法》提出：“个人信息处理者处理不满十四周岁未成年人个人信息的，应当制定专门的个人信息处理规则。”笔者认为，企业首先应该加强对于未成年人个人信息收集的重视程度，以未成年人权益最大化为原则。尤其是公民平常关注点较少的购物类、音乐类以及社交类软件，其未成年人隐私条例更应严格化，提高未成年人准入门槛。其次应时刻向监护人反馈信息，在制订个人信息处理准则的时候，应阐释清楚企业与监护人之间的关系，并且着重阐明在监护人同意机制中会占用哪些监护人本身的权力，防止监护人信息一并泄露。最后，在软件内容方面，企业不仅应审查未成年人的观看内容，更要防止有害信息对于未成年人的侵蚀，最关键的就是从源头进行遏制。现在已经有很多软件开设了青少年模式，该举措确实具有一定效果。企业还可以通过大数据筛选出可供未成年人观看的内容，从而将未成年人信息泄漏的可能降到最低。

四、总结

本文研究发现，当前企业对于个人信息的保护仍有不足，在隐私信息标识、个人数据删除、第三方共享信息方面还存在漏洞，而个人对于自身权利意识也有待提高。基于《个人信息保护法》的相关研究，笔者认为应通过完善隐私条例、及时反馈保存时长、建立第三方信息公开制度、加大未成年人隐私保护力度等方式贯彻相关法律，从具体实践角度进行分析，从而帮助企业制定更规范的隐私条例，帮助我国调和大数据发展与个人信息收集的矛盾。

（一）遵守《个人信息保护法》相应规定

对于企业来说，首先要重视个人信息权。在《个人信息保护法》中，除了要求企业履行一般的个人信息处理者的义务，还必须按照国家规定建立健全个人信息保护合规制度体系。以前对于用户个人信息随意收集的问题应该立即改正，并实施更严格的隐私安全条例。在《个人信息保护法》中，我国确立了个人信息的“可携带权”，即个人请求将个人信息转移至其指定的个人信息处理者，符合国家网信部门规定条件的，个人信息处理者应当提供转移的途径。清华大学的程啸认为这样可以很好地预防和制止平台经济领域内的垄断行为，促进市场健康发展。[14]在此种情况下，企业更应严格化其隐私条例，降低用户对于个人信息泄露的担忧，给予用户更好的体验，从而防止客户外流。

其次，个人应当提高个人信息保护意识，坚决对企业的霸王条款，抑或是对不合理的隐私条例说“不”。个人也应适当接触相应的法律知识，了解自身拥有的权利。有关学者认为，个人维权意识之所以淡薄，主要是由于网络侵权的隐蔽性和危害的分散性。[15]在21世纪，个人信息已经成为公民在网络上的“身份证”，保证个人信息不外流，就是保障自身权益不受损害。而每次个人对于其信息的反馈追溯都是对于企业的鞭策和监督，从而促进企业隐私条例的完善，进而保护好消费者的权利。

（二）企业抓紧与大数据技术相结合

除了从法律上对于企业隐私条例进行规范，企业更应抓紧完善自身的大数据收集和保存系统。当下谷歌公司研发的分布式存储技术（Google File System，GFS）成为大数据时代下数据信息存储技术的佼佼者，它有效地压缩了庞大的数据信息，增加了空间利用率。除此之外，Hadoop 团队研发的 Hadoop 分布式文件系统，可以满足海量的、大型的、分布式的数据存储与访问需求，也成为大数据技术重要的组成部分。[16]对于大数据隐私安全问题，现如今比较流行的数据发布匿名保护技术、数据水印技术、数据溯源技术等[17]均处于研究阶段。与国外先进技术相比，中国的企业在这方面做得还不够，这固然和我国在大数据技术方面起步晚、基础弱的情况有关，但是我国作为拥有14亿人口的世界第一人口大国，可用的信息资源是其他国家远远不能及的，倘若过多依赖国外先进技术，恐怕容易被人扼住咽喉。在这种情况下，企业更应该加紧自主创新，创造出符合我国国情需要、独属于我国的专利技术，抓紧与大数据相融合，从而提升公民对于企业的信赖程度，从而促进企业的发展。

参考文献

[1] 程志斌．信息的个人价值和社会价值［J］．财经研究，1991（10）：25-26，47.

[2] 洪晓梅，蓝天．论电子商务中的隐私权的法律保护［J］．辽宁经济，2001（7）：37.

[3] 华劼．网络时代的隐私权——兼论美国和欧盟网络隐私权保护规则及其对我国的启示［J］．河北法学，2008（6）：7-12.

[4] 丁晓东. 什么是数据权利? ——从欧洲《一般数据保护条例》看数据隐私的保护 [J]. 华东政法大学学报, 2018, 21 (4): 39-53.

[5] 陈美, 梁乙凯. 加拿大隐私影响评估政策: 历程、内容、分析与启示 [J]. 图书情报工作, 2021: 142-157.

[6] 高秦伟. 个人信息保护中的企业隐私政策及政府规制 [J]. 法商研究, 2019, 36 (2): 16-27.

[7] 徐磊. 个人信息删除权的实践样态与优化策略——以移动应用程序隐私政策文本为视角 [J]. 情报理论与实践, 2021, 44 (4): 89-98.

[8] 陆佳怡. 电子商务领域消费者个人信息权保护的法律问题研究 [D]. 上海: 华东理工大学, 2020.

[9] 方锦浩. 大数据时代大学生个人信息保护分析——以251份调查问卷为文本的实证分析 [J]. 法治与经济, 2020 (5): 127-131.

[10] 龚为纲. 中国人隐私保护意识比西方弱吗 [N]. 环球时报, 2021-4-22 (15).

[11] 蔡一博, 吴涛. 未成年人个人信息保护的困境与制度应对——以"替代决定"的监护人同意机制完善为视角 [J]. 中国青年社会科学, 2021, 40 (2): 126-133.

[12] 郝耀东. 关联方数据共享中个人信息保护问题研究——基于20款网上购物APP隐私政策内容分析 [D]. 湘潭: 湘潭大学, 2020.

[13] 王者鹏, 王肃之. 论未成年学生个人信息制度保护的层次化 [J]. 教育科学研究, 2020 (10): 31-40.

[14] 程啸. 我国个人信息法律保护的里程碑 [N]. 经济参考报, 2021-08-24.

[15] 肖成俊, 许玉镇. 大数据时代个人信息泄露及其多中心治理 [J]. 内蒙古社会科学 (汉文版), 2017, 38 (2): 185-192.

[16] 陈军. 大数据时代的计算机信息处理技术分析 [J]. 电子世界, 2021 (15): 31-32.

[17] 冯登国, 张敏, 李昊. 大数据安全与隐私保护 [J]. 计算机学报, 2014, 37 (1): 246-258.

Duration Analysis: The Decision on Marriage*

Lu Yao

【**Abstract**】In this paper, by using multiple regression models, I find females and whites who are drinking, who have more work experience before age 18, who are not smoking, and who have less household income in the year 1997 are more likely to get married. And females and whites who are smoking, who have more work experience before age 18, who are not drinking, and who have less household income in the year 1997 get married earlier.

【**Key words**】duration analysis; health behaviors; marriage decisions

1. Introduction

Health behaviors and work experience may influence people's decisions on marriage. Oppenheimer (1988) emphasized the importance of work experience on marriage time in the model. He also mentioned that the working experience is often unpredictable in early adulthood while other personal attributes emerge early. In this paper, by using the data from National Longitudinal Survey of Youth 1997, I use the hours worked before 18 years old to measure the working experience and find the impact of this experience on marriage decisions empirically. Considerable supports can be found for the thesis that marriage will make people happier and healthier [Stack et al.,

* 【基金项目】北京市教改项目“法商大数据分析创新型人才培养模式研究”（京教函〔2020〕427号）；中国政法大学新兴学科培育与建设计划：商业大数据分析。

【作者简介】姚璐，中国政法大学商学院讲师，研究方向：健康经济学、卫生经济学。

(1998), Kessler and Essex (1982), and Stutzer and Frey (2006)]. But the studies that focused on the impact of health behaviors on marriage decisions are limited. In this paper, I use smoking and drinking behaviors as the measures of health behaviors to analyze the effect of health behaviors on marriage decisions. The fundamental research question in this study is whether the work experience and health behaviors will affect individual's marriage decisions or not. And I use the linear probability model, Logit model, Probit model and Hazard models to analyze this issue.

2. Data

In this article, I use data from National Longitudinal Survey of Youth 1997 to examine the impacts of working experience and health behaviors on marriage decisions during the year 1997 to 2015. Cohorts included in this survey are born between 1980 to 1984, so they are 13 to 17 years old at the first survey year, and 31 to 35 years old at the last survey year.

Table 1 is the summary statistics. The independent variables include drinking status, smoking status, hours worked before 18 years old (collected at 2015), household income in the year 1997, sex and race. There are 152, 728 observations in total. The average first drinking age is 24 years old, and the average first smoking age is 23 years old. Average household income in the year 1997 is $47, 107. 87 and the average hours worked before 18 years old are 3285 hours.

Table 1 Summary Statistics

Dependent variable: marriage status		
		Number of observations
Average marriage age	27	152, 728

continued table

Dependent variable：marriage status		
Independent variables		
		Number of observations
Average drinking age	24	152, 728
Average household income in 1997	$47, 107. 87	
Average smoking age	23	
Average hours worked before age 18	3, 285	
Female	74, 545	
Male	78, 183	
White	88, 944	
Non-white	63, 784	

The dependent variable in this study is marital status. Table 2 provides the summary statistics of marriage age. And most people get married between age 21 to age 33.

Table 2 Summary statistics of marriage age

Marriage Age	Frequency
14	1
16	2
17	45
18	140
19	332
20	556
21	813
22	1, 088
23	1, 366
24	1, 593
25	1, 863
26	2, 090
27	2, 304
28	2, 078
29	2, 186

continued table

Marriage Age	Frequency
30	1, 726
31	1, 712
32	1, 260
33	1, 290
34	678
35	611
Never married during the sample period	128, 994
Total	152, 728

3. Linear Probability Model

The first methodology I use in this paper is a simple linear probability model.

$$mstat_{it}=\alpha+\beta_1 Drinking_{it}+\beta_2 Smoking_{it}+\beta_3 HoursWorked_i+$$
$$\beta_4 hhinc_i+\beta_5 Female_i+\beta_6 White_i+\varepsilon_{it}$$

Where $mstat_{it}$ is the marriage status for individual i in year t. It equals to 1 if married and zero otherwise. $Drinking_{it}$ is a time-varying variable, and equals to 1 if individual i is drinking in year t and zero otherwise. $Smoking_{it}$ is a time-varying variable, and equals to 1 if individual i is smoking in year t and zero otherwise. $HoursWorked_i$ is total hours worked before 18 years old, and $hhinc_i$ is the household income in the year 1997. $Female_i$ equals to 1 if individual i is a female and zero otherwise. $White_i$ equals to 1 if individual i is white people and zero otherwise. ε_{it} is the residual term.

Table 3 provides the results of the linear probability model. All the coefficients are statistically significant at 1 percent level. Smoking status is negatively correlated with marital status. It means people who are smoking are less likely to get married. But drinking status is positively associated with marriage status. It means people who are drinking are more likely to get married. Work experience is positively correlated with marital status. It means the more the individual works before 18 years old, the larger the probability that he/she will get married. Household income in 1997 is negatively correlated with marriage status, but the magnitude is small, and it means the higher the family income in 1997 the lower the probability of marriage. Female and white are positively correlated with marriage status, and it means females and whites are more likely to get married.

Table 3 Results of Linear Probability Model

	Coefficients
Smoking status	−0.09 *** (0.003)
Drinking status	0.03 *** (0.003)
Total hours worked before 18 years old (every 100 hours)	0.0014 *** (0.000)
Household income in 1997 (every $1,000)	−0.0002 *** (0.000)
Female	0.07 *** (0.003)
White	0.11 *** (0.003)
Number of observations	70,379

Notes: *** indicates significant in 1 percent level.

Standard errors are in the parenthesis.

4. Logit and Probit model

Because the dependent variable is an indicator variable and only has two values (zero and one), I also use the Logit and Probit model to analyze the effects of work experience and health behaviors on marriage decision.

Table 4 provides the results of Logit and Probit model. Column 1 shows the results by using the Logit model, and column 2 shows the results of Probit model. All the coefficients from both the Logit and Probit models are statistically significant. Consistent with the results from linear probability model, smoking status is negatively correlated with marital status. It means people who are smoking are 56 percentages less likely to get married. But smoking status is associated with 21 percentages more likely to get married. Similar to the results from linear probability model, work experience before 18 years old is positively correlated with marriage status, but the impact is small. Household income in 1997 is negatively correlated with marital status. Females and white people are more likely to get married.

Table 4 Results of Logit and Probit Model

	Coefficients (Logit)	Coefficients (Probit)
Smoking status	−0.56*** (0.020)	−0.32*** (0.012)
Drinking status	0.21*** (0.022)	0.12*** (0.012)
Total hours worked before 18 years old (every 100 hours)	0.008*** (0.000)	0.005*** (0.000)
Household income in 1997 (every $1,000)	−0.001*** (0.000)	−0.0008*** (0.000)
Female	0.45*** (0.02)	0.25*** (0.011)
White	0.71*** (0.02)	0.40*** (0.012)
Number of observations	70,379	70,379

Notes: *** indicates significant in 1 percent level.

Standard errors are in the parenthesis.

5. Hazard models

As time goes on, people who are married are more and more and cause a right-censoring problem. As a result, hazard models are better to analyze the research question.

Figure 1 is the Kaplan-Meier Survival curve. The survival rate starts to drop at age 18 and decreases dramatically from age 21 to age 33. Figure 2 is the Kaplan–Meier Survival curve by gender, and it is clear that the survival rate of females drops before curves of males. Figure 3 is the Kaplan–Meier Survival curve by race. Two curves both start to decline at age 17 and the curve of white people drops before non–white people from age 23.

Figure 1　Kaplan–Meier Survival Estimate

Notes: The x–axis is the age of individual and y–axis is the survival rate. The survival rate begins to fall at age 17.

Table 5 shows the results of hazard models. Columns 1 and 2 are results of exponential hazard model while Columns 3 and 4 provide results of Weibull hazard model. Smoking status is positively insignificantly correlated with marriage age. It means people who are smoking get married earlier. Drinking status is negatively significantly correlated with marriage age. It means people who are drinking get married later than others. Hours worked before 18 years old are positively and statistically significantly correlated with marriage age, and it means people who have more work experience before 18 years old get married earlier. The coefficients of household income in 1997 are negatively correlated with marriage, but the magnitude is small. It means people with more household income in 1997 get married later. Consistent with the Kaplan–Meier Survival curves, females and whites get married earlier than others.

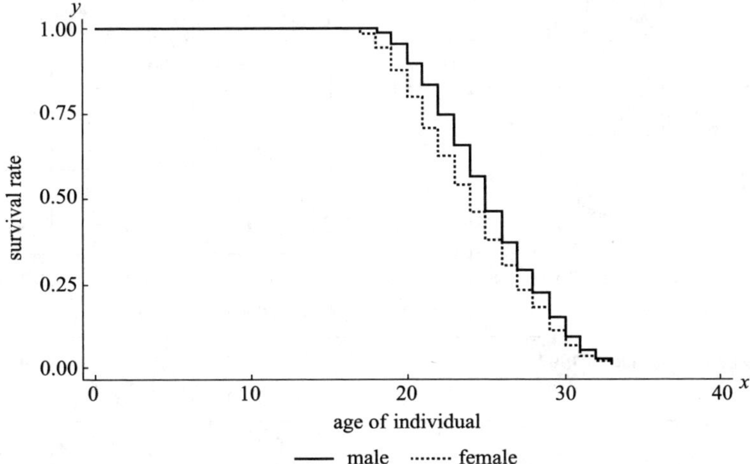

Figure 2 Kaplan Meier Survival Estimate by gender

Notes: The x-axis is the age of individual and y-axis is the survival rate. The full line is the survival curve of males, and the dotted line is the survival curves of females. The survival rate of females falls before the survival rate of males.

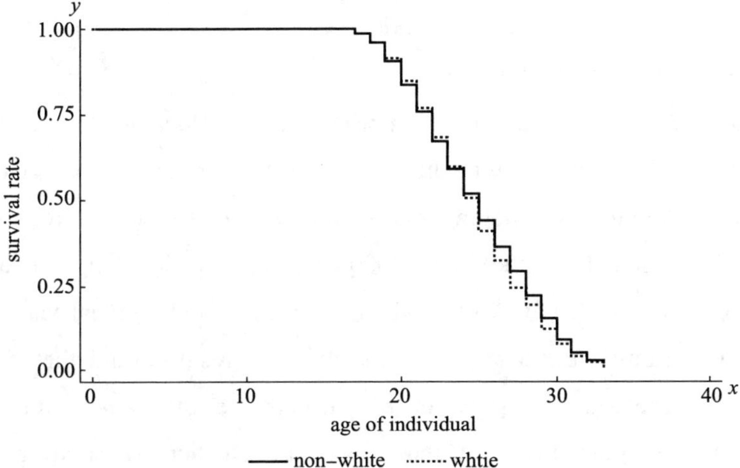

Figure 3 Kaplan-Meier Survival Estimate by race

Notes: The x-axis is the age of individual and y-axis is the survival rate. The full line is the survival curve of non-whites, and the dotted line is the survival curves of whites.

Table 5　Results of Hazard Models (before split data)

	Exponential		Weibull	
	Hazard ratios	coefficients	Hazard ratios	coefficients
Smoking status	1.01 (0.041)	0.01 (0.041)	1.05 (0.043)	0.53 (0.041)
Drinking status	0.95 (0.046)	−0.05 (0.049)	0.75*** (0.037)	−0.29*** (0.049)
Total hours worked before 18 years old (100 hours)	1.00 (0.000)	0.0006 (0.000)	1.004*** (0.001)	0.004*** (0.001)
Household income in 1997 ($1,000)	1.00 (0.000)	−0.0005 (0.000)	0.99*** (0.001)	−0.002*** (0.001)
Female	1.04 (0.041)	0.04 (0.040)	1.22*** (0.048)	0.20*** (0.039)
White	1.02 (0.047)	0.02 (0.046)	1.16*** (0.053)	0.15*** (0.046)
ln_p			1.99***	1.99***
Number of observations	2,645	2,645	2,645	2,645

Notes: *** indicates significant in 1 percent level.

Standard errors are in the parenthesis.

Since the coefficient of ln_p is positive and statistically significant in one percent level, I believe the Weibull model is better than the Exponential model.

Drinking status and smoking status may change over time, for example, individual *i* smoked in the year 2000 but stopped smoking in the year 2005. Consequently, I have to treat the time-varying independent variables differently. By Splitting the data, I get the different results, and the results are provided in Table 6. The signs of coefficients are the same with previous results, but the magnitudes of the effects are smaller by splitting the data. Smoking is positively correlated with marriage age and drinking is negatively correlated with marriage age, and it means people who are smoking but not drinking get married earlier. Working experience before 18 years old is positively correlated with marriage age, while the household income in the year 1997 is negatively correlated with marriage age. It means people with more working experience before age 18, and less household income are more likely to get married earlier. And consistent with previous results, females and whites are more likely to get married earlier.

Table 6 Results of Hazard Models (split data)

	Hazard Ratios
Smoking status	1.0001** (0.000)
Drinking status	0.9999 (0.000)
Total hours worked before 18 years old (every 100 hours)	1.006*** (0.000)
Household income in 1997 (every \$1,000)	1.000 (0.000)
Female	1.45*** (0.052)
White	1.744*** (0.073)
Number of observations	13,920

Notes: ** indicates significant in 5 percent level.

*** indicates significant in 1 percent level.

Standard errors are in the parenthesis.

6. Conclusion and Discussion

This paper uses different methodologies to analyze the impacts of work experience and health behaviors on marriage decisions. By using the linear probability model, Logit and Probit model, I find people who are smoking and who have less household income in the year 1997 are less likely to get married. Females and whites who are drinking and who have more work experience before age 18 are more likely to get married. By using the hazard model, I find females and whites who are smoking and who have more work experience before 18 years old are more likely to get married early. People who are drinking and who have more household income in 1997 are less likely to get married early.

Reference

[1] KESSLER, R C, ESSEX, M (1982). "Marital status and depression: The importance of coping resources." *Social Forces*, 61, 484-507.

[2] Oppenheimer, Valerie Kincade. "A theory of marriage timing." *American journal of Sociology*, 94. 3 (1988): 563-591.

[3] Stack, Steven, and J. Ross Eshleman. "Marital status and happiness: A 17-nation study." *Journal of Marriage and the Family* (1998): 527-536.

[4] Stutzer, Alois, and Bruno S. Frey. "Does marriage make people happy, or do happy people get married?" *The Journal of Socio-Economics*, 35. 2 (2006): 326-347.

Duration Analyses on Youth Smoking Behaviors*

Lu Yao

【Abstract】 In this paper, I use the National Longitudinal Survey of Youth 1997 (NLSY97) data to study what factors could affect youth smoking behaviors. In this paper, I use the National Longitudinal Survey of Youth 1997 (NLSY97) data to examine what factors could affect youth smoking behaviors. The objective of this paper is to apply duration analyses in empirical studies. Compared to the Probit method, the duration analysis solves the sample attrition problem. I will show my duration analyses in two parts. The first part shows the effects of time-invariant covariates on youth smoking behaviors, and the second part includes two time-varying covariates in regressions.

【Key words】 smoking; health economics

1. Introduction

In this paper, I study what factors could affect youth smoking behaviors. Broad economic literature has studied this health economic topic (Carpenter et al., 2008; Chaloupka et al., 1996; Gruber et al., 2001; Powell et al., 2005). On top of prior literature on this topic, there are two objectives of this paper. First, I practice some empirical models by using the NLSY97 data. Second, I apply the duration analysis on this topic. Although I do not find any causal inference on youth smoking behaviors, I find some statistical evi-

---

* 【基金项目】北京市教改项目“法商大数据分析创新型人才培养模式研究”（京教函〔2020〕427 号）；中国政法大学新兴学科培育与建设计划：商业大数据分析。

【作者简介】姚璐，中国政法大学商学院讲师，研究方向：健康经济学、卫生经济学。

dence on correlations between youth self and family characteristics and youth smoking behaviors.

The NLSY97 is a rich data set, which includes a significant number of variables describing youths' self-characteristics and family characteristics. In my duration analyses, I collect variables in categories of health, marriage, education, risky behavior, criminal behavior and demography. The outcome variable is whether the youth smoked in last 12 months. There are two sections of my duration analyses. In the first section, I study the effects of time-invariant covariates on youth smoking behaviors. These covariates include race, gender, family income in 1997, father's education level, and mother's education level. In the second section, I study the effects of two time-varying covariates on youth smoking behaviors. These two covariates are youth's marriage age and youth's age when first joined a gang. The NLSY97 collects surveys in every year since 1997. My first section of duration analyses consists of survey years from 1997 to 2013, and my second section of duration analyses comprises of survey years from 1997 to 2005, because the survey stopped asking whether the individual joined a gang in last 12 months in 2006.

The baseline specification in my paper is the probit model, because my outcome variable is dummy variable, and it equals to 1 if the responder smoked in the previous 12 months, and it equals to 0 if the responder did not smoke in the last 12 months. Compared to the probit method, duration analysis has an advantage of solving sample attrition problem. For example, responders might begin to smoke in different survey waves, and some responders might never smoke in all survey years. We cannot treat these responders the same in my analyses. The time units of my duration analyses are different in two sections. In the first section, I use survey waves as time units. In the second section, I use responders' ages as time units.

2. Duration analyses using time-invariant covariates

2. 1 Summary statistics

Table 1 shows the summary statistics of my sample from 1997 to 2013. There are 8, 984 respondents. 51% of the sample are male; 58% of the sample are white, and 27% of the sample are black. In my sample, 61% of individuals' fathers have high school diplomas, and 70% of individuals' mothers have high school diplomas. I adjust the family income in 1997 by dividing the actual value by 10, 000. From the summary statistics, we can see that the average family income in 1997 among 6, 585 respondents is $46, 400, and the maximum family income in 1997 is $246, 000. The observations of family income are smaller than the sample because some respondents did not record their family income.

Table 1 Summary Statistics

	Obs	Mean	St. Dev.	Min	Max
Male	8, 984	0. 51	0. 49	0	1
Female	8, 984	0. 49	0. 49	0	1
White	8, 984	0. 58	0. 49	0	1
Black	8, 984	0. 27	0. 43	0 1	
HighDad	8, 984	0. 61	0. 48	0	1
HighMom	8, 984	0. 70	0. 44	0	1
$Familyinc_{1997}$	6, 585	4. 64	4. 21	0	24. 6

Notes: "HighDad" means the father has a high school diploma, and "HighMom" means the mother has a high school diploma. I adjust the family income in 1997 by dividing the actual value by 10, 000.

2. 2 Empirical model and results

The baseline model is the following Probit regression:

$$P\ (Y=1)_i = \alpha+\beta_1 Female_i+\beta_2 White_i+\beta_3 Black_i+\beta_4 HighDad_i +\beta_5 HighMom_i+\beta_6 FamilyInc_{1997}+\in_i$$

The outcome variable is the probability of responder i smoked in the last 12 months. Independent variables are the female dummy, white dummy, black dummy, whether the father has a high school diploma dummy, whether the mother has a high school diploma and the family income in 1997. The estimates are at the individual level. The results are in column 1 of Table 2. The Probit model shows that females are less likely to smoke in the last 12 months, white people are more likely to smoke in the last 12 months, black people are less likely to smoke in the last 12 months, and respondents whose fathers or mothers have high school diplomas have smaller probability of smoking in the last 12 months.

Table 2 Coefficients of time-invariant covariates

Independent variables	Dependent variable: whether the responder smoked in last 12 months.			
	(1) Probit	(2) Exponential hazard	(3) Weibull hazard	(4) Cox hazard
Female	−0.228***	0.063**	0.070**	0.045
S. E.	0.034	0.030	0.030	0.030
White	0.157***	0.197***	0.234***	0.159***
S. E.	0.052	0.047	0.047	0.047
Black	−0.129**	−0.179***	−0.207***	−0.144***
S. E.	0.056	0.052	0.052	0.052
HighDad	−0.153***	−0.010	−0.007	−0.010
S. E.	0.041	0.035	0.035	0.035
HighMom	−0.009	−0.006	−0.012	−0.003
S. E.	0.044	0.038	0.038	0.038
$Adjustinc_{1997}$	−0.002	−0.001	−0.001	−0.001
S. E.	0.004	0.004	0.004	0.004
Observations	6,584	4,614	4,614	4,614

Notes: "HighDad" means the father has a high school diploma, and "HighMom" means the mother has a high school diploma. I adjust the family income in 1997 by dividing the actual value by 10,000.

Although some of the coefficients in the Probit model are statistically significant, there is a severe problem causing this effect spurious. Respondents began to smoke in different survey years, and this effect cannot be separated out in the Probit model. Therefore, I need to apply another methodology, and that is duration analysis.

2.3 Duration analyses

Duration analyses solve the sample attrition problem. For example, if an individual A began to smoke in 2002, my Probit model measures the treatment effect on individual A from 1997 to 2013, but my duration analyses will estimate the treatment effect in 2002. If an individual B never smoked from 1997 to 2013, my Probit model measures the treatment effect on individual B from 1997 to 2013, but my duration analyses will not estimate the treatment effect on the individual B. Therefore, my observations will decrease from Probit model to hazard models. However, the duration analyses will give me a more robust sample to study the treatment effect on youth smoking behaviors.

The estimated coefficients of hazard models are shown in columns 2 to 4 in table 2, and the hazard ratios are displayed in Table 3. Compared to coefficients in hazard models to coefficients in the Probit model, there are two differences. First, the coefficient of the female dummy variable is negative and statistically significant in my Probit model, but the coefficient becomes positive and statistically significant in my exponential hazard model and Weibull hazard model. The coefficient of the female dummy variable is also positive but not statistically significant in my cox hazard model. The results of hazard models suggest that females are more likely to smoke in the last 12 months. One potential explanation to the different results between the Probit model and hazard models could be that some females never smoked from 1997 to 2013, but my Probit model estimates the treatment effects on these females. Second, the coefficient of whether the responder's father has a high school diploma is negative and statistically significant in my Probit model, but the coefficient is negative and not statistically significant in my hazard models. The hazard ratios are consistent with coefficients in hazard models, and it is easy to interpret hazard ratios.

Table 3 Hazard ratios of time-invariant covariates

Independent variables	Dependent variable: whether the responder smoked in the last 12 months.		
	Exponential hazard	Weibull hazard	Cox hazard
Female	1.07 **	1.07 **	1.05
White	1.22 ***	1.26 ***	1.17 ***
Black	0.84 ***	0.81 ***	0.87 ***
HighDad	0.98	0.98	0.99
HighMom	0.99	0.99	0.99
$Familyinc_{1997}$	0.99	0.99	0.99
Observations	4,614	4,614	4,614

Notes: "HighDad" means the father has a high school diploma, and "HighMom" means the mother has a high school diploma. I adjust the family income in 1997 by dividing the actual value by 10,000.

In general, my duration analyses show a slightly different result than my Probit model. Since my hazard models solve the sample attrition and right-centered problems, the coefficients are more robust in my hazard models.

3. Duration analyses using time-varying covariates

3.1 Summary statistics

Table 4 shows the summary statistics of my sample from 1997 to 2005. Comparing to my first section, I add two more covariates in my regressions. They are the age when first married and the age when first joined a gang. The outcome variable is still whether the responder smoked in the last 12 months. Besides adding these two time-varying covariates in my regressions, I also control my sample by gender, race and family income in 1997. The summary statistics of these time - invariant covariates are very similar to my summary statistics of the first section. Furthermore, there are 672 respondents joining a gang from 1997 to 2005. Among these respondents, the average age when they first joined a gang is 16.8 years old, and the minimum age when they joined a gang is 13 years old. There are 2, 626 respondents getting married from 1997 to 2005. Among these respondents, the average age when they first get married is 20.4 years old, and the minimum age when they first get married is 17 years old. There are 6, 314 respondents who smoked in the last 12 months in either year from 1997 to 2005. Among these respondents, the average age when they first smoked is 16.4 years old, and the minimum age when they first smoked is 13 years old.

Table 4 Summary Statistics

	Obs	Mean	St. Dev.	Min	Max
Female	8, 982	0.49	0.49	0	1
White	8, 982	0.58	0.49	0	1
Black	8, 982	0.27	0.44	0	1
$Familyinc_{1997}$	6, 584	4.64	4.21	0	24.6
Age when first smoked	6, 314	16.4	2.14	13	25
Age when first joined a gang	672	16.8	2.29	13	24
Age when first married	2, 626	20.4	2.01	17	25

Notes: I adjust the family income in 1997 by dividing the actual value by 10, 000.

3.2 Empirical model and results

The baseline model is the following probit regression:

$$P\ (Y=1)_i=\alpha+\beta_1 Female_i+\beta_2 White_i+\beta_3 Black_i+\beta_4 Familyinc_{1997}$$
$$+\beta_5 AgeGang_i+\beta_6 AgeMarriage_i+\in_i$$

In this Probit model, the outcome variable is still the probability of responder i smoked in the last 12 months from 1997 to 2005. Independent variables are the female dummy, white dummy, black dummy, the family income in 1997, the age when responder first joined a gang, and the age when responder first get married. The estimated coefficients are in column 1 of Table 5. Most estimated coefficients in the Probit model are not statistically significant, and the number of observations is tiny because very few respondents joined gangs from 1997 to 2005. Furthermore, the estimated treatment effect is spurious in the Probit model because respondents began to smoke at different ages, and some respondents might never smoke from 1997 to 2005. Therefore, I need to apply duration analyses again. Since I include time-varying covariates in my regressions in this section, my duration analyses will be different than duration analyses in the first section.

3.3 Duration analyses before splitting time-varying covariates

Columns 2 to 4 in Table 5 show estimated coefficients of hazard models. Comparing to results in my Probit model, my Weibull hazard model and Cox hazard model have more statistically significant coefficients. Specifically, coefficients of the female dummy variable in these two hazard models are positive and statistically significant. My results indicate that females are more likely to smoke in the last 12 months. Coefficients of both age when first joined a gang and age when first get married are negative and statistically significant in my Weibull hazard model and Cox hazard model, and they indicate that both joining gangs and getting married would decrease the probability of smoking.

Table 5 Cofficients of time-invarying covariates

Independent variables	Dependent variable: whether the responder smoked in the last 12 months.			
	(1) Probit	(2) Exponential hazard	(3) Weibull hazard	(4) Cox hazard
Female	-0.376	0.019	0.444***	0.279*
S. E.	0.293	0.161	0.162	0.162
White	0.133	0.010	-0.174	0.052
S. E.	0.285	0.191	0.192	0.193
Black	-0.612**	-0.025	-0.417**	-0.159
S. E.	0.461	0.196	0.202	0.198
$Adjustinc_{1997}$	-0.016	-0.002	-0.011	-0.003
S. E.	0.058	0.029	0.029	0.298
AgeGang	-0.012	-0.015	-0.113***	-0.112***
S. E.	0.062	0.033	0.034	0.036
AgeMarriage	0.019	-0.013	-0.129***	-0.082**
S. E.	0.081	0.038	0.039	0.038
Observations	226	213	213	213

Notes: I adjust the family income in 1997 by dividing the actual value by 10, 000.

However, there is one problem when I have time-varying covariates in my regressions. Respondents might join gangs not only once, and they might get married more than once from 1997 to 2005. To estimate effects of joining gangs and getting married on youth smoking behaviors, I need to split my time-varying covariates in my duration analyses.

3.4 Duration analyses after splitting time-varying covariates

Before splitting time-varying covariates in my duration analyses, I estimate effects of age when first joined gangs and age when first got married on youth smoking behaviors. These duration analyses lack observations because very few respondents joined gangs from 1997 to 2005. However, these respondents might join gangs more than once, and I could measure the treatment effect in each time when they joined gangs. After splitting time-varying covariates, I could increase the degree of freedom in my regressions, and I could estimate effects of joining gangs and getting married on youth smoking behaviors.

In Table 6, columns 1 to 3 show hazard ratios of my hazard models before splitting time-varying covariates, and columns 4 to 6 show hazard ratios of my hazard models after splitting time-varying covariates. We can see that the number of observations increases a lot from the first three specifications to the last three specifications. After splitting time-varying coefficients, all hazard ratios are statistically significant in my Weibull hazard model and Cox hazard model, and treatment effects of two time-varying covariates are more significant than the treatment effects before splitting time-varying covariates. Specifically, I find statistical evidence that both joining gangs and getting married would decrease the probability of smoking.

Table 6 Hazard ratios of time-varying covariates

	Dependent variable: whether the responder smoked in the last 12 months.					
	(1)	(2)	(3)	(4)	(5)	(6)
	Before split			After split		
Independent variables	Exponential hazard	Weibull hazard	Cox hazard	Exponential hazard	Weibull hazard	Cox hazard
Female	1.02	1.56***	1.32*	1.01	1.06**	1.06**
White	1.01	0.84	1.05	1.01	1.13***	1.09*
Black	0.98	0.66**	0.85	0.97	0.74***	0.83***
$Familyinc_{1997}$	0.99	1.01	0.99	0.99	0.98***	0.98***
AgeGang	0.98	0.89***	0.89***			
AgeMarried	0.99	0.88***	0.92**			
PostGang				1.08	0.57***	0.68***
PostMarried				1.02	0.84***	0.94**
Observations	213	213	213	4,758	4,758	4,758

Notes: I adjust the family income in 1997 by dividing the actual value by 10,000.

4. Conclusion

In conclusion, my paper has accomplished two primary objectives. First, my paper utilizes the NLSY97 data in many categories of variables, such as education, criminal behaviors, marriage, and risky behaviors. Second, I apply duration analyses on this topic by including both time-invariant and time-varying covariates. Comparing to my Probit models, my hazard models have advantages to solve sample attrition and right-censored problems. My results of coefficients and hazard ratios also indicate that duration analyses have more robust estimations of treatment effects on youth smoking behaviors. Specifically, I find statistical evidence that joining gangs and getting married could decrease the probability of smoking.

Reference

[1] Carpenter, Christopher, and Philip J. Cook. "Cigarette taxes and youth smoking: new evidence from national, state, and local Youth Risk Behavior Surveys." *Journal of health economics* 27. 2 (2008): 287-299.

[2] Chaloupka, Frank J., and Michael Grossman. Price, tobacco control policies and youth smoking. No. w5740. *National Bureau of Economic Research*, 1996.

[3] Gruber, Jonathan, and JonathanZinman. "Youth smoking in the United States: evidence and implications." Risky behavior among youths: An economic analysis. University of Chicago Press, 2001. 69-120.

[4] Powell, Lisa M., John A. Tauras, and Hana Ross. "The importance of peer effects, cigarette prices and tobacco control policies for youth smoking behavior." *Journal of health Economics* 24. 5 (2005): 950-968.

数字经济时代产业创新研究

——以数字农业为例*

胡继晔　付炜炜

【摘要】 数字经济时代，数据要素深刻改变着各个产业的发展模式。数字农业的建设是数字中国建设的重要组成部分，也是我国可持续发展战略实现的重要组成部分。随着数字经济的不断渗透，学者从不同视角对数字农业展开研究。本文通过整理国内外相关文献，对数字农业的内涵和外延进行梳理，结合我国实际，从宏观视角出发，从理论上分析数字时代大数据对传统农业带来的影响，并对传统的生产函数进行修正，最后从农业设施数字化、数字林业、自动化养殖、新技术育种和智慧农业价值链五个方面为未来数字农业的研究指明方向。

【关键词】 数字时代；数字农业；理论创新

一、引言

随着信息技术和互联网的发展，我国逐步迈入数字时代。中国信息通信研究院发布的《2021 年中国数字经济发展白皮书》显示，截至 2020 年年底，中国数字经济规模达 39. 2 万亿元，位居全球第二，占 GDP 的比重达到 38. 6%。数字经济在三大产业中的渗透率不断提升，2021 年我国数字经济在服务业、工业、农业中的行业增加值比重分别为 40. 7%、21. 0%和

* 【基金项目】教育部哲学社会科学 2019 年度后期资助重大项目（19JHQ007）；中国政法大学校级科研项目（ZFZT79001、18ZFG79002）。

【作者简介】胡继晔，中国政法大学商学院教授，博士生导师，研究方向：数字金融、金融监管。付炜炜，中国政法大学商学院博士研究生，西方经济学专业。

8.9%[1]，可以发现，数字经济在农业增加值中的占比远低于服务业和工业。作为数字中国建设的重要组成部分，我国农业数字化水平较低，尚未建立起以数字化信息技术为驱动的、结构更优、可持续性更好的数字农业经济体系。因此，推动农业农村数字化进程，解放和发展数字生产力，提高农业生产效率和环境保护水平，是建设数字中国不可或缺的重要一环。本文对数字农业已有的研究进行梳理，并提出未来的理论研究方向。

二、国内外关于数字农业的研究综述

（一）数字经济和数据要素的研究

Tapscott（1996）首次提出了“数字经济”的概念。[2] Mesenbourg（2001）从数字经济的分类出发，认为数字经济应当包括三大部分：电子商务基础设施、电子商务流程与电子商务通信产品。[3]数字经济高度依赖于数字技术，通过数字技术进行生产、销售发展、供给服务等。Miller 等（2001）更加深入地剖析了数字经济的内涵，认为数字经济代表了一场技术革命，代表了一种驱动新经济的动力，代表了可持续发展与平等。[4]他们突破了从电子商务以及信息技术角度进行分析的局限，开始认识到数字经济是一种新的经济形态。Knickrehm 等（2016）提出，各类数字化投入带来的全部经济产出即为数字经济。[5] Dahlman 等（2016）认为，数字经济是人们通过互联网及相关技术进行的各种经济和社会活动的融合。[6] Lopez-Gonzalez（2018）认为数据本身是一种可以交易的资产，互联网和通信技术推动新商业模式的发展，改变商品、服务的生产、交易方式和地点。[7]数字化催生了新的信息产业，对国内生产总值做出了重大贡献[8]，促进了一场新的生产革命[9]。

国内对于数字经济的研究中，早期有学者将“数字经济”表达为“新经济”，认为随着互联网技术的发展和广泛应用，形成了新技术、新产业和新业态，对传统产业和传统经济运行模式进行了重塑，进而形成了对宏观经济产生积极影响的新型经济发展模式。[10]近年来，国内学术界纷纷对数字经济的定义进行界定、补充与完善。学者认为，数据是一种可以和土地、资本等相提并论的生产要素，能够提升生产力。[11]数据要素作为生产要素逐渐应用，数字生产力成为当代先进生产力，并带来生产方式的改进，进而产生新的经济形态——数字经济，此时数字经济表现出了共享即时性、无限指数性、跨界均衡性、多样精准性等与传统经济不同的特性[12]。

李忠民等（2014）和张晓（2018）从宏观角度出发，解释了数字经济如何推动经济发展[13-14]。赵西三（2017）认为数字经济是实现我国供给侧结构性改革的中坚力量。[15]王娟（2019）阐述了数字经济对高质量经济发展的影响。[16]数据作为数字经济的关键要素和基础性资源已经得到广泛认同[17]，数据驱动的金融创新已经成为焦点[18]，数据要素能够提高资源配置效率、整合资源优势、协调区域间发展，从而提高供给质量，促进经济发展[19]。许恒等（2021）认为数字经济对传统经济具有技术溢出和技术冲击两种效应。当数字经济技术冲击的负面效应大幅超过技术溢出的正面效应时，政府可以通过实施“竞合型”政策建立一种短期的竞争缓冲机制，适度强化数字经济的技术溢出效应，以竞争为抓手维护消费者利益和提升社会总福利水平。[20]

在我国，2019 年中共十九届四中全会首次提出将数据作为生产要素参与分配。2020 年 4 月，中共中央、国务院发布《关于构建更加完善的要素市场化配置体制机制的意见》，将数据与土地、劳动力、资本、技术并列纳入五大生产要素，并要求“加快培育数据要素市场”。2021 年通过的《国民经济和社会发展第十四个五年规划和 2035 年远景目标纲要》提出，加快发展数字经济，推进数字产业化和产业数字化，推动数字经济和实体经济深度融合。2021 年 10 月 18 日，中共中央政治局就推动我国数字经济健康发展进行第三十四次集体学习，习近平总书记指出：充分发挥海量数据和丰富应用场景优势，促进数字技术与实体经济深度融合，赋能传统产业转型升级，催生新产业新业态新模式，不断做强做优做大我国数字经济。

数字经济时代的到来已经深刻改变了全球经济形态的样貌，我国数字农业建设必须基于相关数字经济理论，才能行稳致远。关于数字农业的理论演进必须根植于数字经济，以数据生产要素对传统农业的影响作为理论基础。

（二）数字农业的内涵和外延界定

20 世纪 80 年代末，美国等发达国家提出基于信息和先进技术精耕细作的“精细农业”概念，即以数字化为手段，实现以高投入产出比为目标的农业。在此基础上，1997 年，“数字农业”（digital agriculture）概念被提出。世界经济论坛提出了 2000 年将开启“农业 4.0”进程。国内外学者也纷纷对数字农业的内涵和外延进行分析和总结。

国外学者认为，数字农业指在农业生产系统、价值链和更广泛的粮食系统中不同形式的数字化[21]，以数字方式收集、存储、分析和共享电子数据或信息的工具[22]。农业领域已经存在很多概念来描述数字化对农业的渗透，包括智慧农业（smart farming）[23]、精细农业（precision agriculture）[24]、决策农业（decision agriculture）[25]、农业 4.0（agriculture 4.0）[26]，落脚点都在于通过将数字化技术应用于农业，实现农业生产系统、农业价值链和粮食系统的技术最优化。另外，数字农业也有利于解决一些与农业和农村相关的社会和环境问题，如不同耕作方式对环境的影响、利用大数据的实时性和便捷性加强知识交流和学习、监测农业生产线的危机和与其有关争议等。数字农业未来在全球范围内的扩展、合作和变革具有巨大的潜力和机遇。

国内学者从不同角度对数字农业进行定义。唐世浩等（2002）认为数字农业是数字驱动的农业，包括建立数据库、实时监控和数字化机械，具有生产精细化、远程化、虚拟化、自动化的特征。[27]隗玮（2003）从农业要素、农业过程和农业管理三个方面对“数字农业”进行了定义，认为大力发展数字农业有利于解决传统农业和环境可持续发展之间的矛盾。[28]周国祥等（2005）从实际操作层面研究无线技术对农业的远程测控[29]，构成了数字农业的“雏形”。熊海灵、杨志敏（2004）认为数字农业是信息技术在农业中应用的高级阶段，是农业系统四大要素即农业生物要素、农业环境要素、农业技术要素和农业社会经济要素的数字化。[30]数字农业的高质量发展与数字乡村的建设和农业经营者素质的提升密不可分，“三农”问题的解决必须建立在传统农业向现代农业转变的基础之上[31]。国家发改委在 2016 年提出：推进农村产业融合，是探索中国特色农业现代化道路的必然要求；实现农村产业融合的关键，是运用现代理念、现代技术改造和提升农业，加快农业现代化进程；推进农村产业融合发展的核心，是完善产业链与农民利益联结机制。[32]

（三）我国的数字农业建设相关研究

数字农业建设是农业现代化建设的主要内容。一方面，我国人口基数大，人均资源紧缺，传统农业生产方式落后，土地分散化经营格局长期未改变，农户规模较小，人地、人粮矛盾日显[33]，同时资源利用效率的低下也导致了环境恶化，造成农业生产的恶性循环[34]。数字农业是建立在现代科学技术基础之上的精耕细作，能够最大限度地节约资源、提高资源的使用效率，是国家可持续发展战略的重要内容和保障。另一方面，数字农业建设也是数字中国、数字地球建设的重要内容[35]，在数字化的整体指导思想下，实现农业与其他行业的信息和资源共享[36]。和发达国家相比，我国经济基础和技术水平落后，农业产业化水平较低，因此数字农业在我国的发展还有很长的路要走。

我国数字农业发展中同样面临着一些问题。第一，数字化基础设施建设薄弱，边远山区和贫困地区尚未普及[37]，数字农业生产工程迟滞化[38]。第二，支持农业数字化的配套政策不完善，有关产业、财政、金融等领域的相关细则和具体方案尚未落实[37,39]。第三，农业信息技术产业发展相对滞后，需要推动数字农业关键技术创新，助力农业信息技术标准化、规范化[40]。第四，需要建立农业信息管理平台和实时监测系统，对农业资源信息采集、动态监测、分析和决策进行数字化管理[41]。第五，需要建立统一的农业大数据平台，将有关涉农数据进行统一归集和管理，形成一个综合性强、集多功能为一体的农业大数据平台，从源头上杜绝数据不能共享的情况[37]。第六，乡村大数据应用人才缺乏[39]，通过政府主导培训、引导人才返乡等方式[42]，培养新型职业农民，结合短期技能培训与长期教育投入，为农业农村发展注入新活力。

只有切实认识到数字农业建设的重点和薄弱点，推动数字农业建设，有效调整农业结构，才能提高农业效益、增加农民收入、改善农村生态环境，最终实现农业和农村经济的持续稳定发展。

综上所述，国内外学者围绕农业数字化，在信息化基础设施建设、完善配套政策、技术研发、实时监测系统和智能决策支持系统、数据管理和共享平台、人才培训和教育等方面进行了深入研究，为数字农业的高质量发展奠定了理论基础。同时，国内学者也从我国的实际出发，针对我国数字农业建设现阶段存在的痛点和难点从不同角度提出了许多建议。

通过对上述文献的系统梳理，现有研究仍存在诸多不足之处，主要包括以下三个方面：

首先，数字经济发展与实体经济发展的交互性研究不足，数字经济服务“三农”的演进过程、内在逻辑和实现路径还没有成熟的结论。党的十九大报告中明确提出，要推动互联网、大数据、人工智能和实体经济深度融合。因此，未来研究亟须从产业数字化、数字产业化及融合发展过程中已存在的问题和潜在的风险点出发，通过分析数字农业发展的内在逻辑，提出相应的可行性对策，从而推动数字农业在纵深方向的高质量发展。

其次，从经济学理论的角度对数字农业、数字乡村的研究较少。随着数字经济在我国的快速发展，传统经济学的各项假设及条件已发生了不同程度的变化，针对数字经济时代的特点对传统经济学理论进行创新与修正具有其必要性。鉴于此，本文探讨数字经济时代下数据要素对传统经济学的假设产生的影响，并对传统经济模型进行改进和创新，构建数字时代新的经济理论框架。通过这些理论问题的研究，为学界后续开展数字经济研究奠定基础，也为数字农业的研究提供思路。

最后，缺乏对数字农业发展中潜在风险预警体系和保障机制的研究。目前我国数字农业的发展处于初级阶段，传统农业的人地、人粮矛盾尚未解决，数字经济时代带来的城乡数字鸿沟进一步加剧了数字农业发展和数字农村建设过程中可能面临的风险。为保障我国数字农业的建设和发展行稳致远，亟须更多在风险防控和保障机制方面的理论研究，一方面要建立健全我国数字经济的法律保障体系和风险预警机制；另一方面要结合数字技术对农业和农村的影响，完善法律法规，规范生产和交易中的权利义务关系，更好地保障数字农业参与者的权益，为数字农业安全平稳发展奠定基础。

三、数字农业经济理论的研究方向

梳理相关文献，可以发现：数字经济是一系列非实体经济活动、传统的非数字化实体经济与以数据要素为核心的数字化技术融合所产生的一系列新型经济活动的集合。在农业经济领域厘清数字经济概念具有重要的理论价值。

（一）数字农业宏观经济维度的理论研究

在宏观经济理论研究中，柯布—道格拉斯生产函数（以下简称 C-D 函数）是使用最为广泛、影响最深远的经济增长模型之一。林玉蕊（2007）运用 CD 函数建立农业投入产出数学模型，进行弹性分析和边际产量分析测定固定资产、农业劳动力和耕地面积对农业增长的贡献份额，计算农业劳动力、农业固定资产、农业转换效率对农业产出的作用程度，为达到合理、高收益的农业生产提供科学依据[43]。张灿欣（2012）利用人工神经网络方法及 C-D 函数，将传统 BP 算法中神经元的线性映射改成非线性映射，并运用数据包络分析方法对黑龙江省农垦经济系统的投资决策状况进行了评估，从而判定黑龙江省农垦经济系统内部产业之间投入产出的相对有效性[44]。刘庆等（2015）根据中国农业 1978—2013 年的投入产出数据，构造农业增加值关于劳动投入、机械总动力、化肥施用量、有效灌溉面积、农作物总播种面积之间的 C-D 函数，回归方程表明了农业科技的重要性和人力因素的次要性[45]。孟子恒等（2022）将产业集聚水平作为一个解释变量引入 C-D 函数中，发现苹果产业集聚增加了集聚地各种生产要素的供给，促进了集聚地种植业生产结构的升级和苹果生产技术的传播推广，推动了集聚地苹果产业的经济增长[46]。王景等（2021）提出非农收入的存在对农村劳动力的努力程度产生影响，在 C-D 函数中引入劳动努力作为解释变量，认为在既定土地经营规模背景下，劳动努力变化会对农业收入质量增长产生影响，其变化与非农收入增长负相关，与农业收入增长正相关[47]。

（二）对传统生产函数的修正

上述研究可以发现，传统的 C-D 函数模型对分析农业经济具有较好的适应性。传统的 C-D 函数只包含了土地、劳动力、资本和技术四个生产要素，而随着人类经济社会的不断发展，本文增加了数据生产要素 D，对传统的 C-D 函数进行改造后，如式（1）所示：

$$Y_t = W_t + M_t = F(A_t,\ K_t,\ L_t,\ D_t) = A(t) \cdot K^{\alpha} \cdot L^{\beta} \cdot D^{\gamma} \tag{1}$$

其中，Y_t 为总产出，W_t 为实物产出，M_t 为数据产出。K 代表资本要素（也包括土地资本），L 代表劳动力要素，$A(t)$ 代表科学技术要素（全要素生产率），D 代表数据生产要素；$\alpha \in (0,\ 1)$、$\beta \in (0,\ 1)$、$\gamma \in (0,\ 1)$

分别表示资本、劳动力、数据投入对产出的弹性，刻画了生产要素对产量的贡献程度。

对数据生产要素投入的测算和分析，参考徐翔和赵墨非（2020）的模型[48]，设定函数 G 为柯布—道格拉斯生产函数：

$$D_t = G(K_t^{IT}, B_t) = K_t^{IT,\varepsilon} B_t^{1-\varepsilon} \tag{2}$$

其中，B_t 是数据资本，K_t^{IT} 是信息技术（ICT）资本，ICT 资本与数据资本的替代弹性为常数 ε。

关于数据资本 B_t 的估算借鉴成本法，即根据社会生产活动中生产、生成或获得数据直接投入的劳动力成本及其他间接成本估计数据价值。结合 2015 年的基年数据资本存量和数据资本的短期零折旧假设，基于国家统计局数据、2016 年中国劳动力动态调查和 2015—2017 年中国综合社会调查的结果，估算 2019 年中国的数据资本存量为 9 万亿元左右。假设数据资本增长率为常数 c，则可以估算出 2019 年之后各年的数据资本存量。第 i 年的数据资本存量估计值（万亿元）为：

$$B_i = B_{2019} \times (1+c)^{i-2019},\ i>2019 \tag{3}$$

关于信息技术资本存量 K_t^{IT} 及其增长率参考蔡跃洲和张钧南（2015）的设定[49]，分为硬件与软件，其中 2012 年硬件、软件 ICT 资本存量分别为 27178.47 亿元、15653.23 亿元，因此可得 2012 年信息技术资本存量为 42831.7 亿元，增长率为 0.252。假设 ICT 资本增长率为 d，可以估算出 2012 年之后各年的 ICT 资本存量。第 j 年的 ICT 资本存量估计值（亿元）为：

$$K_j^{IT} = K_{2012}^{IT} \times (1+d)^{j-2012},\ j>2012 \tag{4}$$

式（1）中 γ 刻画了数据要素对产量的贡献程度，这里的数据要素并不像资本和劳动力要素一样对产量的贡献构成了边际递减的规律，而是随着数字经济与传统经济的融合程度不断变化而形成了一种动态的变化规律。进一步地，本文对 γ 建立函数模型，将其作为时间 t 的一个函数 $G(t)$，具体而言，$G(t)$ 表示为：

$$\gamma \equiv G(t) = \gamma_0 - F(t),\ \text{且}\ F'(t)>0,\ F''(t)<0,\ \gamma_0>1 \tag{5}$$

其中 $\gamma_0>1$ 描述了在数字经济和传统经济融合的初期，数据要素对产量的贡献程度，由于在融入了数据要素的初期，传统经济的数字化接入能够快速实现其发展，此时的产量增长呈现边际递增的特征。$F(t)$ 解释为数字农业经济和农业实体经济融合中随着时间 t 的增加逐渐形成的规模化，这会给数据要素对农业实体经济的助推作用 γ 带来边际递减的效应，在函数中用以描述随时间变动对数据影响力产生的动态的变化。为规避在模型求解过程中的角点解，假设 $F(t)<\gamma_0$ 或 $t<F^{-1}(\gamma_0)$，表明随着数字经济和传统农业经济的融合深入，虽然前者能够帮助传统经济实现高度规模化，但是随着数据要素的不断投入，其依旧能够为产出带来正向的推动作用。修正后的函数能够被刻画为图 1 的形状。

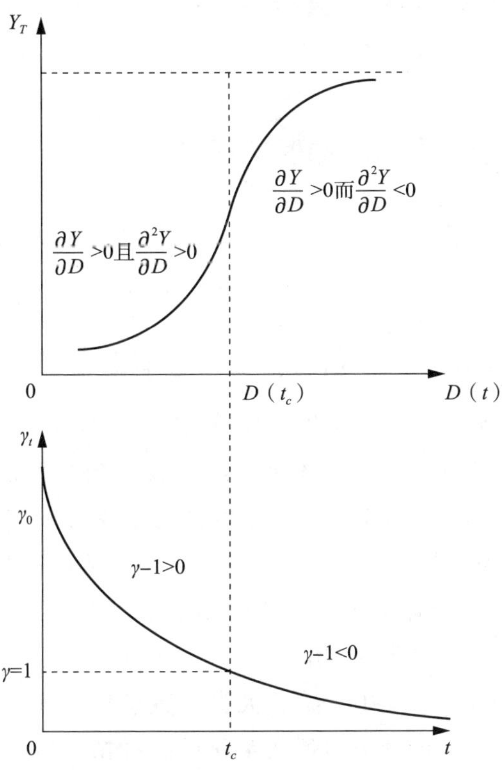

图 1　数字时代农业经济生产函数的函数图像

这里对式（5）中的 D 分别求一阶导数和二阶导数，得出以下两式：

$$\frac{\partial Y(\cdot)}{\partial D}=\gamma\cdot A\cdot K^{\alpha}\cdot L^{\beta}\cdot D^{\gamma-1}>0 \tag{6}$$

$$\frac{\partial^2 Y(\cdot)}{\partial D}=\gamma\cdot(\gamma-1)\cdot A\cdot K^{\alpha}\cdot L^{\beta}\cdot D^{\gamma-2} \tag{7}$$

式（6）说明了随着数据要素的融入，产出处于单调递增的形态，同时，式（7）中的二阶导数的正负取决于（$\gamma-1$）。根据图 1，可以明确在

$t=t_c$ 点之前，即在数字经济融合的初期和发展阶段，$\gamma-1>0$，即式（6）为正，说明了数据要素对产出的边际递增效果；而在在 $t=t_c$ 点之后，即在数字经济融合的成熟时期，$\gamma-1<0$，即式（6）为负，说明数据要素对产出的效果已经呈现边际递减的形态。由此得出原函数在定义域内一阶导恒为正数，二阶导先正后负，因而其形状类似 Logistic 函数，表示为一条 S 形曲线。

未来与数字农业相关的宏观经济理论研究可以基于收集到的各省数字农业的数据，对上述模型进行验证，从而得出量化的结论。

四、数字农业发展方向的理论研究

农业由于行业生产的自然属性，数字化转型需求相对较弱，2020 年农业数字经济渗透率为 8.9%，同比提升 0.7 个百分点，但仍显著低于行业平均水平，农业经济数字化发展潜力巨大。

根据 2021 年 5 月国家统计局公布的《数字经济及其核心产业统计分类》，我国数字经济分为 5 个大类、32 个中类、156 个小类。该分类按照 G20 杭州峰会提出的《二十国集团数字经济发展与合作倡议》，以及《中华人民共和国国民经济和社会发展第十四个五年规划和 2035 年远景目标纲要》《国家信息化发展战略纲要》《关于促进互联网金融健康发展的指导意见》等政策文件，充分借鉴国内外相关机构关于数字经济分类的方法，最大限度反映与数字技术紧密相关的各种基本活动。

在数字经济的 5 个大类中，第 5 大类是数字化效率提升业，其中第一个种类就是智慧农业，该种类包括数字化设施种植、数字林业、自动化养殖、新技术育种、其他智慧农业五个小类[50]。基于以上分类，任何一个小类都包括了庞大的产业集群，未来理论研究的重点是如何保障每个小类数字农业的发展，主要从以下几个方面来进行深入研究。

（一）数字化设施种植

包括精准播种、智能温室等，利用遥感、地理信息系统、全球定位系统、物联网、人工智能、大数据、云计算、无人机等现代信息技术和智能化设施，对土壤、地形、地貌、温度、湿度等农作物生长环境信息进行采集、分析，实现精准控制和监测的农作物种植及相关活动。目前我国的北斗系统已经投入使用，数字地球、地理信息系统可以全覆盖到每一寸国土，为数字农业的精准发展奠定完整的数字化基础，未来需要研究的重点是如何在数字国土的基础上采集、应用农作物的数据，并利用数据来指导精准播种、田间管理、收获，依靠数据指导农民提质、增产、增收。只有让农业的主导者农民这一群体切身体会到数字农业带来的实实在在的效果，以数字农业带动用户全面增收，才能真正实现数字技术向农业的进一步渗透，促进数字农业的发展。

（二）数字林业

包括利用遥感、地理信息系统、全球定位系统、物联网、无人机等现代信息技术和智能化设施，对土壤、地形、地貌、气候、温度、湿度等林业生长环境信息进行采集、分析，实现自动化、智能化的林业及相关活动。在对抗全球荒漠化的进程中，中国做出了突出贡献。以中国四大沙地之一毛乌素沙漠为例。毛乌素沙漠位于陕西榆林和内蒙古鄂尔多斯之间，21 世纪以来，持续不懈的生态治理使毛乌素沙漠 80%得到治理，水土不再流失，黄河的年输沙量足足减少了 4 亿吨。无人机等现代数字智能化设施未来在国土绿化进程中将发挥越来越重要的作用，数字林业的崛起将成为数字农业和数字乡村振兴的重要领域，因此具有深入研究的价值。

（三）自动化养殖

包括利用 RFID 射频识别、自动进食、人工智能、大数据、云计算等现代信息技术，实现自动化、智能化的畜牧业及相关活动，包括牲畜饲养、家禽饲养、水产养殖、畜禽粪污处理等活动。改革开放以来，随着人民生活水平的不断提高，城乡居民对肉蛋奶的需求使得我国畜牧产业得到前所未有的发展。然而美国《时代周刊》上的一篇报道宣称“中国可以通过从菜单上撤下肉菜来改变世界”，让中国人不再吃肉，甚至连比尔·盖茨都希望所有人去吃人造肉。人民对美好生活的向往肯定不包括全民素食，为了能够自由吃肉，自动化养殖是数字技术在畜牧产业发展中不可或缺的技术，因此未来需要进行更深入的研究。

（四）新技术育种

包括应用数字化、信息化、智能化等技术开展的种子种苗培育、林木育种育苗、畜牧良种繁殖、鱼苗及育种场等活动。目前孟山都（Monsanto

Company）等国外种业巨头已经大规模占据我国主要农作物的种子市场，因此加快农林渔牧各行业的数字化新技术育种，增强我国农业自身的技术竞争力迫在眉睫。数字技术可以加快育种的周期，是数字经济在农业领域最重要的应用，也是未来掌握核心技术、防范卡脖子风险的重要一环。

（五）其他智慧农业

包括利用物联网、大数据、互联网等现代信息技术对农林牧渔业生产经营进行管理的活动。物联网在农产品运输领域占据不可或缺的重要地位，基于庞大的网络用户规模，我国成为全球数据资源最丰富的国家。据IDC预测，全球数据圈将从2018年的33ZB增至2025年的175ZB，其中中国的数据圈将以30%的年平均增长速度领先全球，预计在2025年中国数据圈增至48.6ZB，占全球27.8%，成为最大数据圈[51]。基于大数据的农产品生产、流通、消费网络将为精准农业和订单农业奠定数字基础，成为未来数字农业最重要的基础设施。

五、结论

数字农业的建设和发展是我国目前数字经济发展的薄弱环节，相关理论研究对实践的指导价值也没得到完全发挥，亟须理论层面深度和广度的拓展。本文认为：从宏观经济理论角度，可以在传统的C-D函数中引入数据要素以拓展农业经济研究的广度，以数字化武器重塑产业链和价值链，解决农业长期存在的信息不对称、交易成本高、融资困难等问题。在数字化效率提升中，应当通过完善智慧农业，利用数字化转型来提质增效，真正实现数字经济与农业经济的深度融合，促进我国数字农业安全、平稳、高质量发展，实现乡村振兴，进一步推进数字中国的建设和可持续发展战略的实施。

在研究数字化技术对农业产业链、价值链重塑的过程中，不仅要关注数字经济背景下农业产业化实现路径的改变，也要关注数字技术带来的潜在风险，在利用数字技术优化农业产业链、价值链的同时，建立健全相应的风险预警体制和风险保障机制，通过数据立法、监管和数字化治理等手段进行把关，保证农业数字化安全、平稳、高质量地推进。

参考文献

［1］ TAPSCOTT DON. The digital economy：Promise and peril in the age of networked intelligence ［M］. New York：McGraw-Hill，1996.

［2］ MESENBOURG T L. Measuring the digital economy ［R］. US Bureau of the Census，Suitland，MD. 2001.

［3］ MILLER，PAUL，JAMES WILSDON. Digital future：An agenda for a sustainable digital economy ［J］. Corporate Environmental Strategy，2001，8 (3).

［4］ KNICKREHM M ，BERTHON B ，DAUGHERTY P. Digital disruption：The growth multiplier，accenture，dublin ［DB/OL］. https：//www. accenture. com/_ acnmedia/PDF-4/Accenture-Strategy-Digital-DisruptionGrowth-Multiplier. pdf，2016.

［5］ DAHLMAN C，MEALY S，WERMELINGERM. Harnessing the digital economy for developing countries ［J］. OECD Development Centre Working Papers，2016.

［6］ LOPEZ-GONZALEZ J，J FERENCZ. Digital trade and market openness ［J］. OECD Trade Policy Papers，No. 217，OECD Publishing，Paris，2018.

［7］ OECD. Enhanced access to publicly funded data for STI ［DB/OL］. OECD Publishing，Paris，2018. ［2021-12-01］. https：//doi. org/10. 1787/sti _ in _ outlook-2018-11-en.

［8］ OECD. Services trade policies and the global economy ［DB/OL］. OECD Publishing，Paris，2017. ［2021-12-01］. http：//dx. doi. org/10. 1787/9789264275232-en.

［9］ KLERKX L，JAKKU E，LABARTHE P. A review of social science on digital agriculture，smart farming and agriculture 4. 0：New contributions and a future research agenda ［J］. NJAS：Wageningen Journal of Life Sciences，2019：90-91.

［10］ KEOGH M，HENRY M. The implications of digital agriculture and big data for Australian agriculture ［J］. Australian Farm Institute，Sydney，Australia，2016.

［11］ WOLFERT S，GE L，VERDOUW C，et al. Big data in smart farming-a review ［J］. Agriculture System，2017 (153)：69-80.

［12］ WOLF S A，BUTTEL F H. The political economy of precision farming ［J］. Journal of Agriculture. Economics，1996，78 (5)：1269-1274.

［13］ LEONARD E，et al. Accelerating precision agriculture to decision agriculture：Enabling digital agriculture in Australia ［R］. Cotton Research and Development Corporation，2017.

［14］ ROSE D C，CHILVERS J. Agriculture 4. 0：broadening responsible innovation in an era of smart farming ［J］. Frontiers in Sustainable Food Systems，2018 (2)：87.

［15］ SAMUEL SHENA，ALAN BASISTB，ALLAN HOWARD. Structure of a digital agriculture system and agricultural risks due to climate changes [J]. Agriculture and Agricultural Science. 2010: 42-51.

[16] 中国信息通信研究院.2021 年中国数字经济发展白皮书 [R]. 北京: 2021 (4).

[17] 胡鞍钢，王蔚，周绍杰，等. 中国开创“新经济”——从缩小“数字鸿沟”到收获“数字红利”[J]. 国家行政学院学报.2016 (3): 11.

[18] 裴长洪，倪江飞，李越. 数字经济的政治经济学分析 [J]. 财贸经济，2018，39 (9): 5-22.

[19] 王静田，付晓东. 数字经济的独特机制、理论挑战与发展启示——基于生产要素秩序演进和生产力进步的探讨 [J]. 西部论坛，2020，30 (6): 1-12.

[20] 李忠民，周维颖，田仲他. 数字贸易: 发展态势、影响及对策 [J]. 国际经济评论，2014 (11): 131-144.

[21] 张晓. 数字经济发展的逻辑: 一个系统性分析框架 [J]. 电子政务，2018 (6): 2-10.

[22] 赵西三. 数字经济驱动中国制造转型升级研究 [J]. 中州学刊，2017 (12): 36-41.

[23] 王娟. 数字经济驱动经济高质量发展: 要素配置和战略选择 [J]. 宁夏社会科学，2019 (5): 88-94.

[24] 朱扬勇，叶雅珍. 从数据的属性看数据资产 [J]. 大数据，2018 (6): 65-76.

[25] 冯芷艳，郭迅华，曾大军. 大数据背景下商务管理研究若干前沿课题 [J]. 管理科学学报，2013，16 (1): 1-9.

[26] 郭威，杨弘业. 以数据要素红利推动实体经济高质量发展 [N]. 学习时报，2020-05-29 (003).

[27] 许恒，张一林，曹雨佳. 数字经济，技术溢出与动态竞合政策 [J]. 管理世界，2021，36 (11): 19.

[28] 唐世浩，朱启疆，闫广建，等. 关于数字农业的基本构想 [J]. 农业现代化研究，2002 (23): 3.

[29] 隗玮. “数字农业”与我国农业的可持续发展 [J]. 经济问题探索，2003 (11): 71-72.

[30] 周国祥，周俊，苗玉彬，等. 基于 GSM 的数字农业远程监控系统研究与应用 [J]. 农业工程学报，2005，12 (6): 87-91.

[31] 熊海灵，杨志敏. 试论数字农业与农业信息化 [J]. 农业网络信息，2004 (5): 27-29.

[32] 刘伟明. 数字农业的概念及其技术体系 [J]. 经济研究导刊，2009 (13): 43-44.

[33] 中央政府网. 推进农村一二三产业融合发展 [EB/OL]. (2016-01). [2021-12-01]. http://www.gov.cn/guowuyuan/vom/2016-01/25/content_5035999.htm.

[34] 喻歌农, 周泳. 试论精细农业及我国行动对策 [J]. 自然资源学报, 1999, 14 (1): 69-74.

[35] 承继成, 易善桢. 数字农业——数字地球的应用之一 [J]. 地球信息科学, 2000 (1): 15-18.

[36] 章练红. 计算机技术在我国农业上应用的现状 [J]. 计算机与农业, 1999 (3): 3-6.

[37] 夏显力, 陈哲, 张慧利, 等. 农业高质量发展: 数字赋能与实现路径 [J]. 中国农村经济, 2019 (12): 2-15.

[38] 肖若晨. 大数据助推乡村振兴的内在机理与实践策略 [J]. 中州学刊. 2019 (12): 48-53.

[39] 陈潭, 王鹏 信息鸿沟与数字乡村建设的实践症候 [J]. 电子政务, 2020 (12): 11.

[40] 王耀宗, 牛明雷. 以"数字乡村"战略统筹推进新时代农业农村信息化的思考与建议 [J]. 农业部管理干部学院学报, 2018, 32 (3): 1-8.

[41] 郑可锋, 祝利莉, 胡为群, 等. 数字农业技术研究进展 [J]. 浙江农业学报, 2005, 17 (3): 7.

[42] 毛薇, 王贤. 数字乡村建设背景下的农村信息服务模式及策略研究 [J]. 情报科学, 2019, 37 (11): 118-122.

[43] 林玉蕊. 农业投入产出生产函数及其应用研究 [J]. 数学的实践与认识, 2007, 37 (13): 102-108.

[44] 张灿欣. 基于人工神经网络的黑龙江农垦经济系统优化研究 [D]. 哈尔滨: 哈尔滨工程大学, 2012.

[45] 刘庆, 张慧铭, 李波. 中国农业生产函数估计及农业投入产出研究 [J]. 统计与决策, 2015 (15): 127-130.

[46] 孟子恒, 朱海燕, 刘学忠. 农业产业集聚对农业经济增长的影响研究——基于苹果产业的实证分析 [J]. 中国农业资源与区划, 2022, 43 (2): 231.

[47] 王景, 庄丽娟, 李胜文. 既定土地经营规模约束下劳动努力的农业高质量增长效应 [J]. 华中农业大学学报: 社会科学版, 2021 (4): 12.

[48] 徐翔, 赵墨非. 数据资本与经济增长路径 [J]. 经济研究, 2020 (10): 38-54.

[49] 蔡跃洲, 张钧南. 信息通信技术对中国经济增长的替代效应与渗透效应 [J]. 经济研究, 2015 (12): 100-114.

[50] 国家统计局．数字经济及其核心产业统计分类（2021）［EB/OL］．［2021-12-01］．http://www.stats.gov.cn/tjsj/tjbz/202106/t20210603_1818134.html.

[51] 希捷和 IDC 白皮书预测：全球数据圈将从 2018 年 33ZB 增至 2025 年 175ZB［EB/OL］．（2019-03-01）［2021-12-01］．http://www.qianjia.com/html/2019-03/01_327024.html.

新冠肺炎疫情背景下数字化转型面临的老年人数字鸿沟问题分析*

李 超 金凡蕾

【摘要】 新冠肺炎疫情加速了全社会生产和生活方式的转变，互联网和数字经济行业大放光彩，但这种转变却更加凸显了不同人群之间信息技术接入、获取以及在使用中的差异。老年人群体面临数字鸿沟，成为时代发展的产物。在当前老龄化的社会背景和数字经济的时代背景下，关心老年人能否跟得上信息时代，是困扰老年人个人、家庭甚至是整个社会的一个重大问题。本文利用中国老年健康影响因素跟踪调查（CLHLS）2018 年关于健康与养老的一组数据，对影响中国老年人群体使用智能设备的因素进行描述分析，对影响老年人群体适应智能化、数字化时代的因素进行研究。老年人在数字经济时代正常生活，需要老年人自身、亲友、政府、社会等多方面的共同努力，最终帮助老年人群体更好地弥合年龄数字鸿沟。

【关键词】 数字化；年龄鸿沟；Logistic 回归

一、引言

数字经济是全球经济未来的发展方向，而数字鸿沟是广大发展中国家在提升自主发展能力时面临的一个巨大阻碍。随着科技化和信息化技术的快速发展，智能化和数字化已经成为当今社会生活的基本特征。与此同时，我国老龄化的问题也日益严重。当前我国正处于老龄化的社会背景和

---

* 【基金项目】北京市教改项目“法商大数据分析创新型人才培养模式研究”（京教函〔2020〕427 号）；中国政法大学新兴学科培育与建设计划：商业大数据分析。

【作者简介】李超，中国政法大学商学院教授，硕士生导师，研究方向：养老产业与大健康产业。金凡蕾，中国政法大学商学院硕士研究生，产业经济学专业。

数字经济的时代背景下，老年人群体能否紧跟信息时代的步伐，能否顺利融入数字社会、智能社会，不仅是每个小家庭所担心的问题，更是整个社会关心的一个重大问题。从新冠肺炎疫情暴发到现在，老年人始终是被讨论、关注的群体。疫情使生活方式快速转变，更加凸显了不同年龄段人群之间在信息技术接入、获取以及使用中的差异，同时也暴露出了数字鸿沟对老年人群体社会生活的负面影响。老年人群体作为数字弱势群体，不仅不能享受到“数字红利”，而且正逐渐地被社会边缘化。

目前影响我国老年人群体适应数字化生活的因素有哪些？是什么导致老年人群体成为数字弱势群体？对影响老年人适应智能化、数字化生活的因素进行分析，具有重要的理论价值和实践意义。数字技术的发展要以人民为中心，展现科技向善的力量，更好地满足人类的需求，努力提高人类福祉。在数字化转型的过程中出现的老年人数字鸿沟问题，极不利于社会的公平与稳定，致使部分老年人无法享受到“数字红利”，这不符合数字经济发展的初衷。本文通过对处于数字化转型中的老年人数字鸿沟问题进行分析，提高对于老年人群体融入数字生活的关注，帮助老年人群体跨越数字鸿沟，为全社会共享数字经济红利提供可行性意见，努力形成一个数字包容的社会，让数字化、科技化和信息化更好地惠及各个年龄群体。

二、文献综述

数字鸿沟一词最早由 Lioyd Morrisett 于 1995 年提出，指信息富人与信息穷人之间存在的鸿沟，此后逐渐开始有学者关注数字鸿沟现象。数字鸿沟的概念通常被理解为可以获得信息通信技术的人与不使用信息通信技术的人之间的差距（Wans、Riggins，2015）。早期的数字鸿沟弥合可以通过简单地提高信息通信技术接入来解决，但随着时间的推移和互联网相关技术的普及，数字鸿沟的概念和外延都得到了扩展。数字鸿沟的概念可以从不同层面理解，信息能否顺利接入是鸿沟产生与否的一个重要影响因素（金文朝等，2005）；人们对于信息接触和获取的能力不同也会产生数字鸿沟（刘芸，2006），这种差异还会在不同程度上加深社会分化（戴紫娟，2013）；顺利接触、获取到信息资源后没有应用这些资源的能力也会产生数字鸿沟（梁梅明，2016）；在使用信息资源时由于不同的人拥有独立判断信息价值的能力、对信息进行加工的能力不同也会形成数字鸿沟（金文朝等，2005）。

数字鸿沟是一个广泛又复杂的主题，不同学者对于数字鸿沟的概念有不同的理解，它并不是一个单一构成的问题，而是一个复杂、多维的现象，数字鸿沟在不同层面有不同的特征。从经济层面看，不同群体间经济水平的差异会产生数字鸿沟；从技术层面看，发达国家与落后国家之间存在着数字鸿沟（张飞燕，2009）；从社会层面看，传统的社会分化会导致鸿沟的产生，鸿沟又使得社会分化变得更加严重（戴紫娟，2013）。

在数字鸿沟背景下，年龄是重要的驱动因素之一，这个问题被称为与年龄相关的数字鸿沟（Niehaves，2014），国外学者对老年人数字鸿沟相关的研究开始较早，内容较丰富，研究成果主要有以下三点：①相比于其他年龄段的人群来说，老年人更容易出现身体和认知障碍，进而在一定程度上影响他们吸收新知识的兴趣和能力，在面对可能导致数字鸿沟的信息通信技术时特别突出（Zaja、Lee，2007；Fozard、Gordon - Salant，2001）。②老年人数字鸿沟最重要的因素之一是来自那些出生和成长就伴随着信息通信技术的人与那些没有信息通信技术的人群之间的差异，这两个群体分别被称为“数字原住民”和“数字移民”，群体之间的差异导致数字鸿沟产生（Rrensky，2001）。③老年人与互联网的匹配程度相对较低已经成为一种社会共识，但不应将这种对事实的共同认知视作理所当然，要弥合数字鸿沟。数字鸿沟弥合的三个主要影响因素为：可获取性、可用性以及服务和应用的可负担性（Gunasekaran，2007）。

不同学者在老年人数字鸿沟影响因素方面研究的侧重角度不同，根据相关文献统计，老年人数字鸿沟的影响因素有以下四方面：①个体层面，性别、年龄、退休前职业、健康状况、居住地、学历、收入水平；②家庭层面，婚姻状况、家庭类型、亲友帮助情况；③社会层面，经济和社会发展水平、政府的相关政策和制度保障、网络文化话语壁垒高低、是否参加过数字培训；④技术层面，无线网覆盖及宽带接入情况、智能设备拥有量、市场对老年人需求的满足与挖掘水平、信息基础设施建设、信息技术引进水平。

在弥合老年人数字鸿沟方面，国内外学者提出了以下五种观点：①政治方面，政府要加强扶持力度，制定相关政策法规以帮助老年人群体快速融入信息化社会（何铨，2017）；②经济方面，要实现精准扶贫，保证有充足的资金对各地进行现代信息化建设和基础设施的维护；③教育方面，开展对老年人应用数字技术的教育活动，帮助老年人群体转变传统的固有思维模式，逐步适应新时代新媒体的需要，全面、快速地提高国民整体素质和获取应用信息的能力（徐越，2019）；④产品开发方面，数字智能设备要不断迎合老年人群体的使用习惯，帮助老年人打破科技壁垒（张新红等，2008），网站服务方面要进行适老化建设以满足老年用户的普遍需求（胡安安，2015）；⑤人文关怀方面，亲友要认识到数字包容的重要性，对老年人使用智能设备、掌握操作技能进行鼓励和帮助，通过反哺让老年人群体感受到科技的便捷（周晓虹，2016）。

三、研究背景

（一）数字经济的时代背景

中国互联网的迅速普及是在“非典”暴发期间，当时人们被迫开始在网上处理棘手的工作。与此同时，网上购物、外卖送餐等经营公司如雨后春笋般遍布大地，“非典”的暴发印证了数字移动技术和互联网的有效性。如果2003年“非典”的暴发推动了中国互联网的普及，那么2020年新冠肺炎疫情的暴发则推动了中国的数字化转型进程。在新冠肺炎疫情前，我国数字经济已经实现快速增长，2016年起，数字经济在GDP中占比超过20%，2019年，数字经济在GDP中的占比近40%，数字经济对经济增长的贡献度自2016年起一直保持在50%以上，平均超过65%。数字经济已经成为我国经济增长的重要驱动力，而新冠肺炎疫情的暴发直接加速了我国经济数字化转型的进程。

数字化转型改变了消费习惯，自疫情暴发，人们开始热衷于网上购物，2020年1—4月，社会消费品零售总额106758亿元，同比下降16.2%，但同时，全国网上零售额30698亿元，同比增长1.7%，其中，实物商品网上零售额25751亿元，增长8.6%，占社会消费品零售总额的比重为24.1%，人们愈加会选择通过公共网络交易平台购买商品和服务。数字化转型正在改变人们的理财方式，疫情期间的“非接触”金融服务推动金融机构加快从传统网点走向线上，通过网络直播进行投资理财咨询，基金经理在直播间与用户进行互动，金融服务开展线上业务的优势凸显了出来，这种服务不仅降低了病毒感染的风险，还高水平地保障了金融服务的质量。数字化转型正在创新教育和教学形式，新冠肺炎疫情的暴发打乱了正常的教学活动，但也为教育的发展提供了新的基础，迫使教育教学开始加速进行数字化转型。数字化转型丰富了人们的沟通交流方式，在疫情封锁期间，人们可以使用各类通信应用软件实现与亲朋好友间的远程交流，互联网将人们联系在一起，实现远程数字化社会的加速形成。

（二）人口老龄化的社会背景

人口老龄化指人口生育率降低和人均寿命延长导致的总人口中因年轻人口数量减少、年长人口数量增加而导致的老年人口比例相应增长的情况。《中国发展报告 2020：中国人口老龄化的发展趋势和政策》数据显示，2020 年中国 65 岁及以上的老年人约有 1.8 亿人，约占总人口的 13%；2025 年“十四五”规划完成时，65 岁及以上的老年人将超过 2.1 亿人，约占总人口数的 15%。到 2035 年和 2050 年时，中国 65 岁及以上的老年人将达到 3.1 亿人和接近 3.8 亿人，占总人口比例则分别达到 22.3% 和 27.9%。如果以 60 岁及以上作为划定老年人口的标准，中国的老年人口数量将会更多，到 2050 年时将有接近 5 亿老年人。

推动老龄化不断加快的力量主要来源于寿命的延长和生育率的下降。经济社会的发展、生活水平的提高和医疗技术的进步，带来了人类平均预期寿命的延长。与寿命延长同步而来的还有出生率的下降，受工作、生活、文化等多方面因素的影响，全球总和生育率持续下降，全球多数国家和地区的生育水平都在下降，越来越多的国家进入低生育水平。中国自 20 世纪 70 年代全面实施计划生育以来，人口生育率迅速从高转低，并一直处于低生育水平。尽管 2016 年开始实施开放二胎政策，但生育水平仍呈现下滑的趋势，生育率越来越低，人口年龄金字塔的顶部在不断扩大的同时底部持续缩小，老龄化进程进一步加速。

（三）老年人数字鸿沟现象凸显

现代社会已经进入了数字信息时代，数字经济的发展给我们的日常生活带来了巨大的便利，但是不同年龄段群体进入的时间却是不同步的，年轻人能够更快、更迅捷地融入数字信息时代，而老年人群体却被隔离在了数字信息时代的另一边，老年人数字鸿沟这一问题在数字经济时代愈加凸显。在科技信息的接受程度、知识掌握和使用频率上，老年群体和青年群体之间存在着巨大的差异，数字信息技能的缺失和日益信息化的社会使得老年人群体无法获得基于信息化的各种服务，老年人对信息科技相关的生活掌控能力下降，因而造成新的社会排斥和不平等。但无论是老年人缺乏接近或使用信息基础设施的机会，还是其数字素养水平不高，都不是其自身因素单独决定的，而是由其个人、家庭、社会等诸多因素共同作用产生的结果，所以要弥合老年人数字鸿沟，需要各方的共同努力。

四、研究方法

（一）概念界定

老年人的概念通常以年龄来定义，按照国际规定，把60周岁以上的确定为老年人群体，本文以60岁以上的老年人群体作为研究对象。

老年人数字鸿沟指老年人在接近、使用新信息技术方面与其他年龄群体之间存在差距，数字鸿沟的产生在一定程度上会影响到老年人群体的生活质量和生活水平。

（二）理论基础

1. 马斯洛需求层次理论

人们需要动力去实现需求，有些需求是优先于其他需求的，马斯洛需求层次理论是心理学中的激励理论，包括人类需求的五级模型。身处数字化时代，拥有并掌握使用智能设备的技能是当今人类维持基本生活所必需的，已经属于满足较低层次需求的条件。例如，日常出行买票、购物结账、生病就医都需要通过智能设备来完成，若没有智能设备或不具备使用智能设备的技能，则基本的生理需求可能都无法满足；数字化社会的今天，社交基本上都是通过线上进行，若没有智能设备或不具备使用智能设备的技能，则社交需求可能无法满足；如果没有智能设备或不具备使用智能设备的技能，可能会使老年人群体产生与社会脱钩的失落感，受到尊重的需求更是无法被满足。

2. 老年连续性理论

老年连续性理论指老年人仅需要保持所需的社会参与水平，就能得到最大的幸福感和自尊感，这就代表着即使步入老年阶段，也不意味着就要与社会脱钩过封闭式的生活。在智能化、科技化的社会，老年人群体要保持与智能化社会的融合，不中断年轻时的各种活动，只有这样，老年人群体才可以在社会活动中获得满足，保证生活质量不受到影响。

3. 贫困文化理论

穷人的独特居住方式促进了穷人间的集体互动，从而使穷人群体与其他人在社会生活中相对隔离。在老年人数字鸿沟问题的分析中，老年人作为科技劣势群体，不能及时地获取等量的信息，不能顺利地融合社会生活，信息贫困现象会使老年人群体被孤立起来，这种信息排斥会引发社会矛盾，造成社会撕裂。

（三）理论框架与研究假设

本文的主要研究对象是处于数字化转型过程中的老年人，对老年人数字鸿沟的产生，即阻碍老年人享受“数字红利”的影响因素运用 Logistic 回归模型进行分析和论证。本文以 60~90 岁的老年人为对象进行调查。

从老年人群体自身角度出发，性别、年龄、城乡差异和职业对老年人能否使用互联网以及计算机、智能手机等智能设备可能有着显著的影响。首先，性别和职业在一定程度上也反映出了受教育程度，受教育水平越高，对于智能设备的接受程度和使用熟练程度就越高。其次，城乡差异也是老年人数字鸿沟产生的重要因素，由于城乡收入水平、生活环境的差异，老年人群体对于互联网智能设备的接纳、操作程度也是不同的。最后，受年龄的影响，老年人的视觉、听觉等身体机能的衰退会直接影响到他们对于现代智能设备的使用与操作，学习和记忆困难让老年人群体对使用智能设备产生了无力感和心理抗拒，进而产生了科技恐惧感，而对技术有用性和易用性的感知缺失、对社交媒体与社会文化意义的理解不足以及对新媒体的刻板印象，进一步阻碍了老年人对智能设备的接纳。

从家庭的角度出发，科技信息方面的家庭反哺、亲友帮助不足，也会导致老年人群体难以融入数字经济时代，形成老年人数字鸿沟。在数字经济时代，面对新鲜事物，老年人群体如果产生疑问，往往首先会向子代求助，然而子女往往缺少足够的时间和耐心来指导老年人操作，解决他们的疑问，从而使老年人群体在学习和使用互联网时面临的问题不能得到解决，弱化了老年人的数字融入。

从社会的角度出发，老年人群体自身是否有足够的经济收入独立进行日常生活是影响老年人群体适应数字化生活的一个重要影响因素。自身有经济收入，生活更独立，有更多的时间和精力去探索、学习新鲜事物。社会保障也是一个重要的影响因素，如果老年人没有最基本的生活保障，如养老保险、医疗保险等，最基本的生理需求都无法满足，那么拥有智能设备的数量、掌握应用智能设备的能力更是无法保障的。

（四）数据来源与分析方法

本文数据来源于中国老年健康影响因素跟踪调查（CLHLS）2018 年关于健康与养老的一组数据。筛选出 491 组相关数据对老年人在日常生活中是否使用智能电子设备，或者说身处数字经济时代的老年人能否正常生活这一问题进行研究。

本文的分析方法为：首先，运用描述统计的方法对 2018 年中国老年人群体与老年人数字鸿沟产生因素相关的数据进行描述统计；其次，运用二分类 Logistic 回归模型分析数字经济时代老年人能否正常生活；最后，针对回归分析结果，找到老年人数字鸿沟产生的真正原因，从而进行深入分析提出合理意见。

五、实证分析

（一）描述性统计分析

被调查者的基本情况描述见表 1 和表 2。其中，低龄（60~70 岁）、中龄（71~80 岁）、高龄（81~90 岁）老年人的占比分别为 13.4%、33.6%、53.0%；男性占比 45.8%，女性占比 54.2%；城乡分布不平均，城市户口人数数量较低，占比 17.9%，农村户口人数占比 82.1%；退休前有工作的老年人占比 82.1%，无工作占比 17.9%；老年群体在日常沟通中，最常沟通的亲友性别为男性的占比 58.5%，最常与女性沟通的占比 41.5%；最常沟通的亲友的受教育水平 70.5%达到高中及高中水平以上，29.5%为高中及高中水平以下；34.6%的老年人自己能够完全负担生活费用，65.4%的老年人需要亲友的帮助；39.1%的老年人退休后有基本保险，仍有60.9%的老年人退休后无基本保险；22.8%的老年人主要经济来源为自己的收入，77.2%的老年人主要经济来源为配偶、子女、亲友等其他人；99.0%的老年人都有他人倾听自己的想法，家庭成员的平均数量为2.3人，最少为1人，最多家庭成员数量达12人。

表1 调查对象的基本情况

指标	总数（人）	百分比（%）
低龄（60~70岁）	66	13.4
中龄（71~80岁）	165	33.6
高龄（81~90岁）	260	53.0
男（gender=1）	225	45.8
女（gender=0）	266	54.2
城市户口（registered=1）	88	17.9
农村户口（registered=0）	403	82.1
退休前有职业（bussiness=1）	402	82.1
退休前无职业（bussiness=0）	89	17.9
最常沟通的亲友性别为男（relationshipsex=1）	287	58.5
最常沟通的亲友性别为女（relationshipsex=0）	204	41.5
最常沟通的亲友受教育水平为高中及以上（relationshipedu=1）	346	70.5
最常沟通的亲友受教育水平为高中及以下（relationshipedu=0）	145	29.5
自己完全负担生活费用（cost=1）	170	34.6
自己不能完全负担生活费用（cost=0）	321	65.4
有基本保险（insurance=1）	192	39.1
无基本保险（insurance=0）	299	60.9
主要经济来源为自己（support=1）	112	22.8
主要经济来源为其他人（support=0）	379	77.2
有人倾听、沟通和分享想法（talk=1）	486	99.0
无人倾听、沟通和分享想法（talk=1）	5	1.0

表 2　调查对象的基本情况

指标	平均数（人）	最小值（人）	最大值（人）
家庭成员数（familynumber）	2.3	1	12

（二）基于 Logistic 回归模型的分析

1. Logistic 回归模型

老年人在日常生活中是否使用智能电子设备或者说在数字经济时代老年人能否正常生活其实是一个 0/1 的事件，所以本文拟运用 Logistic 回归模型进行分析和论证。因变量是一个人能够适应智能化生活，即不存在老年人数字鸿沟（Y=0），不能适应智能化生活，存在老年人数字鸿沟（Y=1）。

在数字经济的时代下，研究老年人群体是否能够适应智能化的生活，收集了若干人的信息记录，包括年龄、性别、城乡差异、退休前是否有工作、家庭成员数量、沟通频率最高的人的性别、沟通频率最高的人的受教育程度、能否独立负担日常开销、是否有基本保险、经济来源、日常交流情况 11 个方面。

2. 结果分析

老年人数字鸿沟影响因素 Logistic 回归结果如表 3 和表 4 所示。

表 3　Logistic 回归分析结果

影响因素	P 值	OR
年龄（age）	0.342	0.9845
性别（gender）	0.123	0.6429
城乡户籍（registered）	0.414	0.7721
退休前是否有工作（bussiness）***	0.003	3.0615
家庭成员数量（familynumber）	0.157	0.9078
沟通频率最高的人的性别（relationshiipsex）***	0.008	0.4645
沟通频率最高的人的受教育程度（relationshipedu）	0.888	0.9653
能否独立负担生活费用情况（cost）	0.483	0.8375
是否有基本保险（insurance）	0.404	0.8279
经济来源（support）	0.904	0.8656
日常交流（talk）	0.874	1.3422

注：*、**、***分别表示 10%、5%和 1%的显著性水平。

由表 3 可以得出，老年人数字鸿沟在各方面最为显著的影响因素有退休前是否有工作和沟通频率最高的人的性别，这两个影响因素在 1%的显著性水平下显著，如果把显著性水平放宽到 15%，那么性别和家庭成员数量这两个影响因素也是显著的。

经过上述 Logistic 回归分析，找到了合适的自变量，包括性别、退休前是否有工作、沟通频率最高的人的性别情况、家庭成员数量。自变量 1 性别（gender），男性 X=1，女性 X=0；自变量 2 工作（bussiness），退休前有工作 X=1，退休前没有工作 X=0；自变量 3 家庭成员数量（familynumber）；自变量 4 沟通频率最高的人的性别（relationshiipsex），男性 X=1，女性 X=0。

构建回归方程：

$$adapt=\beta_0+\beta_1 gender+\beta_2 bussiness+\beta_3 familynumber+\beta_4 relationshipsex$$

表 4　Logistic 回归分析结果

影响因素	P 值	OR
性别（gender）	0.19	0.6977
退休前是否有工作（bussiness）***	0.002	3.1341
家庭成员数量（familynumber）	0.212	0.9192
沟通频率最高的人的性别（relationshiipsex）***	0.010	0.4905

注：*、**、***分别表示 10%、5%和 1%的显著性水平。

$$adapt=0.2566+0.6977gender+3.1341bussiness+0.9192familynumber+0.4905relationshipsex$$

可以看出，性别、退休前是否有工作、家庭成员数量、沟通频率最高的人的性别对于老年人数字鸿沟的产生有显著的影响。

六、结论与讨论

结论 1：男性相比于女性更能够适应数字化生活。

结论 2：退休前有职业的老年人群体更容易适应当今数字化、智能化的生活。分析原因，一是可能与受教育程度有关系。一般来说，老年人群体退休前若是有一份体面的职业，那么其受教育程度相比于其他人可能高一些，这样接受新鲜事物的观念要强一些，学习新技能的速度要快一些。二是可能与城乡差距有关，城镇老年人群体相比于农村老年人群体退休前拥有工作的人数要多，这在一定程度上也体现出了城乡差距，城镇老年人群体的生活环境相比于农村老年人群体的生活环境发展得要更快更智能，由于环境影响，所以接受智能设备、掌握使用智能设备的能力要快一些。三是可能与经济状况有关，老年人群体在退休前若是有稳定的工作，退休后都会有基本的工资保障，不用依赖儿女就可以过上安逸的生活，相比于没有职业的老年人群体，他们更能够付出时间和金钱来享受数字化、智能化的生活。

结论 3：家庭成员数量对于老年人适应智能社会有正面效应，家庭成员的数量越多，沟通交流的机会就会越多，通过日常交流能够帮助他们融入数字化、智能化的社会当中。对于老年人群体来说，每天交流频率最高的人可能就是自己的妻子或丈夫、儿女、孙辈，尤其在与子辈的交流过程中，老年人可以通过交流快速地认识到时代的变化。这就要求子辈要有耐心教给老年人掌握适应当今数字时代和智能社会的技能。

结论 4：沟通频率最高的人的性别也是影响老年人群体融入数字化、智能化社会的一个重要因素。研究结果显示，日常生活中老年人群体与男性沟通频率越高，越能适应智能化、科技化社会。

基于上述主要结论，本文认为应该精准施策。智能化和数字化让社会更加高效地运转，也不断改变着、形塑着新的鸿沟。我们要不断回应时代的变化、现实的需求，探索如何化老年人数字鸿沟为数字机遇，让数字信息更好地惠及各个社会群体，在数字化转型过程中，针对老年人数字鸿沟问题，提出具体措施。

其一，个人层面。首先，要帮助老年人群体紧跟时代变化，不脱离智能化社会，帮助他们找到人生的价值。如在社区内部可以组织一些活动，如果老年人在社区活动中担任一定的职务，可以帮助他们找到自身价值、紧跟时代。其次，应当提高老年人收入水平，保证他们自己能够满足基本生活需要，这样才有能力学习使用智能设备，适应智能化社会。最后，倡导并建立终身教育体系，为老年人能够继续进行各类学习提供设施和机会，使他们能够及时跟上信息化社会发展的步伐。依托老年学校和社会组织等，开设能够激发老年人的学习兴趣、符合老年人学习特点的课程，为老年人提供互联网和数字信息科技教育，帮助老年群体提高信息化应用能力，提高老年人的信息消费参与感和体验感，扩大信息消费的覆盖面和影响力。

其二，家庭层面。通过教育反哺、同辈学习等缩小老年人数字鸿沟。非正式教育在老年人数字信息素养提升中扮演着重要的角色。家人的教育反哺能够为老年群体提供最直接、最有效的支持，子女可以通过与父母面对面的沟通和互动来传授新媒体的使用经验，而朋友和邻里尤其是同龄群体，可以为老年人提供更直接的使用体验进而提高其学习效率。家人和同龄老友可以帮助处于信息劣势的老年人群体转变观念，克服守旧思想，更新观念，主动了解和学习互联网及相关智能产品的使用技能，克服对于互联网的焦虑情绪，加快数字社会的融入。

其三，政府层面。要鼓励各个科技企业加大适合老龄群体智能产品的生产研发。老年群体是利益最大化下被选择性抛弃的群体，由于老年群体的网络消费能力和意愿远不如青壮年人群，故以经济利益为重要导向的互联网媒体及其生产商，在内容与产品的供给上更看重对于主流消费人群需求的满足，我国中老年网络消费市场最大的问题就在于供给失衡。首先，政府要鼓励各科技企业加大适合老年群体使用的产品的研发投入，需从积极应对人口老龄化的发展智能科技的全局着手，增加研发投入。其次，优化创新科技环境，加大宣传，改变媒体和生产厂商对于适合老年群体科技产品重要性认识不足的状况，为提供老年群体适用的科技产品的科技创新企业获得投融资和开发市场提供信息支持和政策优惠。最后，改进政策环境，政府应加强对老年人数字鸿沟问题的重视程度，定期开展对现有条文规定的评估审核，根据最新进展及时调整政策规定。

其四，社会层面。媒体、服务要贴近老年群体的需求。首先，媒体设计应考虑老年群体的特殊需求，新增老年版视图，使页面内容更加符合老年人的视力特征，创建“容错型”互联网交互机制，减缓老年人对于网络参与的焦虑和恐惧心理。其次，增强对数字弱势群体的包容性，建议加强网络信息安全意识宣传，普及网络安全知识，提供基本防护策略，完善网络信息安全法案，为保护老年人的个人信息安全提供法律保障。最后，要重视对处于数字信息弱势的老年群体的数字包容，维护老年人使用现金等传统支付方式的权利。

本文的局限性体现在两个方面：第一，缺乏不同省市老年人群体适应智能社会情况的纵向比较，数据反映的是全国的情况，各个省市情况可能有所不同，研究缺少一定的针对性。第二，适应智能社会的心理变量没有被纳入分析框架中。心理因素是影响能否适应数字经济智能时代的重要影响因素，本文使用的中国老年健康影响因素跟踪调查数据中缺乏对老年人心理的相关测量，因此心理活动对于老年人能否适应数字经济智能时代的影响有待更深入地调查和分析。以上局限和不足希望通过数据和方法的改进在未来进一步的研究中得到完善。

参考文献

[1] NEWMAN L, BROWNE-YUNG K, RAGHAVENDRA P, et al. Applying acritical approach to investigate barriers to digital inclusion andonline social networking among young people with disabilities [J]. Information Systems Journal, 2017, 27 (5): 559-588.

[2] YU B Y, NDUMU A, LIU J Q, et al. E-inclusion or digital divide: An integrated model of digital inequality [C] //Proceedings of the 79th ASIS&T Annual Meeting: Creating Knowledge, Enhancing Lives through Information & Technology. Silver Springs: American Society for Information Science, 2016: Article No. 99.

[3] MARIëN I, PRODNIK J A. Digital inclusion and user (dis) empowerment: A critical perspective [J]. Info, 2014, 16 (6): 35-47.

[4] NIEHAVES B, PLATTFAUT R. Internet adoption by the elderly: Employing IS technology acceptance theories for understanding the age-related digital divide [J]. European Journal of Information Systems, 2014, 23 (6): 708-726.

[5] BRANDTZæG P B, HEIM J, KARAHASANOVIĆ A. Understanding the new digital divide — A typology of Internet users in Europe [J]. International Journal of Human-Computer Studies, 2011, 69 (3): 123-138.

[6] UNASEKARAN V, HARMANTZIS F C. Emerging wireless technologies for developing countries [J]. Technology in Society, 2007, 29 (1): 23-42.

[7] ZAJA S J, LEE C C. The impact of aging on access to technology [J]. Universal Access in the Information Society, 2007, 5 (4): 341-349.

[8] WANS, RIGGINS F J. The digital divide: Current and future research directions [J]. Journal of the Association for Information Systems, 2015, 6 (12): 298-337.

[9] FOZARD J L, GORDON-SALANT S. Changes in vision and hearing with aging [M] //BIRREN J E&SCHAIE K W (Eds), Academic Press, Handbook of the psychology of

aging: 241-266.

[10] RENSKY M. Digital natives, digital immigrants part 1 [J]. On the Horizon, 2001, 9 (5): 1-6.

[11] 李升. "数字鸿沟": 当代社会阶层分析的新视角 [J]. 社会, 2006 (6): 81-94, 210.

[12] 刘德寰, 郑雪. 手机互联网的数字鸿沟 [J]. 现代传播 (中国传媒大学学报), 2011 (1): 101-106.

[13] 洪海娟, 万跃华. 数字鸿沟研究演进路径与前沿热点的知识图谱分析 [J]. 情报科学, 2014, 32 (4): 54-58.

[14] 刘平, 陈建勋. 日本新一轮科技创新战略: "新层次日本创造" 与 "社会5.0" [J]. 现代日本经济, 2017 (5): 1-8.

[15] 王珏. 新数字鸿沟: 思考与对策 [J]. 新闻与写作, 2020 (10): 4.

[16] 黄晨熹. 老年数字鸿沟的现状、挑战及对策 [J]. 人民论坛, 2020 (29): 126-128.

[17] 林宝. 老年群体数字贫困治理的难点与重点 [J]. 人民论坛, 2020 (29): 129-131.

[18] 刘爽. 经济导向与文化环境——当代老年群体数字鸿沟的形成路径 [J]. 新闻爱好者, 2020 (10): 92-93.

[19] 何宗樾, 张勋, 万广华. 数字金融、数字鸿沟与多维贫困 [J]. 统计研究, 2020, 37 (10): 79-89.

[20] 耿晓梦, 喻国明. 数字鸿沟的新样态考察——基于多层线性模型的我国居民移动互联网使用沟研究 [J]. 新闻界, 2020 (11): 50-61.

[21] 李舒沁. 疫情背景下数字鸿沟的现状与对策 [J]. 青年记者, 2020 (33): 41-42.

[22] 闫德利. 数字经济: 开启数字化转型之路 [M]. 北京: 中国发展出版社, 2019.

[23] 信息社会50人论坛. 数字化转型中的中国 [M]. 北京: 中国工信出版集团, 2020.

[24] 马述忠, 郭继文. 数字经济时代的全球经济治理: 影响解构、特征刻画与取向选择 [J]. 改革, 2020 (11): 69-83.

[25] 高红, 徐玲玲, 党志琴. 差异化视角下数字经济与农村电商发展 [J]. 商业经济研究, 2020 (19): 95-98.

[26] 孙杰, 苗振龙, 陈修颖. 中国信息化鸿沟对区域收入差异的影响 [J]. 经济地理, 2019, 39 (12): 31-38.

[27] 郑夕玉. 互联网时代我国数字经济发展策略研究——基于美国和欧盟发展经

验的启示［J］. 西南金融，2019（12）：53-60.

［28］闫广芬，田蕊，熊梓吟，等. 面向5G时代的“数字性别鸿沟”审视：成因与化解之策——OECD《弥合数字性别鸿沟》报告的启示［J］. 远程教育杂志，2019，37（5）：66-74.

［29］胡鞍钢，王蔚，周绍杰，等. 中国开创“新经济”——从缩小“数字鸿沟”到收获“数字红利”［J］. 国家行政学院学报，2016（3）：4-13，2.

［30］何枭吟. 数字经济发展趋势及我国的战略抉择［J］. 现代经济探讨，2013（3）：39-43.

［31］尹翔硕，刘能华. 经济全球化进程中的数字鸿沟——基于跨国面板数据的分析［J］. 世界经济文汇，2008（2）：84-96，98-99，97.

［32］杨一帆，潘君豪. 老年数字鸿沟治理的一个分析框架［J］. 老龄科学究，2019（10）：58-67.

［33］唐钧. 中国老年服务的现状、问题和发展前景［J］. 国家行政学院学报，2015（3）：75-81.

［34］张彬，陈双，李潇. 我国数字鸿沟影响因素关系结构模型研究［J］. 北京邮电大学学报（社会科学版），2009（4）：28-33.

［35］薛伟贤，刘骏. 数字鸿沟主要影响因素的关系结构分析［J］. 系统工程理论与实践，2008（5）：85-91.

［36］金文朝，金锺吉，张海东. 数字鸿沟的批判性再检讨［J］. 学习与探索，2005（1）：32-38.

［37］徐越. 智能化时代对提升我国老年人数字素养水平的思考［J］. 中国集体经济，2019（14）：165-166.

［38］梁梅明. 网络消费中的数字鸿沟［D］. 兰州：兰州大学，2016.

［39］周晓虹. 文化反哺与媒介影响的代际差异［J］. 江苏行政学院学报，2016（2）：63-70.

［40］许肇然，胡安安，黄丽华. 中国为老服务网站发展现状与对策研究［J］. 电子政务，2015（2）：91-100.

［41］戴紫娟. 基于互联网接入和使用的城乡数字鸿沟实证研究［D］. 兰州：兰州大学，2013.

［42］张飞燕. 区域“数字鸿沟”测度模型及其在我国的应用研究［D］. 西安：西安理工大学，2009.

［43］张新红，于凤霞. 中国缩小数字鸿沟的行动效果及对策建议［J］. 电子政务，2008（11）：44-49.

［44］张新红. 中欧数字鸿沟现状与趋势［J］. 电子政务，2008（11）：50-53.

医药制造业产业集群与技术创新关系研究*

张　巍　张梦姿

【摘要】医药制造业不仅是21世纪高技术产业的代表，也是推动国家创新能力提升的重要产业。产业集群与技术创新是当前我国发展高技术产业的两大路径，深入研究二者之间的作用关系与机理，对提升以医药制造业为代表的高技术产业研发创新能力和国际竞争力具有重要意义。本文借助面板单位根检验、面板协整检验和面板 Granger 因果关系检验等方法，对我国医药制造业产业集群与技术创新问题进行了实证检验。实证结果表明：①我国医药制造业产业集群的总体水平不高，且地区间集群发展和技术创新力量分布极不平衡；②我国医药制造业产业集聚的专业化程度在长期和短期内对地区技术创新都具有显著的促进作用，而地区的技术创新能力对医药制造业产业集聚水平在短期内具有显著的影响，长期内作用不显著。

【关键词】产业集群；技术创新；面板 Granger 因果关系检验

一、引言

创新是引领发展的第一动力，是建设现代化经济体系的战略支撑。高技术产业作为一种知识和技术密集型产业，科技创新尤为重要（李拓晨、梁蕾、李韫畅，2021）。医药制造业是21世纪高技术产业的重要代表，也是国家战略性新兴产业。在国际政治经济形势复杂多变和新冠肺炎疫情常态化的影响下，医药制造业已成为世界新一轮发展的竞争焦点，是推动未

* 【基金项目】北京市教改项目“法商大数据分析创新型人才培养模式研究”（京教函〔2020〕427号）；中国政法大学新兴学科培育与建设计划：商业大数据分析。

【作者简介】张巍，中国政法大学商学院教授，硕士生导师，研究方向：数据调查与应用统计分析、产业政策分析。张梦姿，中国政法大学商学院硕士研究生，产业经济专业。

来科技和经济发展的战略制高点。它对国家经济发展、创新能力整体提升和健康中国建设，都具有十分重大的战略引领意义。2022 年 1 月 30 日，工信部提出要继续把生物医药科技创新纳入“十四五”国家专项规划，作为一个重大战略来推动。随着区域经济一体化进程的加快和地区间专业分工协作水平的提高，产业集聚成为我国经济发展的重要特征。党和政府充分认识到高技术产业集聚的正外部性，在党的十九大报告中明确指出要培育若干世界级先进制造业集群，以促进我国产业迈向全球价值链中高端。因此，产业集群与技术创新作为当前我国发展高技术产业的两大路径，深入研究二者之间的作用关系与机理，对提升以医药制造业为代表的高技术产业研发创新能力和国际竞争力具有重要意义。

目前，国外学者从诸多方面采用不同方法关注到企业、产业、城市层面的产业集群或产业集聚与技术创新之间的关系，研究大多关注到产业集聚产生的单向协同创新效应与经济增长效应，很少有文献研究二者之间的双向互动因果关系。首先，从企业层面看，学者们得出的结论较为一致，即产业集聚能够通过竞争效应、规模效应和学习效应来促进企业的研发创新能力，加速产品创新（杜威剑、李梦洁，2015）。Changwei Mo 等（2020）的分析发现，迁移到产业集群的企业因为地理邻近性允许信息外溢，在其价格中具有更高水平的产业信息，可以降低信息生产者的边际成本从而促进技术创新。Qiang 等（2020）以浙江省 310 家集群企业为样本分析研究发现在竞争压力下，集群企业相对于本地搜索会增加地理边界跨越搜索的倾向，因此会增加区域创新的可能性。Anokhin 等（2019）以俄亥俄州 88 个县为样本，考察了旗舰企业和产业集群对区域创新的影响。研究发现二者都对区域创新产生积极影响，这也与集聚理论和创业知识溢出理论相一致。

其次，从产业层面看，Yu Wentao 等（2018）利用中国 31 个省份和 50 个创意产业的数据，采用数据包络模型的实证结果证实了集聚外部性对提高创意产业的生产效率具有重要作用。Jiangbo Li 等（2019）以京津冀为例，分别建立产业集群子系统和科技创新子系统，实证结果表明集群内企业技术创新的扩散行为对产业集群的升级具有重要作用。曲延芬和于楚琪（2021）利用省际层面数据实证检验了产业集聚多样化和专业化都显著促进了区域绿色技术创新效率的提升，其中产业集聚多样化的作用更强。金浩和刘肖（2021）也提出了生产性服务业与制造业协同集聚通过技术创新促进经济增长的理论机制。然而，部分学者的研究得出完全相反的结论。Anderson 等（2005）在对瑞典进行研究时发现，多样化集聚对创新产出具有抑制作用。Combes（2000）认为，无论是工业、服务业还是高技术产业，专业化集聚均对创新产出存在显著的负向影响。

另外，还有部分学者对产业集群与技术创新二者之间的关系得出不一致的研究结论，认为产业集聚只有达到一定“门槛值”才能对技术创新发挥显著改善作用，即产业集聚与技术创新的关系存在一定的条件限制。在以集聚程度为限制条件时，产业集聚与技术创新并非简单的线性关系，大致呈倒 U 形关系（陈劲等，2013；谢子远，2015；李沙沙、尤文龙，2018；郭卫军、黄繁华，2021），谢会强等（2021）的研究还指出高技术产业集聚、高技术产业技术创新对经济高质量水平的影响分别呈现波浪形、倒 N 形曲线关系。当以时间为限制条件时，专业集聚的创新效应呈 U 形特征（张宗益、李森圣，2014；Li Lin，Huang Yue，2021）；当以城市规模和企业规模为限制条件时，专业化集聚和多样化集聚对企业技术创新的溢出效应存在门槛效应，城市规模越大，专业集聚对企业技术创新影响越小，而多样化集聚对小企业技术创新影响更明显（Weiwei Zhang 等，2021；沈能，2014）。学术界有关产业集群与技术创新关系的讨论，存在较为明显的分歧，这可能是由于学者们选取的研究地区、采用的样本数据、使用的研究方法不同等因素所导致的。

最后，在城市化经济集聚因素的影响方面，近年来，与技术创新相关的文献更多关注的是与产业间联系有关的地理位置，知识的研究前沿已从传统的区域科学方法转向空间统计、经济物理学和人工智能等跨学科领域，其中以新经济地理学理论与社会网络分析理论为基础的研究最为丰富（Lorenzo Cassi 等，2014；Hongjun Chen 等，2018；Caio Peixoto Chain，2019；Chi han Ai 等，2016）。值得关注的是，在众多关于产业集群影响机制的文献资料中，研究结论存在较大的分歧。一部分学者的研究发现产业集聚对区域创新绩效与创新效率会产生线性的积极影响（Changwei Mo 等，2020）。另一部分学者的研究发现产业集群的不同邻近维度对区域协同创新呈现非线性影响（Lorenzo Cassi 等，2014；Saadatyar Fahime Sadat 等，2020；Lin-Bo Si，2017；Youngjun Ren 等，2020）。

从现有文献来看，目前国内外学者从诸多方面采用不同方法来分析企业、产业、城市层面的产业集群或产业集聚与技术创新二者之间的关系（杜威剑、李梦洁，2015；Yu Wentao 等，2018；Jiangbo Li 等，2019；范柏乃、吴晓彤、李旭桦，2020）。研究大多关注到产业集聚产生的单向协同创新效应与经济增长效应，少有文献研究二者之间的双向互动因果关系。在研究结论方面也存在较大的分歧，部分学者的研究发现专业化的产业集群对技术创新具有显著的正向影响。然而，也有部分学者的研究结论与之相反。与以往研究相比，本文的贡献主要有如下几点：首先，区别于以往大部分进行时间序列分析的文献，本文将面板 Granger 因果关系检验与面板数据模型结合起来，从而能够对区域产业集聚与创新产出二者间的双向互动关系进行更加深入的研究。其次，我们在国家鼓励生物医药领域加强关键核心技术和产品攻关，积极进行区域协同创新的战略背景下，选取医药制造业为研究对象，利用区位商指数科学测算各地区医药制造业产业集聚水平，并从行业和区域两大角度描述我国医药制造行业的创新投入与创新产出现状，丰富了现有文献的研究视角。最后，利用面板数据进行分析，不仅可以增加样本信息，而且可以避免地区异质性对实证估计结果产生的偏误效应，提高结果的可靠性，从而有利于更加科学地揭示产业集聚与技术创新二者之间的互动关系规律。

具体而言，本文使用自 2000—2019 年我国 30 个省（区、市）的面板数据样本，利用区位商指数测度各省（区、市）的医药制造业产业集聚发展的专业化程度，并通过分析我国医药制造业创新投入与产出的现状，对我国医药制造业产业集聚水平和技术创新进行了面板协整检验与面板 Granger 因果关系检验。结果表明：①在创新投入和创新产出方面，就医药制造业细分行业而言，化学药品制造行业的专利申请与有效发明专利数以及研发投入在三大行业中遥遥领先，三大行业的创新投入与产出由高到低依次为：化学药品制造业>中成药制造业>生物生化业药品制造。就细分区域而言，四大地区的创新投入总量和创新产出总量整体上由高到低依次为：东部地区>中部地区>西部地区>东北地区。这种不同地域间科技集聚度不平衡的现实特征也与其经济实力相匹配。②平均来看，全国各省（区、市）医药制造产业区位商均值仅为0.94，这表明我国医药制造业总体集聚程度不高，并且产业集聚发展很不平衡。③产业集群和技术创新之间存在一种互相促进的关系，并且无论在短期（1~2年）还是相对较长的时间范围（3~4年）内，医药制造业的产业集聚专业化程度对地区的技术创新产出都具有显著的作用，而地区的技术创新能力对医药制造业产业集聚水平往往在短期（1~2年）具有显著的影响，长期（3~4年）内作用并不显著。

二、我国医药制造业产业集群与技术创新发展现状

（一）医药制造业产业集群发展现状

医药制造业不仅是21世纪高技术产业的代表，也是推动国家创新能力提升的重要产业。在当前国内外形势复杂多变，新冠肺炎疫情防控常态化的大背景下，医药制造业更将成为国民经济发展和技术创新的中流砥柱产业。根据《“十三五”生物技术创新专项规划》，未来我国生物技术要实现全面“并跑”，在关键技术层面更要积极实现国际“领跑”。而医药制造业是生物医药产业的一大组成部分。过去，我国药品市场以仿制药为主，国产创新药占比很小。近年来，国内对生物医药领域的政策引领支持、创新投入不断加大，国内制药格局正逐步由仿创结合向自主创新转型。

1. 医药制造业产业整体发展态势

如表1所示，我国自2005年以来，陆续出台了一系列推动医药制造业发展的政策与规划纲要，充分显示了医药制造业在我国经济发展中越发重要的地位和作用。未来，如何进一步提高生物技术产业竞争力将会是一个重要的产业经济议题。

表1　医药制造业发展的国家政策与规划

时间	国家产业规划与政策引导
2005年10月11日	党的十六届中央委员会第五次全体会议提出：要加快发展生物产业
2007年4月18日	国务院办公厅编制《生物医药产业发展“十一五”规划》
2009年6月2日	国务院办公厅发布《促进生物医药产业加快发展的若干政策》

续表

时间	国家产业规划与政策引导
2010年10月18日	国务院下发《关于加快培育和发展战略性新兴产业的决定》
2011年11月15日	国家科技部发布《医学科技发展“十二五”规划》
2011年11月28日	国家科技部制定了《“十二五”生物技术发展规划》
2011年12月7日	国务院讨论通过《国家药品安排规划（2011—2015）》
2012年1月19日	工信部发布《医药工业“十二五”发展规划》
2012年7月9日	国务院印发《“十二五”国家战略性新兴产业发展规划》
2015年5月19日	国务院发布《中国制造2025》，明确生物医药及高性能医疗器械为重点领域
2016年3月15日	国务院办公厅发布《关于促进医药产业健康发展的指导意见》
2016年10月17日	五部委联合发布《关于全面推进卫生与健康科技创新的指导意见》
2016年11月7日	工信部、发改委、科技部、商务部、卫计委和食品监督局联合发布《医药工业发展规划指南》
2017年1月12日	国家发改委发布《“十三五”生物产业发展规划》着力打造生物经济新动能
2017年6月13日	五部委联合制定《“十三五”卫生与健康科技战略规划》提高疗效，惠及民生

近十几年来，实践充分证明了医药制造业的广阔市场规模与良好的产业发展前景。图1展示了2009—2019年11年间我国医药制造业的新产品开发项目与销售收入状况，以及行业整体的利润总额。截至2019年，新产品开发项目数达到36098项，新产品销售收入和行业利润总额分别高达6673.5亿元和3184.2亿元。总体而言，新产品开发项目数以及新产品的销售收入在过去11年来整体上呈现逐年递增的趋势，在未来有继续增加的态势。医药制造业的利润总额随时间推移，呈现出稳中有升的态势，但上升速度较为缓慢。这说明我国在把技术成果转化为经济效益方面的能力还有待提高，高技术“孵化器”功能有待增强，医药制造业技术创新有效性还需要进一步加强。随着生物医药领域的细分化发展以及新医学的特色凸显，医疗人工智能产品未来将加速落地，抗体、细胞和基因治疗的临床需求将会激增，在技术快速进步以及资本、政策等因素的驱动下进入商业化爆发期。未来该行业仍有很大的经济“蓝海”可供深入挖掘。

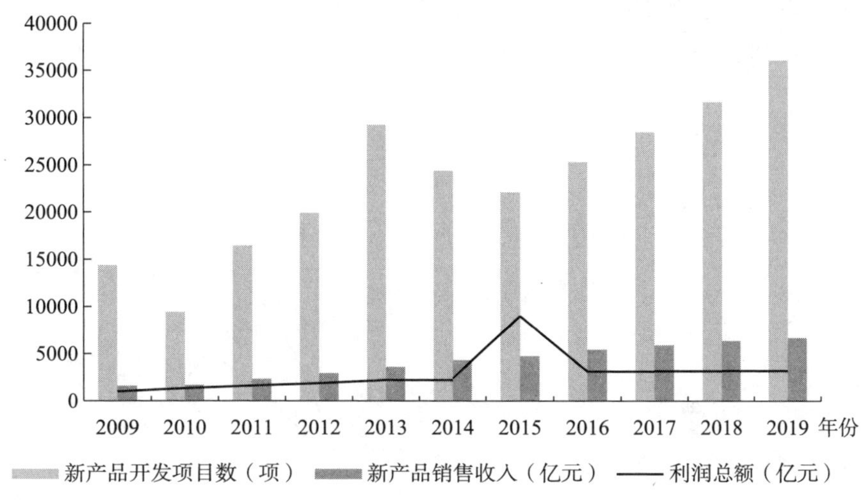

图 1　全国医药制造业市场规模

在技术创新方面，本文采用专利申请数指标来代表国家或地区某产业的技术创新水平。我国的生物医药相关专利申请发展趋势同我国专利制度的发展存在紧密联系，1993 年我国修正了《中华人民共和国专利法》（以下简称《专利法》），将药品产品专利纳入保护的范围之中。然而在专利制度成立初期，由于国内普遍缺乏专利保护意识，加之生物医药行业处于发展萌芽期，技术创新能力较为薄弱，因此在 1995—2000 年，生物医药专利申请不仅总量较少，增长速度也极为缓慢。2000 年我国对《专利法》进行了修正，专利发明再次在制度层面重获保护，同时国内的生物医药行业也在不断地发展。与 2000 年前相比，2000 年后专利申请的数量出现大幅增长。2008 年《专利法》进行了第三次修正，在此之后关于生物医药的专利申请迅猛增加，在 2011 年首次突破了万件，达到了 11115 件，如图 2 所示。另外，值得注意的是，在 2010 年与 2015 年专利申请数量与发明专利数量出现了两次下降趋势，均呈现负增长。前者主要是受 2008 年全球金融危机影响，危机波动涉及医药制造业的技术创新，导致 2010 年专利申请与发明专利出现短期小幅度的下降；后者是由于我国《专利法》的不断完善修正，我国对专利申请的要求提高，由单纯追求数量逐步向同时追求数量与质量转变，因此在 2014 年后出现小幅下降。但整体而言，我国医药制造业的专利申请数量与发明专利的拥有数量呈现逐年上升的趋势，截至2019年，专利申请量达23400件。这说明我国医药制造业的技术创新能力和水平在不断提高，技术创新的标准和制度也在不断完善之中。

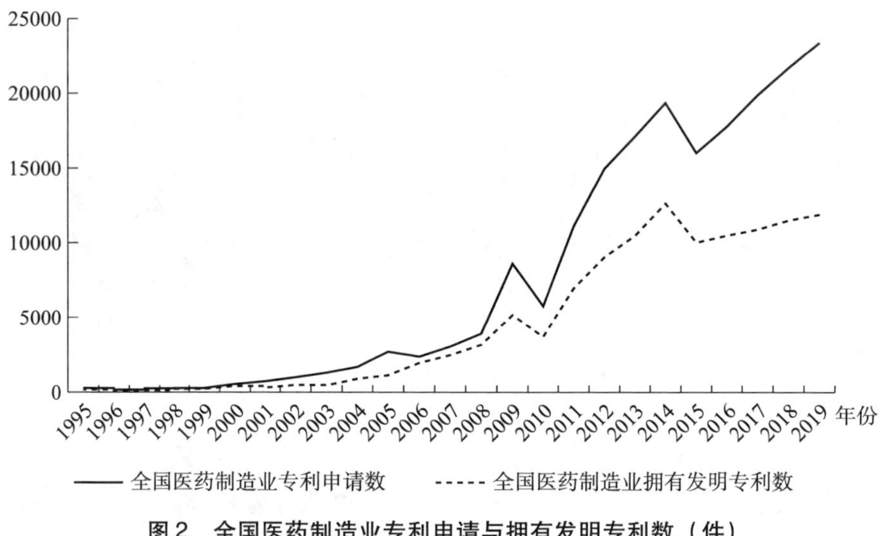

图2　全国医药制造业专利申请与拥有发明专利数（件）

2. 医药制造业产业集群板块布局

在医药制造业快速发展和全球竞争加剧的背景下，如何基于生物医药产业价值链特征和各地基础及资源优势，选择适宜的医药制造业集群发展升级模式以提升产业竞争力和创新能力，已成为我国医药制造业集群亟待解决的问题。20世纪80年代至今，我国共批准成立了168个国家级高新技术产业园区，其中生物医药类园区67个。目前我国已形成了以长三角、珠三角、环渤海等区域为代表的生物医药产业集群①。

医药制造业集群对生物医药创新具有重要的支持与推动作用。长三角区域集聚了世界生物医药前十强中大部分企业，已经形成了以中科院药物所、国家基因组南方中心为主的“一所六中心”技术研发与成果转化体系，是我国医药制造业领域的领军者。环渤海区域以北京为核心，初步形

① 医药制造业集群指药物发现公司、制药公司、大学、科研机构和临床试验机构及生物医药产业相关支持性机构在地理位置上集中于某一区域的企业组织群落。现有企业发展和新企业进入都是基于该区域强有力的生命科学和生物技术发展基础。研发、临床试验、制造、仓储、物流、售后及相关服务性企业存在协作共生关系。

成了以生命所、芯片中心和蛋白组中心为主体的研发创新体系。天津市是重要的生物医药制造基地和关键技术转化基地，山东省、河北省有良好的制造基础。珠三角区域围绕广州市、深圳市等形成了商业网络发达的生物医药产业集群。广州生物医药产业集群已形成了“两中心多区域”的产业布局，聚集了150多家生物企业和一批国家级生物科研机构，形成了较完整的产业链条。表2为我国医药制造业代表产业集群板块。总体而言，我国医药制造业呈现核心集聚，协同发展的态势，集群分布态势明显，国家级高新区与国际级经开区成为产业发展的核心与重要依托载体。

表2　我国医药制造业代表产业集群板块

产业集群	代表地区	重点园区	重点企业	优势特色
环渤海区域	北京市	中关村国家自主创新示范区	同仁堂、康美制药、以岭药业、双鹭药业等	生物医药人才储备最强；丰富的临床和教育资源；产业链互补性强
	天津市	天津滨海高新区、武清开发区	天津医药集团、天士力、中新药业、红日药业、凯莱英等	
	河北省	石家庄高新区	石药控股、华北制药、四药、神威药业、君临药业等	
	山东省	济南高新区、淄博高新区、威海火炬高新区	齐鲁制药、银丰生物、修正药业、荣昌制药等	
长三角区域	上海市	上海张江高新区、外高桥保税区	药明康德、复星医药、绿谷制药、中信国建、微创医疗、复旦张江等	全国拥有最多跨国生物医药企业区域，在研发与产业化、外包服务、国际交流、融资环境等方面具有较大优势，形成以上海市为中心的生物医药产业集群群落
	江苏省	苏州工业园区、泰州医药高新区、连云港区	恒瑞、信达、基石、扬子江、正大天晴、药明生物、康宁杰瑞、百济神州等	
	浙江省	宁波高新区、浙江余杭生物医药高新区	康恩贝、诺泰制药、泰格医药、贝达医药、海正药业等	

续表

产业集群	代表地区	重点园区	重点企业	优势特色
珠三角区域	广东省	广州高新区、深圳高新区、中山火炬高新区	信立泰药业、联邦制药、华大基因、康泰生物、丽珠医药等	医药流通体系发达，对外辐射能力强，民营资本活跃。生物医疗设备规模全国领先，以创新药物研发和产业化、制剂出口和生物医药研发外包为核心的产业体系

（二）医药制造业技术创新发展现状

为更加全面地了解我国医药制造业的技术创新现状，本文基于细分区域和细分行业，从创新投入和创新产出两个视角展开描述。在创新投入方面，选取 R&D 人员和 R&D 经费内部支出两个指标为代表；在创新产出方面，选取创新申请数与有效发明专利数两个指标为代表。下文将对二者展开详细论述。

1. 创新投入的行业性和区域性特征

图 3 和图 4 分别展示了 2009—2016 年医药制造业细分行业的 R&D 人员数量和 R&D 经费内部支出。由图可得以下两点结论：第一，总体而言，三个细分行业的 R&D 人员数量和 R&D 经费内部支出均保持稳中有升的态势。第二，就具体行业分类而言，无论是研发人员投入还是研发经费投入，三大行业的创新投入由高到低依次为：化学药品制造业>中成药制造业>生物生化业药品制造。这说明在细分行业中，传统的化学药品制造业在医药制造业中占据绝对高的地位。

图 5 和图 6 分别展示了 2009—2016 年我国细分区域医药制造业的 R&D 人员数量和 R&D 经费内部支出。由图可得以下两点结论：第一，自 2009—2011 年，各地区的 R&D 人员数量和 R&D 经费内部支出保持较稳定的上升趋势，2011 年后各地区的 R&D 人员数量和 R&D 经费内部支出均出现大幅度的回落，2012 年及之后继续保持稳中有升的态势。第二，就具体地区而言，无论是研发人员投入还是研发经费内部支出，四大地区的创新投入总量整体表现为：2009—2011 年，西部地区>中部地区；2011 年以

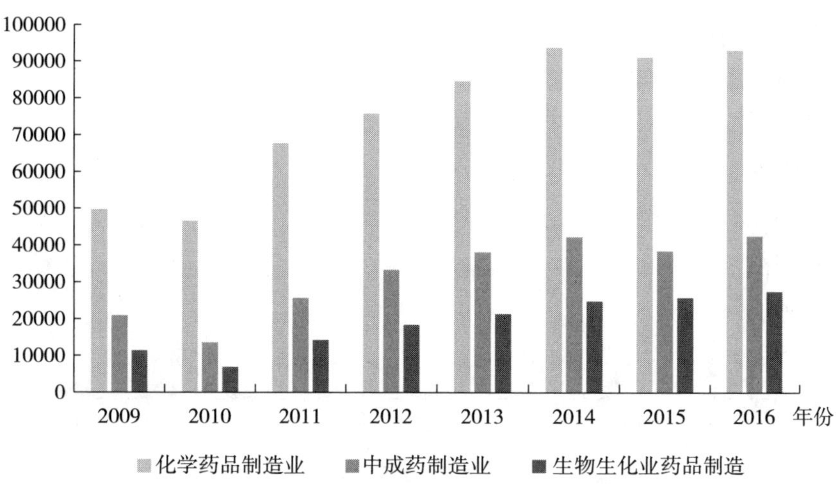

图 3　医药制造业细分行业 R&D 人员数量（人）

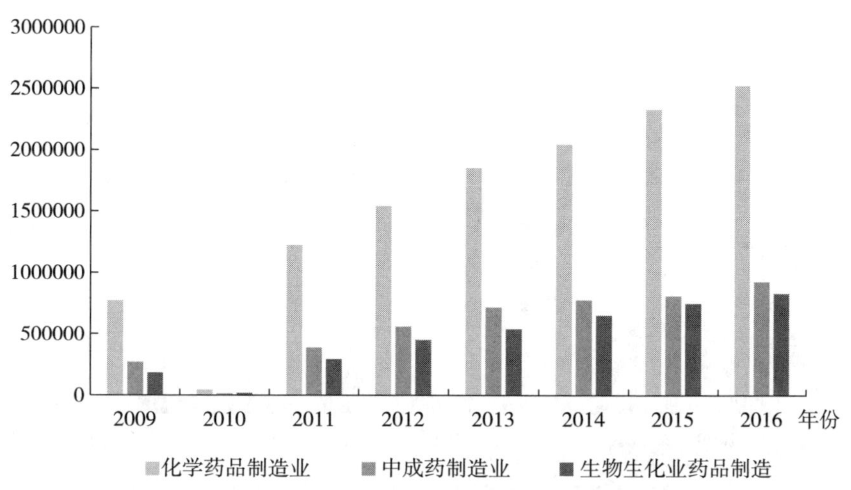

图 4　医药制造业细分行业 R&D 经费内部支出（万元）

后，中部地区>西部地区>东北地区。这说明在细分地区中，经济基础条件较好、创新制度环境较为完善的地区更加重视创新能力的提升，与经济基础较差、创新环境氛围不浓厚的地区相比，前者的创新投入更高。因此，创新投入存在着显著的区域性特征。

2. 创新产出的行业性和区域性特征

图 7 和图 8 分别展示了 2009—2019 年我国医药制造业细分行业的专利

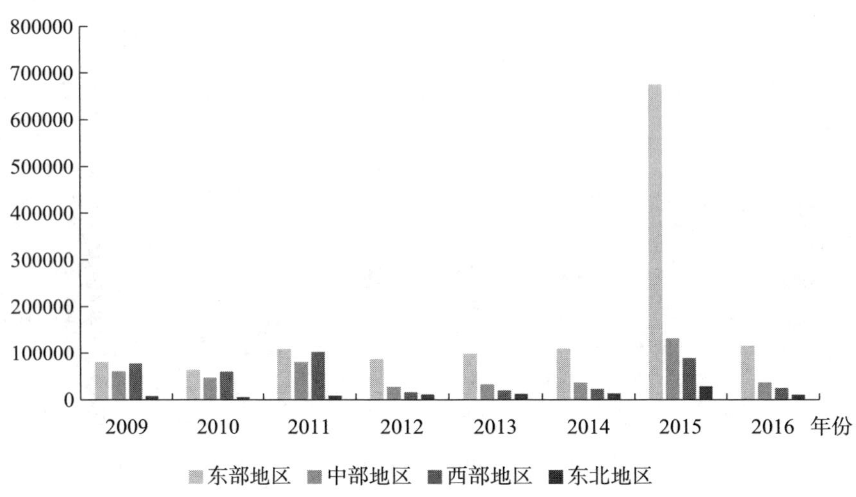

图 5　全国分地区医药制造业 R&D 人员数量（人）

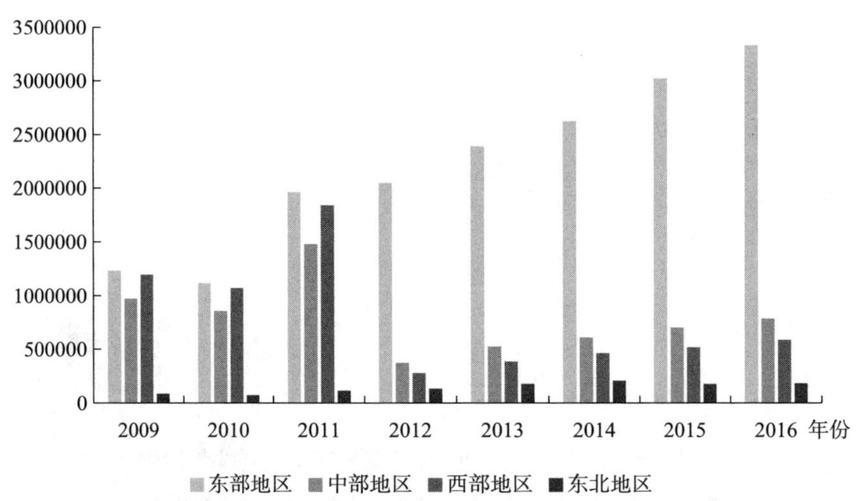

图 6　全国分地区医药制造业 R&D 经费内部支出（万元）

申请数和有效发明专利数的变化趋势。由图可得以下两点结论：第一，总体而言，三个细分行业除 2014 年以后专利申请数出现一个回落趋势外，其他年份的专利申请数和有效发明专利数均保持逐年递增的趋势。出现下降趋势的原因是 2014 年我国对《专利法》的修正，对专利申请的高质量、高水平标准提出了更严格的要求。第二，就具体行业分类而言，化学药品制造行业的专利申请与有效发明专利数在三大行业中遥遥领先，三大行业的创新产出总量由高到低依次为：化学药品制造业>中成药制造业>生物生化业药品制造。

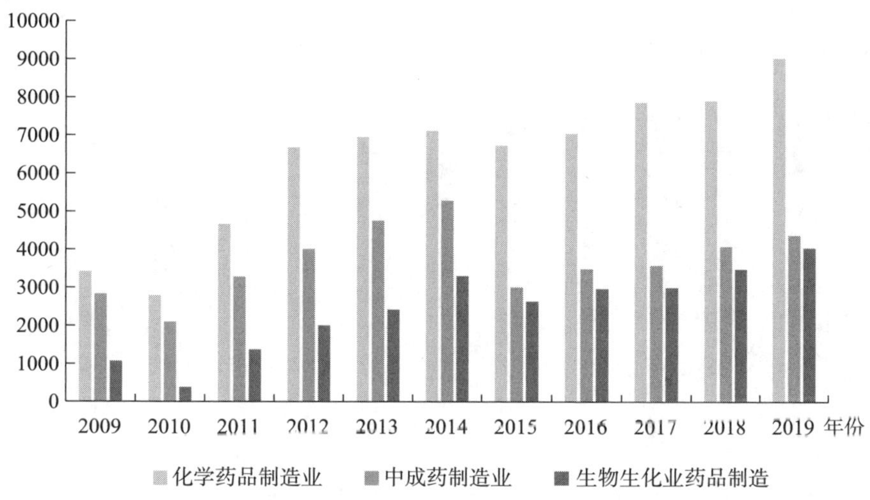

图 7　医药制造业细分行业专利申请数（件）

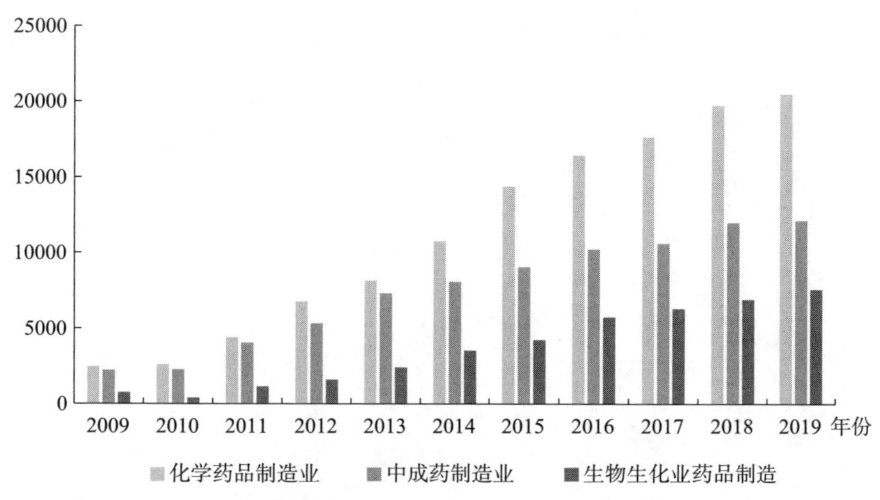

图 8　医药制造业细分行业有效发明专利数（件）

图 9 和图 10 分别展示了 2009—2019 年我国分地区医药制造业的专利申请数占比和有效发明专利数占比的变化趋势。由图可得以下两点结论：第一，自 2009—2019 年，东部地区的专利申请数和有效发明专利数整体呈现波动上升，东北地区呈现先增后降趋势，西部地区的创新产出自 2011 年

后均呈现一定程度的下降趋势。第二，就具体地区而言，四大地区的创新产出总量整体上差异显著，其中东部地区规模最大。这说明在细分地区中，经济基础条件较好、创新基础设施完善、创新投入充足的地区创新产出更高。因此，创新产出也存在显著的“区域性”特征。

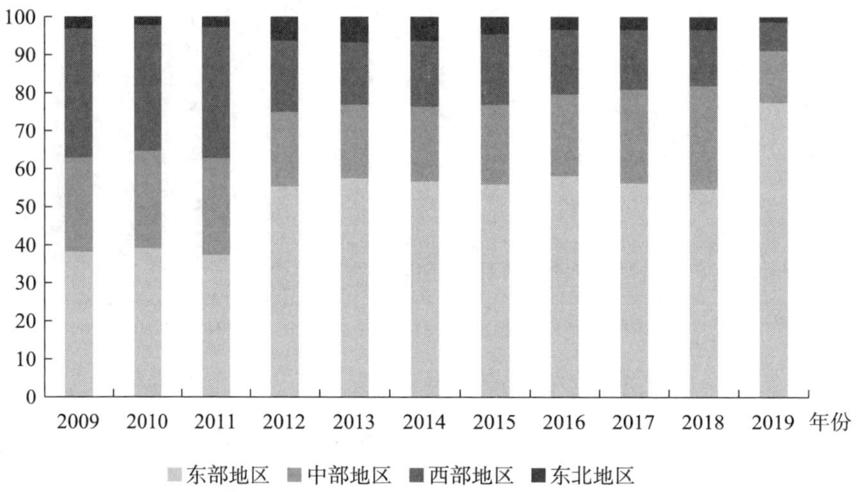

图 9　全国分地区医药制造业专利申请数占比（%）

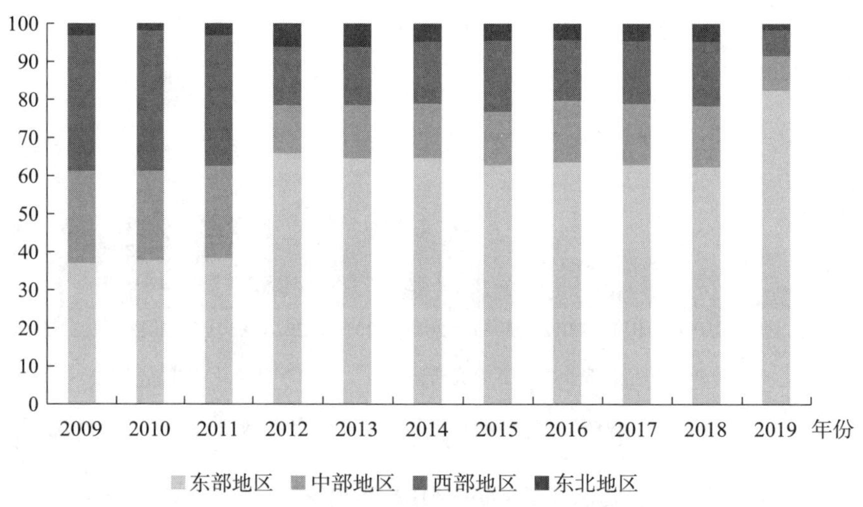

图 10　全国分地区医药制造业有效发明专利数占比（%）

三、医药制造业产业集群与技术创新互动关系的实证检验

综合上述对医药制造业的产业发展现状和技术创新现状的描述，我们可以发现，无论是产业竞争力还是创新能力，我国医药制造业在细分区域和细分行业上均存在较大的差距。在医药制造业产业快速发展和全球竞争加剧的背景下，医药制造业产业集聚与技术创新能力之间的互动关系究竟是怎样的影响机制？二者之间是互为单向因果关系、双向因果关系抑或是没有关系？如何基于医药制造业产业自身价值链特征和各地基础及资源优势，选择适宜的医药制造业产业集群发展升级模式以提升产业竞争力和创新能力，已成为我国医药制造业产业集群亟待解决的问题。

（一）数据来源与指标说明

1. 数据来源及处理

由于西藏自治区的数据大量缺失，考虑数据的可得性和完整性，因此本文使用全国 30 个省（区、市）的平衡面板数据作为实证研究样本，时间跨度为 2000—2019 年。所有数据均来源于《中国高技术产业统计年鉴》《中国科技统计年鉴》《中国统计年鉴》《中国劳动统计年鉴》。

具体来说，对于核心研究变量的选取——产业集聚水平的测度，国内外常用的测度指标主要有：区位商指数（location quotient，LQ）、行业集中度、赫希曼-赫佛因德指数（也称“H”指数）、空间基尼系数、空间集聚指数（也称 E-G 指数）等。鉴于本文的研究内容及数据的可获得性，本文选取区位商指数来测算我国医药制造产业的产业集中度。利用《中国高技术产业统计年鉴》中数据，笔者计算了以就业人口表示的全国各省（不包括西藏自治区）2000—2019 年医药制造业产业区位商数值。由于 2017 年的专利申请数与医药制造业就业人数缺失，为了保证研究变量在样本期内的连续性，笔者利用统计软件 Stata，使用线性插值法中 tssmooth ma 命令创建一个新序列来填充缺失的部分数据，其中每个观测值是原始序列中附近观测值的移动平均值。

2. 变量选取与说明

区位商指数是一个比值，其中分子指一个地区某产业的产值（或就业

人数、固定资产等宏观经济指标）与该地区总产值（或就业人数、固定资产等宏观经济指标）的比值，分母指全国该产业产值（或就业人数、固定资产等）与全国总产值的比值。具体计算公式如下：

$$LQ=\frac{Z_{ij}}{X_i} \tag{1}$$

其中，Z_{ij}代表 i 地区 j 产业的产值在 j 产业全国总产值中所占的比例，X_i 代表 i 地区的地区总产值在全国总产值中所占的比例。具体判定规则为：若区位商指数>1，则表明目标产业在该地区专业化程度较高，生产该产业具有比较优势；若区位商指数<1，则表明目标产业在该地区的专业化程度低于全国；若区位商指数=1，则该地区该产业的专业化水平与全国水平相当。基于各省（区、市）医药制造业就业人数和全国总就业人数，本文测算了中国各省（区、市）医药制造业产业集聚的区位商指数。为了更加全面地分析各省（区、市）医药制造业在样本期内的专业化集中程度，笔者还计算了 30 个省（区、市）① 的区位商指数在样本期内的均值，如图 11 所示。

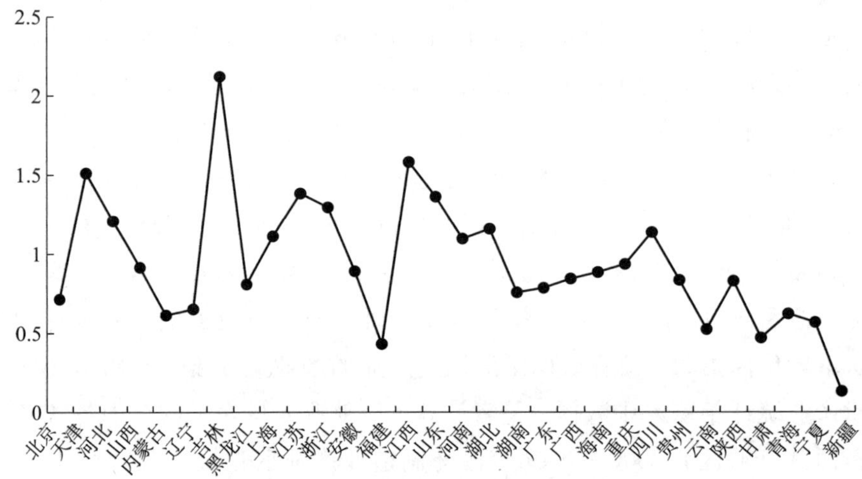

图 11　全国各省（区、市）2000—2019 年区位商指数均值

① 东部 10 省市：北京、天津、河北、上海、江苏、浙江、福建、山东、广东和海南；中部 6 省：山西、安徽、江西、河南、湖北和湖南；西部 12 省（区、市）：内蒙古、广西、重庆、四川、贵州、云南、西藏、陕西、甘肃、青海、宁夏和新疆；东北 3 省：辽宁、吉林和黑龙江。由于西藏自治区数据缺失，因此本文中不加入讨论。

分析计算结构可得：天津、河北、吉林、上海、江苏、浙江、江西、山东、河南、湖北省（市）区位商均值大于1，说明这些省（市）医药制造产业集聚程度相对较高；北京、山西、内蒙古、辽宁、黑龙江、安徽、湖南、广东、广西、海南、重庆、贵州、云南、陕西、青海和宁夏等省（区、市）区位商均值介于0.5和1.0之间，医药制造产业集聚程度一般；福建、甘肃和新疆省（区）区位商均值小于0.5，医药制造产业集聚程度较低。平均来看，全国各省（区、市）医药制造产业区位商均值为0.94，表明我国医药制造业总体产业集聚程度不高。总体而言，采用区域“四分法”来分析各地区区位商指数的具体差异特征，可见我国东部和中部地区的医药制造业集聚水平相对较高，除吉林省区位商指数高达2.12外，西部和东北地区的医药制造业专业化程度相对较低。由于中国各地区在自然地理和社会经济等方面差异显著，我国各省（区、市）之间的医药制造业产业集聚水平和专业化程度也表现出明显的“区域性”特征，各地区医药制造业产业集聚水平发展差距较大。

（二）面板单位根检验

为了判定面板数据的稳定性问题，需要首先对本文的样本数据进行单位根检验。为保证结论的稳健性，本文分别采用HT单位根检验、Breitung检验、IPS检验和费雪检验四种方式对面板数据进行单位根检验。表3中列出了用HT单位根检验、Breitung检验、IPS检验、费雪检验四种方式进行面板单位根检验的结果，原假设均为面板数据存在单位根。

表3　面板单位根检验

检验方式	HT单位根	Breitung	IPS	费雪
LQ	0.4185 (0.0000)	−6.7636 (0.0000)	−5.4473 (0.0000)	21.4305 (0.0000)
△LQ	−0.4795 (0.0000)	−16.6074 (0.0000)	−14.4740 (0.0000)	14.4356 (0.0000)
P	0.9890 (1.0000)	4.7951 (1.0000)	9.3573 (1.0000)	1.4079 (0.0796)
△P	−0.2676 (0.0000)	−14.4180 (0.0000)	−11.9257 (0.0000)	0.3426 (0.3659)

注：1. 括号里的值为P值。2. 变量前加“△”表示对变量做一阶差分。

由表3可得：第一，对于全国各省（区、市）医药制造产业区位商数据（LQ）来说，其水平序列与一阶差分序列均在1%的显著性水平上拒绝了原假设，因此水平序列LQ与一阶差分序列△LQ均为平稳序列；第二，对于全国各省（区、市）医药制造业创新产出——专利申请量（P），其水平序列的四种单位根检验均不能拒绝原假设，因此水平序列P为不平稳序列。而经过一阶差分后的序列△P，除对△P的费雪检验未通过检验外，其他三种检验均在1%的显著性水平上拒绝了原假设，因此我们可以判断△P为平稳序列。

（三）面板协整检验

经济系统中，某些经济变量间确实存在着长期均衡关系，这种均衡关系意味着经济系统不存在破坏均衡的内在机制，如果变量在某时期受到干扰后偏离其长期均衡点，则均衡机制将会在下一期进行调整以使其重新回到均衡状态，这意味着变量间存在长期稳定的协整关系。因此，为避免随机游走序列所导致的伪回归错误出现，我们还需要对一组非平稳的序列进行稳定均衡关系的检验，以帮助我们更全面地把握经济变量间的关系。

前面我们已经得知，各省（区、市）医药制造业的专利申请量（P）和区位商数据（LQ）均为1阶单整的平稳序列，因此可以进行二者间的协整关系检验。考虑到我国的经济实际，各个省份的截面数据之间可能存在着某些相关性，因此我们选择在异质面板数据的情形下进行检验更符合实际。本文分别采用kao检验和Pedroni检验对异质面板数据进行协整检验。检验结果如表4所示。

表4 kao检验和Pedroni检验面板协整检验结果

	kao检验		Pedroni检验	
	值	概率	值	概率
修正的DF统计量	4.9406	0.0000	—	—
DF统计量	7.6393	0.0000	—	—
修正的PP统计量	—	—	3.1712	0.0008
PP统计量	—	—	4.1965	0.0000
ADF统计量	4.6224	0.0000	4.1047	0.0000

注：表格中结果均已消除截面相关。

由表4 kao检验、Pedroni检验的检验结果可知，修正后和未修正的DF统计量、PP统计量与ADF统计量均在1%的统计性水平上拒绝了原假设。因此，我们认为专利申请量（P）与医药制造业产业集聚的区位商指数（LQ）之间存在长期稳定的协整关系（均衡关系）。

（四）面板Granger因果关系检验

面板Granger因果关系检验最早由Granger（1969）开创性地提出，是一种专门针对时间序列数据分析因果关系的方法。Dumitrescu－Hurlin（2012）在此基础上进行了拓展，提供了一个检验面板数据因果关系的方法。潜在的回归模型是：

$$y_{i,t} = \alpha_i + \sum_{k=1}^{k} \gamma_{ik} y_{i,t-k} + \sum_{k=1}^{k} \beta_{ik} x_{i,t-k} + \varepsilon_{i,t} \tag{2}$$

其中，$i=1$，…，N；$t=1$，…，T。$x_{i,t}$和$y_{i,t}$是两个平稳序列在个体i和时间t上的观测值。DH的面板因果检验允许每个截面单元的回归系数是可变的（即在同一时间上，系数在个体之间不同）。假设滞后阶数k对于所有个体是相同的，则面板必须是强烈平稳的。类似于面板Granger因果关系检验，DH检验也是通过$x_{i,t}$的过去值对$y_{i,t}$的现值的影响来判断因果关系。原假设认为面板中的所有个体都不存在因果关系，备择假设为部分个体存在因果关系或不存在因果关系。通过构造检验统计量进行检验（使用Xtgacuse命令在Stata软件里可以直接获取统计量）。如果检验结果拒绝原假设，则认为存在因果关系。并且，通过互换$x_{i,t}$和$y_{i,t}$的位置，以便检验是否互为面板Granger因果关系。

为了更好地研究专利申请量（P）与医药制造业产业集聚的区位商指数（LQ）之间的因果关系，究竟是从LQ到P，还是从P到LQ，抑或是双向因果关系。本文采用面板Granger因果关系检验来进一步探讨二者之间的关系。检验结果如表5所示。表5中依次列出了当滞后阶依次为1、2、3、4时面板Granger因果关系检验Z-bar tilde的统计量及概率值。

表5　面板Granger因果关系检验结果

零假设/检验统计量	Z-bar tilde统计量			
	Lag order：1	Lag order：2	Lag order：3	Lag order：4
LQ不会导致P	4.3102 (0.0000)	4.4312 (0.0000)	3.3587 (0.0000)	1.1995 (0.2304)

续表

零假设/检验统计量	Z-bar tilde 统计量			
P 不会导致 LQ	3.4720 (0.0005)	2.0970 (0.0360)	1.1684 (0.2427)	0.9053 (0.3653)

由表 5 我们可以得到以下两个结论：第一，在 LQ 滞后 1 阶、2 阶、3 阶、4 阶的情形下，Z-bar tilde 统计量均在 1%的统计性水平上显著地拒绝了原假设，即我们认为医药制造业产业集聚的区位商指数并非不是专利申请量的 Granger-cause；第二，在 P 滞后 1 阶和 2 阶的情形下，Z-bar tilde 统计量均在 5%的统计性水平上显著地拒绝了原假设，即我们认为专利申请量在滞后 1 阶和 2 阶的情况下并非不是医药制造业产业集聚的区位商指数的 Granger-cause；在 P 滞后 3 阶和 4 阶的情形下，Z-bar tilde 统计量并未通过显著性检验，因此无法拒绝原假设。因此，在滞后 1 阶和 2 阶的情况下，两个零假设均在 5%的显著性水平下被拒绝，说明 LQ 和 P 互为对方的 Granger-cause。在滞后 3 阶和 4 阶的情况下，LQ 是 P 的 Granger-cause，但 P 不是 LQ 的 Granger-cause。

由面板协整检验和面板 Granger 因果关系检验结果可知：医药制造业的产业集群与技术创新之间存在一种长期稳定的关系，产业集聚水平越高，技术创新产出越多，而技术创新水平的下降也将导致产业集聚水平的下降；产业集群和技术创新二者之间的因果关系在短期（1~2 年）内非常显著且稳定，从第 3 年开始，产业集群仍然对技术创新有着积极而稳定的影响，但是技术创新因素对产业集群的作用则从第 3 年开始不再显著。因此，我们认为无论在短期（1~2 年）还是相对较长的时间范围（3~4 年）内，医药制造业的产业集聚专业化程度对地区的技术创新产出都具有显著的作用，而地区的技术创新能力对医药制造业产业集聚水平在短期（1~2 年）具有显著的影响，长期（3~4 年）内作用不显著。

（五）进一步分析

将结论与现实相结合来分析，会使我们对产业集群和技术创新二者之间的关系有一个更清楚的了解和全面的把握。

一方面，产业集群和技术创新是一种互相促进的关系。产业集群形成后，出于技术创新的内在需求和外部市场的竞争压力，集聚的企业更加依赖集聚体内可以共享的设备、材料等有形资源和技术知识、经验、信息等无形资源，形成一种“抱团”的辐射和带动效应，以加速彼此间的互动学习过程。集群内完善而集中的产业体系强化了对相关产业领域的研究力度以及对新技术的快速反应能力。此外，范围经济和外部性促进了集聚体内的企业组织更好的互动学习和持续创新。这些因素都促进了技术创新速度与水平的提高。

另一方面，技术创新在一定程度上也加快了产业集群的步伐。创新优势的存在，知识、技术的溢出效应以及后发优势都促成企业及相关上下游企业在地理区域上的密集性集中，这又进一步加剧了集群内多方面的竞争，进行持续的创新活动无疑可以确保企业在集群中占有一席之地。此外，目前在我国，由于医药制造业产业集群体系发展尚不完善，集群内人力资本、资金、设备等有形资源和知识及技术等无形资源的共享、利用与消化，与集群内产业体系的深度融合以及与政府相关技术服务机构的联合等都可能存在一定的不通畅因素。在没有随时代推进持续完善的市场技术创新活动规范和法律条文的约束下，集群内的企业迫于“理性人”的逐利心理，往往将商业利益最大化放在经营活动的首位，极可能忽视技术创新对企业经营的长期投资影响，往往会形成企业间彼此恶性竞争、两败俱伤的不利局面。同时由于技术创新是一项极其复杂的高风险性活动，尤其在医药制造领域，我国当前的高新技术“孵化”能力较为有限，与发达国家相比，医药制造领域的核心技术创新能力还存在一定的差距。技术创新对产业集群的作用往往在短期内会产生一定的积极影响，在长期受上述各种不利因素的约束和限制下，其积极作用会产生一定的时滞效应甚至趋于消失。因此，政府的政策也应倾向于建立有效的科技创新与产业集群互动机制，整合、完善并优化创新所需的集聚要素，以实现经济与科技互动的良好局面。

四、结论

本文使用自 2000—2019 年我国 30 个省（区、市）的医药制造业相关变量的面板数据样本，通过利用区位商指数测算我国医药制造产业的集中程度，并采用面板单位根检验、面板协整检验、面板 Granger 因果关系检验进一步测度医药制造业产业集群与技术创新二者之间的互动关系，得到以下结论。

首先，从中国整体层面看，我国生物医药行业呈现核心集聚、协同发展的态势，集群分布态势明显，国家级高新区与国际级经开区成为产业发展的核心与重要依托载体。实践充分证明了生物医药产业的广阔市场规模与良好的产业发展前景。未来，随着生物医药领域的细分化发展以及新医学的特色凸显，生物制造行业的新产品将在临床需求激增，以及技术快速进步及资本、政策等因素的驱动下进入商业化爆发期。

其次，通过对技术创新投入和最终产出的分析可以看出，在创新投入和创新产出方面，就医药制造业细分行业而言，化学药品制造行业的专利申请与有效发明专利数以及研发投入在三大行业中遥遥领先，三大行业的创新投入与产出由高到低依次为：化学药品制造业>中成药制造业>生物生化业药品制造。这说明在细分行业中，传统的化学药品制造业在医药制造业中占据绝对领先的地位。就细分区域而言，四大地区的创新投入总量和创新产出总量整体表现为：2009—2011 年，西部地区>中部地区；2011 年以后，中部地区>西部地区>东北地区。这说明在细分地区中，科技力量分布不平衡，经济基础条件较好、创新基础设施完善、创新制度环境开放有序的地区更加重视创新能力的提升，与经济基础相对较差、创新环境氛围不浓厚的地区相比，前者的创新投入与产出更高。创新投入与创新产出均存在着显著的“行业性”和“区域性”特征，这种不同地域间科技集聚度不平衡的现实特征也与其经济实力相匹配。

再次，通过利用区位商指数测算我国医药制造业产业集聚程度可以看出：平均来看，全国各省（区、市）医药制造产业区位商均值仅为 0. 94，这表明我国医药制造产业总体集聚程度不高，并且产业集聚发展很不平衡。总体而言，东部和中部地区的医药制造业集聚水平相对较高，除吉林省区位商指数高达 2. 12 外，西部和东北地区的医药制造业专业化程度相对较低。这种反差也说明我国经济发展的区域差距比较严重。医药制造业产业集聚效应带来经济增长的同时，也加剧了区域发展的两极分化。如何切实提高我国医药制造业产业集聚水平和整个产业的竞争力是亟待解决的现实问题。

最后，通过医药制造业产业集群和技术创新进行面板协整检验和面板

Granger 因果关系检验说明：产业集群和技术创新之间存在一种互相促进的作用关系，无论在短期（1～2 年）还是相对较长的时间范围（3～4 年）内，医药制造业的产业集聚专业化程度对地区的技术创新产出都具有显著的促进作用。而地区的技术创新能力对医药制造业产业集聚水平往往在短期（1～2 年）具有显著的影响，长期（3～4 年）内作用并不显著。

参考文献

[1] ANDERSSON，QUIGLEY J M，WILHELMSSON M. Agglomeration and the spatial distribution of creativity [C]. Papers in Regional Science，2005，84（3）：445-464.

[2] ANOKHIN，et al. Industrial clusters，flagship enterprises and regional innovation [J]. Entrepreneurship & Regional Development，2019，31（1-2）：104-118.

[3] CAIO PEIXOTO CHAIN，et al. Bibliometric analysis of the quantitative methods applied to the measurement of industrial clusters [J]. Journal of Economic Surveys，2019，33（1）：60-84.

[4] CATHERINE BEAUDRY，STEFANO BRESCHI. Are FIRMS IN CLUSTERS REALLY MORE INNOVATIVE? [J]. Economics of Innovation and New Technology，2003，12（4）：325-342.

[5] CHANGWEI MO，CHAOHUA HE，LINGNA YANG. Structural characteristics of industrial clusters and regional innovation [J]. Economics Letters，2020，188.

[6] CHI HAN AI，HUNG CHE WU. Where does the source of external knowledge come from? A case of the Shanghai ICT chip industrial cluster in China [J]. Journal of Organizational Change Management，2016，29（2）：150-175.

[7] HONGJUN C，FUJI X. How technological proximity affect collaborative innovation? An empirical study of China's Beijing-Tianjin-Hebei region [J]. Journal of Management Analytics，2018：1-22.

[8] JIANGBO LI，et al. Coupling effect of regional industrial cluster and innovation based on complex system metric and fuzzy mathematics [J]. Journal of Intelligent & Fuzzy Systems，2019，37（5）：6115-6126.

[9] LIN-BO SI. Regional cooperation efficiency evaluation of equipment manufacturing industry based on DEA method：Empirical analysis of Beijing-Tianjin-Hebei region and Yangtze river delta region [J]. Journal of Interdisciplinary Mathematics，2017，20（1）：281-293.

[10] LORENZO CASSI，ANNE PLUNKET. Proximity，network formation and inventive performance：in search of the proximity paradox [J]. The Annals of Regional Science，2014，

53 (2): 395-422.

[11] PIERRE - PHILIPPE COMBES. Economic structure and local growth: France, 1984—1993 [J]. Journal of Urban Economics, 2000, 47 (3): 329-355.

[12] WEI WEI, et al. TFP growth in Chinese cities: The role of factor-intensity and industrial agglomeration [J]. Economic Modelling, 2020, 91: 534-549.

[13] WEIPING ZENG, LIN LI, YUE HUANG. Industrial collaborative agglomeration, marketization, and green innovation: Evidence from China's provincial panel data [J]. Journal of Cleaner Production, 2021: 279.

[14] YOUNGJUN REN, et al. Intelligent statistical analysis on the influence of industrial agglomeration on innovation efficiency by spatial econometric model [J]. Journal of Intelligent & Fuzzy Systems, 2020, 39 (4): 4881-4890.

[15] WENTAO YU. Creative industries agglomeration and industrial efficiency in China [J]. Growth and Change, 2018, 49 (4): 677-695.

[16] 陈劲，梁靓，吴航. 开放式创新背景下产业集聚与创新绩效关系研究——以中国高技术产业为例 [J]. 科学学研究，2013，31 (4)：623-629+577.

[17] 杜威剑，李梦洁. 产业集聚会促进企业产品创新吗？——基于中国工业企业数据库的实证研究 [J]. 产业经济研究，2015 (4)：1-9+20.

[18] 范柏乃，吴晓彤，李旭桦. 城市创新能力的空间分布及其影响因素研究 [J]. 科学学研究，2020，38 (8)：1473-1480.

[19] 郭卫军，黄繁华. 高技术产业集聚对经济增长质量的影响——基于中国省级面板数据的实证研究 [J]. 经济问题探索，2021 (3)：150-164.

[20] 金浩，刘肖. 产业协同集聚、技术创新与经济增长——一个中介效应模型 [J]. 科技进步与对策，2021，38 (11)：46-53.

[21] 李沙沙，尤文龙. 产业集聚能否促进制造业企业创新？[J]. 财经问题研究，2018 (4)：30-38.

[22] 李拓晨，梁蕾，李韫畅. 高技术产业专业集聚、人力资本错配与创新绩效——以医药制造业为例 [J]. 科研管理，2021，42 (4)：131-137.

[23] 李晓宇. 后疫情时代生物医药产业专利布局现状分析与建议 [J]. 中国医药生物技术，2021，16 (2)：173-180.

[24] 曲延芬，于楚琪. 产业集聚多样化、专业化与企业绿色技术创新效率 [J]. 生态经济，2021，37 (2)：61-67.

[25] 沈能. 空间集聚、规模门槛与技术创新：基于中国制造业企业普查数据的实证分析 [J]. 管理工程学报，2014，28 (4)：21-27.

[26] 谢会强，封海燕，马昱. 空间效应视角下高技术产业集聚、技术创新对经济

高质量发展的影响研究［J］. 经济问题探索，2021（4）：123-132.

［27］谢子远. 高技术产业区域集聚能提高研发效率吗？——基于医药制造业的实证检验［J］. 科学学研究，2015，33（2）：215-224+233.

［28］张秀武，胡日东. 产业集群与技术创新——基于中国高技术产业的实证检验［J］. 科技管理研究，2008（7）：534-537.

［29］张长征，黄德春，马昭洁. 产业集聚与产业创新效率：金融市场的联结和推动——以高新技术产业集聚和创新为例［J］. 产业经济研究，2012（6）：17-25.

［30］张宗益，李森圣. 高技术产业集聚外部性特征的动态性和差异性研究——基于时变参数估计的分析［J］. 产业经济研究，2014（3）：22-31.

中关村创客小镇孵化服务研究*

张　巍　郑俊豪

【摘要】 中关村创客小镇是孵化初创企业的新型产业园区，将“生活+社交+创业”模式作为小镇的特色经营模式，着力聚集人才，服务创新，带动创业并形成特色产业集聚。作为中国最大的“产城创一体”新型产业园区，相比传统孵化器，提高了企业孵化存活率和企业质量，实现创新创业带动周边经济发展的社会目标。本文以中关村创客小镇作为案例呈现，阐述在乡村振兴和“双创”大背景下，创客小镇独特的集体经济市场化运营方式，为乡村振兴提供了新颖的解决案例。

【关键词】 中关村创客小镇；孵化服务；产城创一体

一、引言

“创新是引领发展的第一动力”，习近平总书记在党的十九大报告中指出了这一重要观点。“应该把技术创新放在国家经济社会工作全局问题的核心上。”2015 年 11 月，党的十八届五中全会上，中央对技术创新的作用继续“定调”。创新成为党中央治国理政的核心理念之一；创新驱动，成为中国发展的核心战略之一。重视创新驱动，技术创新兴则国家兴，技术创新强则国家强，技术创新久则国家持续强盛的道理并没有变。党的十九届六中全会通过的《中共中央关于党的百年奋斗重大成就和历史经验的决

---

* 【基金项目】中国政法大学科研创新项目资助“新时代产业政策创新研究”（20ZFG79003）；中央高校基本科研业务费专项资金资助（supported by “the Fundamental Research Funds for the Central Universities”）；中国政法大学新兴科培育与建设计划资助；北京市教改：“法商大数据分析创新型人才培养模式研究”（京教函〔2020〕427 号）。

【作者简介】张巍，女，天津人，中国政法大学商学院教授。经济学博士。研究方向为宏观政策分析。郑俊豪，男，浙江人，中国政法大学商学院硕士研究生。

议》（以下简称《决议》）明确指出，中国应该实现创新发展作为首要动力、协调发展作为内生动能、绿色经济成为常态化的中国发展路径、利益共享作为基本目的的高质量发展，以促进中国经济社会发展质量革新、效益改革、动能革新。实行高质量经济发展是中国经济蓬勃发展历史、实际情况和理论基础的总和，是开创中国全部建设社会主义现代化大国崭新征程、完成中国第二个百年努力奋斗总体目标的最基本途径。《决议》的精神实质是将高质量经济发展贯穿于经济发展各个方面和环节。创新是实现高质量发展的第一动力。早在 2016 年 5 月 30 日，习近平总书记在全球科学技术峰会、两院院士大会、中国科协第九次全国代表大会上就已经强调："实现'两个一百年'奋斗目标，实现中华民族伟大复兴的中国梦，必须坚持走中国特色自主创新道路，面向世界科技前沿、面向经济主战场、面向国家重大需求，加快各领域科技创新，掌握全球科技竞争先机。这是我们提出建设世界科技强国的出发点。"刘鹤副总理在《必须实现高质量发展》一文中也提出，高质量发展就是体现新发展理念的发展，必须坚持创新、协调、绿色、开放、共享发展相统一，将创新放在首位。同时提出高质量的发展就是创新驱动的发展，要以科技创新作为畅通国内大循环的关键，集中力量打好关键核心技术攻坚战。2021 年 9 月 24 日，习近平总书记向 2021 中关村论坛视频致贺词："中关村是中国第一个国家自主创新示范区，中关村论坛是面向全球科技创新交流合作的国家级平台。中国支持中关村开展新一轮先行先试改革，加快建设世界领先的科技园区，为促进全球科技创新交流合作做出新的贡献。"

北京近年来发布了大量推动大众投资创业的文件，推动中关村成为具有全球影响力的创新创业区。由于创新与创业之间存在着"死亡之谷"，从科技创新发明到开发成为产品之间存在较大的鸿沟，仅依靠年轻的创新创业者，80%的初创企业无法孵化。为了使初创企业能顺利渡过"死亡之谷"，将创新理念落实到企业的日常经营当中，需要外部力量对其进行扶持、帮助。在发达国家和发展中国家内，全球各地有超过 7000 个孵化器项目，来支持初创高科技企业的发展。其中孵化器又可以分为普通孵化器和众创空间，北京市政府在此基础上创新性地提出了第三种孵化器类型——中关村创客小镇。

二、文献综述

中关村创客小镇属于企业孵化器这一大类创新试验区。首先从孵化器的定义上来看，Hackett 和 Dilts（2004）对孵化器的定义是，一个通过对其在孵企业提供业务协助和监管，来使在孵企业价值策略性增值的共享办公空间的一家公司。Roche（2020）认为孵化器主要包括四个方面的功能：①共享办公空间，在孵化器或多或少有利的情况下租赁。②一系列共享设施来减少过度的花费。③专业的业务建议或支持。④网络服务，内部资源或外部资源共享。Adkins（2001）指出企业孵化器对国家经济的贡献在于不仅能够促进经济的复苏，还能促进经济进一步发展。适应各个国家的国情使其能够支持不同的经济模式，新技术的商业化，创造就业机会和财富积累。Miao 和 Tian（2018）提出孵化器被几乎所有的国家用来当作经济发展的工具，并且列举其优势、劣势、机遇和挑战。在 AlMubaraki 等（2015）的研究中，他们提出了一种国际背景下关于测度孵化器绩效的模型。四个衡量指标是：孵化企业的毕业率、孵化企业的成功率、孵化创造的就业机会和孵化器客户所支付的工资。该研究对于发展中国家的孵化器起步具有引导作用。Bergek A 和 Norrman C（2008）认为由于中国目前对孵化器的支持与投资较多，制定最佳实践孵化模式非常关键，所以开发了一个框架系统，可称为中国制定最佳实践孵化器模式并更严格评价孵化器业绩的基石。建议的架构包含三种不同的模型组件：市场选择、业务支持，以及中介。外国对孵化器的研究较为全面，其中包括对孵化器的定义研究，对孵化企业的结构研究，对如何选择在孵化企业的研究，孵化企业的影响研究和孵化企业的绩效研究。

2020 年年末，全国孵化器总量已突破五千个，累计毕业企业十六万家。李燕萍、陈武（2017）将众创空间的发展质量定义为在互联网背景下，以众创空间网络平台为核心内容建立的促进创新与创业资源进行无缝衔接的生态网络，目的是促进创客、新创业人才培养以及初创公司企业的可持续发展。从社会认知、社会情感、社会评价三个角度对众创空间进行评价。梁祺、苏涛永（2021）重点研究了规范型和背书型两种不同的知识服务对创业绩效的影响，以及从模式中引入的获得式学习与创业警觉两种变量，并分别研究了两者的中介效果与调节效用。得出规范型知识服务与创业孵化绩效间的倒U形因果关系，而背书型知识服务则对创业孵化业绩有正面影响；在孵公司的获取式学习，在两种知识服务方式和创造孵化业绩之间起到了中介效果；而创业警觉公司不但正向地调整获取式学习与创造孵化业绩之间的因果关系，也同时调整了获取式学习的中介效果。许治等（2021）认为，内生增长理论是政府财政补贴的基础，孵化补助强度与政府行政管理服务、创新引导服务之间具有倒U形的关系，即政府边际激励效用由递增向下降过渡，孵化器对孵化网络服务支持也伴随政府孵化补助力度的提高而上升，呈现出正相关，但政府投融资服务与孵化补助之间缺乏明显的相对关系。张慧等（2021）从政治组织赞助理论入手，着重探究了政治赞助对众创空间成功的塑造效果，并阐述了社会资源禀赋在此过程中的调节作用。政治赞助可以积极影响众创空间业绩，而缓冲效应与桥联效应则在二者之间具有中介效应；从资源禀赋负方向调整了缓冲效应对众创空间业绩的重塑效应，正面调整了桥联效应对众创空间业绩的重塑效应。陈德金教授认为，孵化器之所以能够带动公司总体产出效益的提升，在于其可以形成四种特殊的效果：聚合效应、衍生效应、扩散效应以及自我增强效果。叶振宇等（2019）认为，中关村创客小镇是中国科技创业型特色小城镇的优秀典型代表，是一个高度社区化的众创空间。这个模式不但代表着中国众创空间升级版的一个走向，还为中国当前特色小城镇建设进行了一个有效的探索，有着很大的示范意义和推动价值。

综上所述，中国对孵化器的研究更多地集中于对孵化器绩效的研究，对孵化器内部作用机理的研究，政府对孵化器影响的研究和孵化器的评价指标等方面的研究。但是目前对类似中关村创客小镇这种新型创新模式研究仍然较少。中关村创客小镇作为北京市的重点项目，是全国“双创”中的一股新潮流。对其进行详细的研究，能对其他地区发展起到指导性作用。

三、中关村创客小镇孵化模式

（一）集体经济与市场经济相结合

温泉街道以“资本立镇”思想为指导，采取了科技化、专业化、规模化的新资产经营方法，以破题意识为责任，激发了集体新生命力。2010年，温泉街道启动了农业集体产权制度改革工作；2012年7月，该镇域内的7个乡镇先后组建了村级股份经济发展合作社；2016年3月，又成立了全省第一个镇级股份合作经营联合社。经过了镇、乡二级集体产权管理制度的改造后，实现了集体经济组织产权制度由“共同共有”向“按份持股”的过渡，7个乡镇入股经营合作社，其他股份按人均分配逐年递增。其中中关村创客小镇依托集体经济，运用市场管理手段对创客进行服务、管理，中关村创客小镇的实际控制人为北京兴泉资本有限公司，北京兴泉资本有限公司又由7个村经济合作社和北京市海淀区温泉镇人民政府共同出资持有。在此基础上，中关村创客小镇（北京）科技有限公司由专业经理人对企业进行经营管理，实现了政企相连又相离。集体经济市场化摆脱了之前村集体经济模式下主要负责人对市场不敏感、不了解的缺点，为集体经济注入新的活力。同时集体经济持股企业的方式，为农村居民提供了新的收入来源，实现了市场经济与市场经济的紧密结合。

（二）中关村创客小镇“三位一体”模式

中关村创客小镇具有清晰的定位，立足北京，协同全国，放眼全球，立志将自己打造成为中国最大的“产城创”新一代产业园区。作为企业全阶段成长加速平台，中关村创客小镇聚焦产业生态，助力产业转型和推动产业协同。其中创客小镇以生活、社交为小镇的两翼，协同促进创客小镇的创业孵化服务。以往的众创空间仅仅将目光聚焦于如何提供更好的创业孵化服务，通过提供场地和各项金融法律服务，来达到孵化企业的最终目的。然而该类模式忽略了人是科技创新和产业创新的主体，人与人之间知识交换的方式受到人所处环境的影响，同时也与人口密度之间存在紧密联系，因为更高的人口密度意味着更多的交流与碰撞。创客小镇在此基础上提出住创一体的经营理念，通过“生活+社交+创业”，让创业者生活在小镇，工作在小镇。满足创业者生活即工作的需求，形成具有海淀区特色的产业社区。对于北京市的整体发展来说，创客小镇早已不是工业产业，而是城市局部综合开发的新动能。

产创城一体示意图如图 1 所示。

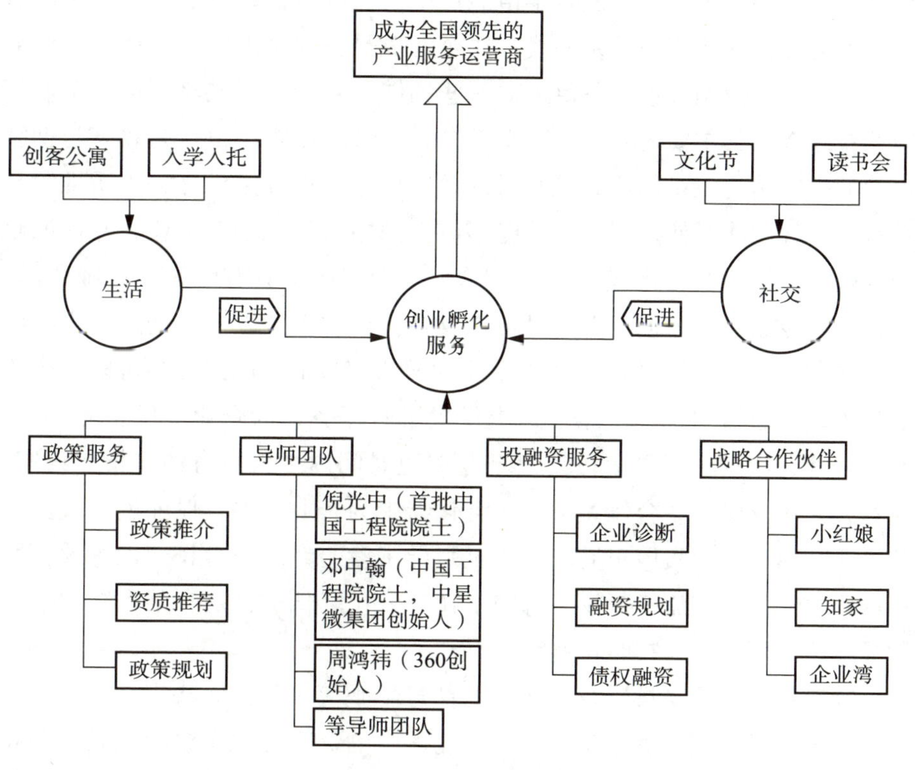

图 1　产创城一体示意图

在生活方面，创客小镇自带精装修和家具的创客公寓 2772 套，创业者享受海淀区创客人才公租房优惠政策，每个月的租金仅为周边房租一半，创业人员的住房得到保障。考虑到部分创业人员可能有小孩，创客小镇提供入学入托服务，即在园区内部设立了一个幼儿园，安居成为创客小镇留住人才的重要策略之一。为了保障创业人员更高品质生活的需求，园区内还设有健身房、咖啡厅和茶馆。在社区方面，如果只有工作空间而没有商业运营，社会活力是无法维持的，因此创客小镇定期举行文化节和读书会，以引导人们的聚集并发生碰撞交流。据麻省理工学院的调查表明，80%的突破性发明并不是在正式会议或头脑风暴的工作坊里诞生的，而是跨学科间非正式沟通的结果。也就是说，创新往往是由不同专业背景的人在偶遇、闲聊中产生的。因此越是城市化的社会功能，越频繁的非正式互动，越能激活他们的创造力。在企业创新孵化服务领域，创客小镇以相对中立的身份进行居间服务，可以增进对企业培育网成员的共同认知，从而提高合作连带强度。同时创客小镇通过中间人的身份，可以建立一种涵盖培育方方面面的非正规关系网络，让企业成员更广泛地认识彼此，从而加强合作能力、信赖关系，并促进对一些稀缺信息的资源共享，提高企业创新培育绩效。其主要内容分为四个部分：第一，创客小镇作为政府与创客之间的中转站，提供创业人员所需的政策服务。如政策推介、资质推荐与政策规划等功能，使得创业人员能够将全部精力投入创新创业，并保证政府的政策完善落实在创业者身上。第二，创客小镇具有强大的导师团队，总计百位专家导师为创业者提供可靠支持，助力企业发展。创业过程中由于存在“死亡之谷”效应，初创企业的成活率较低，因此导师可以在企业的初创期间起指引作用。第三，提供投融资服务，为企业提供企业诊断、融资规划、债权融资等服务，使企业在短时间内扩大自身的规模。第四，与各大公司形成战略合作关系，在孵化器中为企业背书，保证创业成员的信誉，从而为产业发展布局。这不仅引导了参与者战略合作，也有效克服了创业者的信息交流不通畅，有助于在孵公司降低被锁定在某个知识领域的风险，从而提升科技孵化业绩。

针对初创企业与投资企业之间的信息不平等，双方无法直接沟通，导致初创企业得不到融资金额，投资企业手中的资金无法发放给优质的创新企业，不完全信息市场缺乏相应的效率，创客小镇可以作为中间企业成为连接双方的桥梁，通过第三方企业为创客提供相应的融资服务。创客小镇面向新入驻中小企业开展相关金融服务，衔接地方有关政府部门和金融机构，了解、调研各类惠企政策措施，积极打造地方金融机构和中小企业的互动平台，进一步降低中小企业投资成本，扩大中小企业发展空间，完善金融服务保障和社会服务保障，面向目前在孵的各个产业、各种发展阶段、各种融资需要的中小企业，提出更灵活多样的金融服务方法。

（三）促进产业集聚效应形成

中关村创客小镇有明确的产业集聚规划：智能网联汽车、5G 和 6G 的应用、新材料的研发与产业转化。依托中关村科学城北区智能网联汽车整车研发设计中心，在推进中关村自动驾驶创新示范区相关方案落地实施、智能网联汽车产业招商、产业空间与科技服务、股权和投融资、园区建设等方向上，与海淀区、温泉镇两级政府协同，形成智能网联汽车产业聚集。在5G和6G的应用方面，以华为北京研究院、荣耀终端、龙芯中科等生态企业为核心，会聚众多初创团队落户创客小镇，建立研发和成果转换基地。同时与北京市航空材料研究所密切协作，响应地方政府号召建立一个集创新、成果转移、企业培育、聚集研究人员于一身的新材料科技成果应用转移平台，以扶持企业积极研发新兴的新材料技术和产品为重点目标，云集了如金羽新能、中毅工程等众多在新能源和新基建领域创新材料技术应用的明星企业。以三种产业为主要发展对象，吸收上下游相关产业链上的初创企业入驻创客小镇，充分利用集聚企业的知识溢出效用和资源共享优势，发挥产业间的集聚效用。

（四）为创业者提供全阶段成长加速服务

根据企业生命周期理论，企业可分为三个阶段：初创期、成长期和成熟期。创客小镇依据企业生命周期理论，将创客企业分为三个不同的阶段，并根据不同阶段企业所需，有针对性地提供产业服务，以实现点对点帮扶，最大限度提高企业孵化率（见表1）。其中创客小镇主要提供基础服务、工商注册、法务、实训营、政策解读、知识产权、融资、人力和品牌营销九大类型的产业服务。当企业处于初创期时，具有资金缺乏、对法律政策的不了解和对创业流程不了解等特点，创客小镇针对该情况，对初创期企业提供相应的共享场地，工商注册援助、法务，政策解读支持和创业辅导营等专项帮助，全方面、自动化地帮扶企业进入成长期。针对成长期企业，创客小镇额外提供知识产权、融资、人力和品牌营销等服务。当创新企业处于成长期时，创新专利的保护和融资成为企业成长中的重要因素。由于市场信息不对称，融资企业与被融资企业间存在信息差，创客小镇作为第三方成为被融资企业和融资企业的桥梁，实现两者之间的信息流通，完善和解决了市场的信息不对称性，并将资源配置的决定权交给市场，以市场为载体实现有效的资源配置。对于成熟期企业，创客小镇也相应地提供融资、知识产权、政策解读、人力和品牌营销等方面的帮助，助力企业保持在行业中的领先位置。

表 1 企业不同阶段产业服务

产业服务	基础服务	工商注册	法务	实训营	政策解读	知识产权	融资	人力	品牌营销
成熟期					√	√	√	√	√
成长期			▲	▲	▲	▲	▲	▲	▲
初创期	○	○	○	○	○	○			

四、推动中关村创客小镇高质量发展的对策建议

第一，人才是驱动创客小镇可持续发展的第一动力。创客小镇可持续发展的关键在于吸引人才，如何能使流动的人才固定在温泉镇是创客小镇需要解决的主要任务。通过租房补贴，部分人才被低租金和方便快捷的生活吸引暂时落户，但对人才缺少长期的吸引力。因此温泉镇可在此基础上考虑对优质创客发放户口，降低获得北京户口的难度，使得孵化成功的企业和人才长期留在创客小镇，为创客小镇的持续发展提供助力。

第二，为鼓励大学生进行创业并落户创客小镇，激发大学生创新活力，北京市海淀区政府可以借鉴浙江省创业扶持政策，向部分大学生创业提供 10 万~50 万元贷款，如果创业失败，贷款 10 万元以下的由政府代偿，贷款 10 万元以上的部分，由政府代偿 80%。贷款并不是所有人都可以取得的，需要评委专家对创业项目进行审核达标后才可获得。该项举措可以解决创客起始资金的来源问题和为创业失败进行兜底，使得创业的试错成本大大降低，值得北京市尤其是中关村创客小镇借鉴。

第三，形成较为稳健的政府预期。由于创客小镇集各种风险因素于一体，受各种政府优惠政策的影响很大。一旦地方政府的政策不平衡、不连续，必将给特色小镇发展造成沉重的打击。因此，地方各政府部门要形成共识，共同构建连续性政府保障机制，进一步加强对政策落实的组织保障，以争取给创新创业类特色小镇及其入驻的创新企业和初创公司带来较为平稳的政策预期。

第四，创客小镇目前尚无成熟的盈利模式，盈利主要依靠房租和收取服务费用，资金存在不可持续、体量少和可替代等特点。因此，需要发展“创客小镇+飞地园区”的双核发展模式，把已孵化成熟的公司引导入飞地园实现工业化，并积极参与公司未来的利润分配。如果不能参与孵化成功

企业的未来利润分配，则创客小镇无法实现可持续发展，当政府政策风向转变时，创客小镇就无法继续经营。

第五，地方政府部门在推动创客小镇的发展过程中应当回归平台功能，并履行好制度制定者、法律守护者和社会服务提供者的职能。根据对未来宏观层面的把控，因地制宜在市场原本基础上附加鼓励市场创新的相关规定，并对市场进行监管和引导，扮演好有为政府的角色。在提供引导和制订规则后，将市场的运作交给市场本身，把资源配置的任务交给市场，不直接干预市场的运转。如此就可以找出有为政府与有效市场之间的“黄金分割点”，既能激发市场经济活力，也可以降低地方政府部门的工作压力，从而达到有为政府与有效市场之间的有效整合，使得市场实现可持续发展。

五、结论

作为新型创业园区，中关村创客小镇发展顺利。2017 年 10 月，中关村获得国家级“星创天地”认定；2018 年 10 月，中关村创客小镇被评为北京市十大创新成果之一；2019 年 9 月，中关村创客小镇与北京市计算机中心签署战略合作协议，“中关村创客小镇 · 永丰北科园”项目成立，标志着“一镇多园”计划启动。2020 年 11 月，“中欧数字服务贸易中心”和“数字科技创新中心”揭牌式在中关村创客小镇举行。中关村创客小镇为北京市重点创新项目，受到北京市政府的大力支持，目前创客小镇二期正在建设中，计划投入 18 亿元人民币，建筑面积为 30.64 万平方米，极大减缓了创客小镇原来供少于求的局面，为更多的创业者提供了创业机会。同时由于海淀区高校众多，总计拥有 26 所 211 大学，8 所 985 高校，人才资源丰富。在政府政策的大力支持与独特的“产城创一体”模式下，北京市丰富的人才储备为创客小镇吸引人才和留住人才提供了保障。最吸引人才的是人才本身，当清华等众多高校进入创客小镇后，将会吸引更多的高校人才向创客小镇发展，实现人才的“虹吸效应”。不同领域间思想的相互碰撞才能出现创新，创新在创客小镇的孵化和产业服务下实现从想法到成品再到产品的逐步推进，以实现创新驱动乡村发展的目标。

乡村振兴和“双创”大背景下，创客小镇以独特的集体经济市场化运营方式，将集体经济、公有制经济集中力量办大事的优势与公司专业化运营管理的市场化效率优势相结合，为解决乡村振兴提供了新颖的解决案例。同时对其经营模式的研究有利于总结从个别到一般的经验方法，并将其转化到全国各地的乡村集体经济运营中，乡村才能真正地富起来，并最终实现乡村振兴。政府从宏观层面对创新活动进行把控，同时通过创客小镇这一媒介实现政府的社会目标，创造就业与激活市场主体，使得整个市场流动起来，通过一人创业带动百人就业的方式，同时解决大学生就业难和市场就业机会少的社会问题，有为政府与有效市场相辅相成，政府扮演好政策制定者、规则监管者和企业服务者的角色后不对市场进行直接干预，发挥市场的自主能动性和有效性，推动市场来发现优秀的企业和企业家。针对投融资难的问题，创客小镇作为第三方打通融资难的信息差问题，将投资者与被投资者放到同一平面、同一信息源中，让市场来决定应该发展什么样的企业、投资什么样的企业。

参考文献

[1] ROCHE M P. Taking innovation to the streets：microgeography，physical structure，and innovation [J]. Review of Economic and Statistics，2020（102）：912–928.

[2] HACKETT S M，DILTS D M. Asystematic review of business incubation research [J]. The Journal of Technology Transfer，2004，29（1）：55–82.

[3] ADKINS D. A Report for the Japan Association of New BusinessIncubation Organizations (JANBO)：Summary of the U. S. Incubator Industry，Athens，OH：National Business Incubation Association，2001.

[4] JULIE TIAN MIAO. Knowledge economy challenges for post developmental state：Tsukuba Science City as inbetween place [J]. Town Planning Review，2018，89（1）：61–84.

[5] ALMUBARAKI HM，MUHAMMADAH，BUSLERM. Categories of incubator success：A case study of three New York incubator programmes [J]. World Journal of Science，Technology and Sustainable Development，2015，12（1）：2–12

[6] BERGEK A，NORRMAN C. Incubatorbestpractice：Aframework [J]. Technovation，2008，28（1–2）：20–28.

[7] BARTON，ANGELA，EDNATAN，ANDDAYGREENBERG. The maker space movement：Sites of possibilities for equitable opportunities to engage underrepresented you thin STEM

[J]. Teachers College Record 119.6 (2017): 1-44.

[8] H S M, DILTS D M. A systematic review of business incubation research [J]. The Journal of Technology Transfer 2004, 29 (1): 55-82.

[9] ROCHE M P. Taking innovation to the streets: microgeography, physical structure, and innovation [J]. Review of Economics and Statistics, 2020 (102): 912-928.

[10] JULIE TIAN MIAO. Knowledge economy challenges for post-developmental state: Tsukuba Science City asanvinbetween place [J]. Town Planning Review, 2018, 89 (1): 61-84.

[11] AlMubaraki H M, Muhammad A H, Busler M. Categories of incubator success: A casestudy of three New York in cubatorp rogrammes [J]. World Journal of Science, Technolog yand Sustainable Development, 2015, 12 (1): 2-12.

[12] BERGEK A, NORRMAN C. Incubator best practice: A framework [J]. Technovation, 2008, 28 (1-2): 20-28.

[13] 黄雪婷，朱德臻，倪琳纯，吴娱，许绮婷．创客小镇形成机制研究 [J]. 合作经济与科技，2020 (1): 155-157. DOI: 10.13665/j.cnki.hzjjykj.2020.01.062.

[14] 许治，蔡恩娣，陈朝月．孵化补贴提升了孵化服务吗？——基于广东省孵化器数据的实证研究 [J]. 科学学与科学技术管理，2021，42 (5): 20-31.

[15] 李燕萍，陈武．基于扎根理论的众创空间发展质量评价结构维度与指标体系开发研究 [J]. 科技进步与对策，2017，34 (24): 137-145.

[16] 梁祺，苏涛永．孵化器知识服务对创新孵化绩效的影响 [J]. 科研管理，2022，43 (1): 98-104.

[17] 叶振宇，张万春，王瑞霞，顾军媛．我国创新创业型特色小镇高质量发展的思考——基于中关村创客小镇的考察 [J]. 发展研究，2019 (3): 85-89.

[18] 张慧，周小虎，吴周玥．政治赞助与空间资源禀赋如何塑造众创空间成果——来自江苏省 276 家苏青 C 空间的证据 [J]. 系统管理学报，2021，30 (5): 982-993.

[19] 霍生平，赵葳．众创空间创客团队断裂带对创新行为的影响：基于知识共享的中介跨层研究 [J]. 科学学与科学技术管理，2019，40 (4): 94-108.

[20] 郑健壮，吴晓波，沈金虎．中小企业技术创新过程中孵化器作用机理的分析 [J]. 研究与发展管理，2003 (5): 19-24.

[21] 任理轩．坚持创新发展——"五大发展理念"解读之一 [N]. 人民日报，2015-12-18 (1).

[22] 习近平讲故事：科技兴则民族兴，科技强则国家强 [N]. 人民日报，2018-8-21 (3).

［23］李贞．习近平治国理政关键词［N］．人民日报，2016-3-25（3）．

［24］关于《中共中央关于党的百年奋斗重大成就和历史经验的决议》的说明［N］．人民日报，2021-11-17（1）．

［25］习近平讲故事：科技兴则民族兴科技强则国家强［N］人民日报，2018-8-21（3）．

［26］刘鹤．必须实现高质量发展［N］．人民日报，2021-11-24（4）．

［27］侯歆钰．习近平谈大力推进科技创新展［N］．中国青年报，2021-9-29（1）．

［28］李燕萍，陈武．基于扎根理论的众创空间发展质量评价结构维度与指标体系开发研究［J］．科技进步与对策，2017，34（24）：137-145．

［29］梁祺，苏涛永．孵化器知识服务对创新孵化绩效的影响［J/OL］．［2021-12-01］．科研管理：1-8．

［30］许治，蔡恩娣，陈朝月．孵化补贴提升了孵化服务吗？——基于广东省孵化器数据的实证研究［J］．科学学与科学技术管理，2021，42（5）：20-31．

［31］张慧，周小虎，吴周玥．政治赞助与空间资源禀赋如何塑造众创空间成果——来自江苏省276家苏青C空间的证据［J］．系统管理学报，2021，30（5）：982-993．

［32］叶振宇，张万春，王瑞霞，顾军媛．我国创新创业型特色小镇高质量发展的思考——基于中关村创客小镇的考察［J］．发展研究，2019（3）：85-89．

［33］黄雪婷，朱德臻，倪琳纯，吴娱，许绮婷．创客小镇形成机制研究［J］．合作经济与科技，2020（1）：155-157．

［34］霍生平，赵葳．众创空间创客团队断裂带对创新行为的影响：基于知识共享的中介跨层研究［J］．科学学与科学技术管理，2019，40（4）：94-108．

［35］郑健壮，吴晓波，沈金虎．中小企业技术创新过程中孵化器作用机理的分析［J］．研究与发展管理，2003（5）：19-24．

第三篇

大数据与创新型人才培养研究

大数据与机器学习对计量经济学发展的影响*

李景华　夏文强

【摘要】 计量经济学发展近百年，已经成为一门相对成熟的经济学学科。经典计量经济学建立在若干基本假定上，通过不断放宽这些假定，计量经济学发展到现代计量经济学阶段。近年来，互联网和移动互联网技术的快速发展产生了大数据，其具有海量性（Volume）、多样性（Variety）、高速性（Velocity）和真实性（Veracity）的4V特征。为了有效处理大数据，人们发展出机器学习技术，从本质上而言机器学习技术是数学优化和算法优化问题的组合。大数据和机器学习的产生对计量经济学的发展产生了深刻的影响。一方面，大数据和机器学习并未改变计量经济学定量分析经济变量间因果关系的本质；另一方面，大数据中的新型数据提供了构建新型模型的可能，如非结构化文本数据为定量实证分析心理情感等人文因素对经济的影响提供了条件。大数据的大样本容量让关注变量的经济显著性比统计显著性更有意义，同时也应更注重模型的构建过程以及模型的稳健性检验。此外，大数据和机器学习要求对计量经济学的非参数建模分析方法给予应有关注。

【关键词】 计量经济学；大数据；机器学习；理论发展

一、引言

虽然计量经济学的发展历史只有近一百年时间，但无疑是经济学中最

* 【基金项目】北京市教改项目“法商大数据分析创新型人才培养模式研究”（京教函〔2020〕427号）；中国政法大学新兴学科培育与建设计划：商业大数据分析。

【作者简介】李景华，中国政法大学商学院教授，博士生导师，研究方向：计量经济学、运筹学、博弈论。夏文强，中国政法大学商学院硕士研究生，商业大数据分析专业。

具有影响力的学科之一。作为经济学重要的分支学科，计量经济学发展迅猛，在经济金融领域和其他学科领域都应用广泛，影响深远。一方面，计量经济学为实证研究和经验分析提供了有效严谨的分析方法和工具，人们能定量研究经济变量间的因果关系，发现经济现象背后的规律；另一方面，计量经济学的分析结论和预测结果为政府宏观调控提供了理论支持，也为政府政策的实际效果提供了可靠的评估手段。

近年来，互联网和移动互联网技术及其应用快速发展，人们进入大数据时代，海量的数据在源源不断地产生，同时出现了机器学习等技术以高效处理大数据。数据是计量经济学的基本要素，因此大数据和机器学习将对计量经济学产生深刻的影响：大数据提供了海量的研究资料；机器学习技术则提供了新的数据处理方法和工具——计量经济学将在经济学研究思想、方法和技术上取得发展，甚至可能改变计量经济学的固有思考范式，迎来计量经济学崭新的历史阶段。

本文主要探讨大数据和机器学习对计量经济学的影响，后文结构安排如下：在第二部分对计量经济学的发展历史做简短回顾，指明计量经济学的传统思路和做法。在第三部分对大数据尤其是经济大数据的来源和特征进行讨论，为分析大数据对计量经济学的影响做铺垫。第四部分简单介绍机器学习的技术及其本质。在第五部分阐明大数据和机器学习将会对计量经济学产生影响的具体方面，在给计量经济学带来挑战的同时，又会为计量经济学理论、方法和工具的创新带来哪些机遇。第六部分是总结。

二、计量经济学的发展历史简介

计量经济学是一门发展近百年的经济学方法论学科，由经济学、统计学及数学三门学科交叉形成。在经典计量经济学的基础上，现代计量经济学经过近四十年的历程而逐渐成熟，应用广泛。经典线性回归模型是经典计量经济学的核心，它建立在一系列基本假定的基础上，包括：①随机抽样，通过对样本建模估计参数来推断和预测总体，因此假定研究的系统服从某一概率法则的随机过程；②线性回归模型，即被解释变量和参数之间是线性关系；③自变量不存在严格多重共线性；④零条件均值，即模型的解释变量严格外生；⑤条件同方差和无自相关；⑥随机扰动项服从独立同正态分布，必须保证模型参数估计值在统计上的显著性，才能确保模型足以描述观测数据或者刻画随机过程的概率法则。其中假定①至⑤称为高斯—马尔可夫假定，满足这些假定得到的参数估计量是最佳线性无偏估计量，这就是高斯—马尔可夫定理。但这些假定在现实中并不容易得到满足，导致经典计量经济学在实际中存在一些障碍。现代计量经济学通过对经典假定进行修正，让其一般化，更符合现实，拓展计量经济学的应用范围和空间，使整个计量经济学体系更加系统和完备。

（一）从线性模型到非线性模型

线性模型指模型中被解释变量和参数间是线性关系，而不是和解释变量间是线性的。在不少计量经济学模型中，当被解释变量的条件均值不是参数的线性函数时，被解释变量和解释变量间一般是非线性的关系。不仅在时间序列数据计量经济学模型中，包括自回归门槛模型（TAR），马可夫链机制转移模型（MCRS），平稳转换自回归模型（STAR）等，都是对时间序列被解释变量的条件均值进行非线性建模；而且在刻画被解释变量的条件方差、条件矩时，更是一种非线性关系，比如条件方差模型，包括Engle（1982）的 ARCH 模型，Bollerslev（1986）的 GARCH 模型，Nelson（1991）的 EGARCH 模型，以及 Glosten 等（1993）的门槛 GARCH 模型，等等，为此在矩条件方面发展出了广义矩方法（GMM）。

（二）从外生性到内生性

外生性强调解释变量的取值不影响随机扰动项的平均效应，外生性假设便于推导普通最小二乘法（OLS）估计量及相关检验统计量的抽样分布。与外生性相对的模型内生性——随机扰动项相对于解释变量的条件均值不等于零，造成内生性的原因包括变量之间的联立因果关系、测量误差、存在遗漏变量等。内生性问题是计量经济学中的核心，它会给模型带来严重的后果：导致 OLS 估计量不是总体参数的一致估计。通过寻找有效的工具变量，人们利用两阶段最小二乘法（2SLS）来解决模型的内生性，但实证中常常碰到“弱工具变量”，即工具变量和解释变量的相关性很低，导致2SLS 估计量不稳定甚至不能一致估计总体参数。

（三）从条件同方差和无自相关到条件异方差与自相关

条件同方差和无自相关假设能够保障 OLS 估计量性质良好，当存在条件异方差或自相关时，模型参数估计量仍是一致的，但无法进行统计检验，因为条件异方差或者自相关造成估计量的方差错误，导致统计检验失去意义。一种解决方法是仍采用 OLS 估计，并通过稳健性检验解决估计量的统计检验失效问题，另一种解决方法是采取广义最小二乘法（GLS）。

（四）从正态分布到非正态分布假定

随机扰动项正态分布假定便于参数估计量的统计推断，但现实中大多数经济金融数据是非正态分布的，且具有厚尾特点，因此有限样本经典抽样理论的正态分布假定存在局限性。现代计量经济学放弃正态分布假定，运用中心极限定理和大数定律，推导出大样本条件下 OLS 估计量，获得估计量的渐近正态分布。总之，在条件同方差时，经典 OLS 理论在样本容量足够大时，估计量的统计推断依然可行。

（五）从模型正确设定到模型误设

运用 OLS 估计模型隐含着模型正确设定的假设，包括函数形式正确和变量的选择正确，当模型存在变量遗漏或函数形式误设时，就造成了模型误设问题。模型误设可能导致模型无法反映研究的实际情况，也可能导致模型参数估计不是真实值的一致估计，即无法对经济现象进行解释，因此必须对模型的误设问题进行检验。Hausman 在 1978 年提出了一个检验模型误设的方法，被称为 Hausman 检验，后续学者不断地提出了许多检验模型误设的方法。现在常用的模型误设方法称为拉姆齐 RESET 方法，但它只能检验模型误设是否存在，而无法具体判断是哪一类模型误设。

（六）从平稳性到非平稳性

平稳性主要针对时间序列数据计量经济学，在被解释变量和解释变量的时间序列非平稳时，OLS 理论一般不再适用。典例是“虚假回归”问题——两个互相独立的非平稳单位根时间序列，将其中某个变量对另一个变量进行回归，计算机模拟研究发现回归系数估计量在统计学上显著，但经济意义的解释可能非常荒唐。实际上大部分宏观经济和金融时间序列均是非平稳单根过程，为此 Engle 和 Granger 在 1987 年发展出协整理论。除了“虚假回归”，非平稳性还表现为时间序列的趋势平稳过程，大多数经济金融数据在长期往往有随时间变化的趋势。

我们通过简短的回顾现代计量经济学的发展历程，对其理论进展规律有了大致了解，下面讨论大数据尤其是经济大数据的主要特征和机器学习的本质，并由此说明大数据和机器学习对计量经济学理论和应用发展产生的重大影响。

三、大数据的来源与特征

信息时代信息技术迅猛发展，移动互联设备和传感器呈指数增加，造成数据的爆发式增长，大数据的产生得益于互联网与移动互联网技术的广泛应用。大数据来源广泛，包括计算机商业交易平台、移动设备、社交媒体、网站信息、传感器与卫星图像、搜索数据、交通数据等。在数字经济时代，大数据成为一种推动经济发展的重要生产要素，甚至产生了数据生产总值的概念，用以测度国家或地区的数据资源总量及其利用程度。

大数据主要具有如下“4V”特征。

（一）海量性（Volume）

大数据的数据量巨大，通常是 TB 或 PB 级别，甚至达到 ZB 级别，它包含数万到数百万的样本观测值。因此可以获得更多的信息，包括一些以前的统计方法无法获取的新信息，进而改善人们的估计和统计推断。除此之外，大数据拥有的数量众多的潜在解释变量或预测变量，造成统计学上的“维数灾难”——潜在解释变量或预测变量的维数超过样本容量——导致计量经济学建模和统计推断上的困难：许多解释变量可能对被解释变量的解释力非常弱，而且解释变量增多容易造成多重共线性问题。对此需要发展变量降维的方法，从众多的潜在解释变量中选择合适的解释变量放入模型。统计学家 Tibshirani（1996）提出 LASSO 方法解决降维难题，它可以选出高维线性回归模型中的重要解释变量，把不相关的变量剔除，大幅减少估计值的方差，达到精准预测的目标。

（二）多样性（Variety）

大数据种类多样，不仅包括海量的传统结构数字化数据，还新生了海量的半结构化和非结构化数据，具体如通信数据、传感器信号、文本文件、音频视频数据、图片数据以及 GPS 地理位置信息等数据，它们能提供传统结构数字化数据无法提供的新信息。在传统的结构化数据中也产生了新类型的数据，如函数数据、区间数据和符号数据等。大数据的数据来源和数据类型的多样性，导致数据的连接、匹配、清洗、转换成为一个挑战，要求发展出新的数据处理方法与统计推断工具，让机器学习对大数据处理变得不可或缺。举例来说，大数据近年来在社会舆情监控方面发挥了巨大的作用：政府部门利用大数据和机器学习技术处理公众对重大社会事件的评论，及时采取合适的公关方式，回应社会公众关切，维护政府声誉和形象，维持和提升公众对政府的信任度。得益于文本数据、图片数据以及音频视频数据等非结构化大数据以及机器学习处理技术的发展，对社会舆情的分析、监控、控制和引导不再局限于定性分析，还可以进行较精确的定量实证分析。计量经济学研究范围不再只围绕经济学领域，而拓展到经济因素与政治、法律、社会、历史、文化、伦理、心理、生态环境、卫生健康等因素之间的相互联系与相互影响，推动经济学和人文社会科学的交叉融合和跨学科研究，诞生人文经济学科的新领域。

（三）高速性（Velocity）

高速性指大数据能在高频甚至实时条件下记录或收集数据，人们可以及时进行数据分析与预测。受限于数据收集上的客观限制，过去人们通常只能使用低频数据进行经济研究和分析。计量经济学现行使用的数据时间间隔一般较长，尤其是宏观经济数据，常是月度、季度甚至是年度数据。这些数据在一定程度上有效，但会因为数据在时间上的加总而导致信息的缺失，大数据的出现在很大程度上可以解决这些缺陷。利用高频大数据能获得经济活动的更多信息，更细致地了解经济变化的趋势，提高经济预测的准确性，提升政策干预宏观经济的时效性。例如，利用互联网信息和人工智能，构建宏观经济指标诸如 CPI 或者 PPI 的周度乃至日度数据，数据频率随着技术的不断完善甚至可以更高。高频数据也让研究经济结构的时变成为可能，当经济结构的参数缓慢变化时，可以利用高频的数据样本观测值来估计经济短时间隔的参数值。

（四）真实性（Veracity）

大数据包含巨大的数据容量，但并不是所有信息都有用，其中会包含大量的噪声，包括失真信息和虚假信息。此外，数据容量大会导致大数据的数据价值密度很低。如何从海量数据中提取真实数据，获得对人们有价值的信息尤为重要。诸如主成分分析、因子分析等提炼信息的传统方法虽然仍能发挥作用，但更有必要创新出清洗、概括和提取大数据有用信息的新方法和工具，尤其是对发展计算机算法进行有效数据归约。

四、机器学习与其本质

机器学习是处理大数据的重要工具。机器学习是一门多领域交叉学科，作为计算机科学的重要领域，是人工智能的核心。机器学习探索机器自身有效学习数据并做出预测的算法研究和算法构建，利用数学、人工智能等多学科形成的计算机系统进行自动的数据学习、模式识别和自动预测与决策。机器学习的典例如谷歌旗下的阿尔法围棋（Alpha Go），利用“深度学习”打败了人类的围棋冠军。可以说，机器学习在未来潜力巨大。

本质上，机器学习紧密结合数学和算法，是数学优化问题和算法优化问题的组合：数学优化为机器学习提供了基本的理论和方法，而算法优化则为机器学习提供了快捷有效的预测。具体地说，机器学习通过对数据的训练，从中挖掘和提炼数据的特征以及数据间的变量相关关系，基于此对新的未知数据进行预测，机器学习预测结果的准确性和数据算法的优劣密切关联。实践中常把数据分为训练集合和测试集合两个数据子集，训练集合被用来对算法进行调教，学习和挖掘数据中的系统特征及变量间的统计相关性，然后利用这些特征来预测未知数据。训练数据需要避免对数据的“过度拟合”，即避免挖掘出的系统特征只在训练集合中存在，而不出现在未知数据中，这会降低预测的精准度。我们可以利用测试数据评价预测的实际效果，还可以在算法中引入惩罚项来降低“过度拟合”——惩罚的程度和算法的复杂度正向关联，最优的算法能保证预测测试数据损失与惩罚项的和最小化。

机器学习常见的方法包括K-最近邻法（K-Nearest Neighbor，KNN）、决策树（decision tree）、随机森林（random forest）、支持向量机（Support Vector Machine，SVM）、人工神经网络（Artificial Neural Network，ANN）、深度学习（deep learning）等。

K-最近邻法一般用选择平均法，根据解释变量的取值，选择最近的 K 个样本观测值进行平均，用平均值作为对解释变量的一个预测。

决策树更接近人的思维方式，采用自顶向下的递归方法，从某些特征变量出发，向下构造决策树到达目标变量（最终标签）以体现整个预测的流程，用直观的图解方式体现预测的过程。

决策树只能生成一棵树，泛化能力弱，随机森林能有效克服这一缺点。大数据解释变量众多，变量的多重共线性容易导致模型不稳定，通过利用原始数据重复抽样同时培植的众多决策树，再对这些决策树的预测结果取平均值可以提升模型的稳健性。

支持向量机是一种分类监督式学习方法，广泛应用于统计分类及回归分析中。分类是数据挖掘中一项重要的任务，支持向量机的目的是训练一个分类函数，把训练样例映射到给定类别中的某一类，从而预测新样例属于哪一类别。

人工神经网络通过模拟人脑的神经网络，由大量简单元件相互连接而成，具有高度的非线性，具有并行分布处理、高容错性、智能化和自学习等特征，能够进行复杂的逻辑操作和非线性关系。人工神经网络包含大量节点（神经元），每个节点代表一种特定的输出函数，称为激活函数（activation function）。每两个节点间的连接代表一个对于通过该连接信号的加权值，称为权重（weight）。网络的输出取决于网络的结构、网络的连接方式、权重和激活函数。

深度学习与多层神经网络相关，在多层神经网络中增加更多层次，人们能更深入地表示特征，得到更强的函数模拟能力，获得更好的区分与分类能力，产生很好的结果。

五、大数据与机器学习对计量经济学发展的影响

计量经济学主要是为了研究经济现象背后的定量规律，具体而言就是找到各经济变量间定量的因果关系，数据、参数建模方法和统计检验是计量经济学分析的基本要素，大数据和机器学习为计量经济学的发展提供了机遇——大数据的 4V 特征、机器学习工具的广泛应用等将使计量经济学自我扬弃，推动自身进行理论革新，迎来计量经济学发展的崭新阶段。

（一）因果关系与相关性

有观点认为，大数据从根本上颠覆了计量经济学——大数据时代计量经济学只需要分析相关性而不再需要因果关系：大数据中存在的很多高频数据，甚至实时数据很难充分显示出变量间的因果关系，而预测主要使用其相关关系。但实际并非如此，尽管利用大数据的统计特征（如相关性）和机器学习方法可以实现精准的样本外预测，但并未改变经济研究探寻经济变量之间因果关系的本质。一方面，经济学依然是想找到经济变量背后的因果关系，从而进行经济预测、政策干预和政策评价；另一方面，经济现实复杂多变，经济数据大都是非实验数据，因此寻找经济变量间的因果关系很不容易，大数据和机器学习为人们提供了便利和条件。大数据和机器学习擅长样本外的预测，因而人们可以构造“同等条件下”的经济虚拟事实，获得模拟事实下经济变量的预测数据，将这些预测数据和经济生活中的真实数据进行比较分析，有助于人们得到变量之间的因果关系和发现经济规律。

（二）新型数据建模

大数据不仅包括大量非结构化数据，还扩展了传统数字化数据的类型，如函数数据、区间数据和符号数据等新型数据，它们比传统数据包含更多信息。把新型数据转换为熟悉的点数据后进行计量建模会伴随信息的损失，因此需要直接对它们进行计量建模，但现有计量经济学理论与方法还无法有效利用和分析新型数据，所以迫切需要对计量经济学进行创新，创造出适合新型数据的计量理论、方法和模型。有鉴于此，不少学者在此方面做出了重要探索，如区间数据的建模可以参见 Han 等（2018）；Sun 等（2018）。区间数据建模可以用于宏观经济增长的区间预测以及测度和预测经济金融的不确定性。王潼（2019）根据区间定理和区间套定理，研究和发现了我国新常态时期经济发展的主要区间数据特征，利用区间预测的新概念和新方法对我国经济发展进行了区间预测，扩大了经济预测的视野。He 等（2021）直接利用原油期货价格区间数据构造价格范围模型，更有效地估计了区间模型的未知参数，获得的原油期货价格样本外预测值更精准。

（三）非结构化文本数据回归

大数据包含大量非结构化数据，使得计量经济学能在更广泛的社会框架内思考和分析经济现象，如现在可以将以往定性分析的人文社会因素进行定量的实证分析——通过引入心理情感等各类指数，促进计量经济学和人文社会科学的交叉融合。其实经济学引入人文因素早已有之，从亚当·斯密的《道德情操论》到边际革命的边际效用，再到凯恩斯投资选美竞赛的比喻以及“卢卡斯批判”，都定性考量了心理情感因素对经济主体行为的影响。但在大数据时代，人们可以利用大数据和机器学习技术构建反映心理情感因素的经济指标，进行计量实证分析，通过模型得到更具体和准确的社会经济影响测度。比如，陈云松和严飞（2017）基于新浪微博中股市“利好”和“利空”术语的热词大数据，构建股市的“微博信心指数”来实证分析互联网的股市舆情是否影响真实世界的股市行情。

结果发现：在股市震荡期间，代表股市舆情的“微博信心指数”和代表股市行情的“上证指数”之间呈正向关，但在股市平稳运行期间并不存在统计关联。而且文章验证了网络舆情通过影响股市资金流入的中介效应这一渠道对股市行情发挥作用，从社会学层面定量解释了心理因素对经济行为的影响，极大拓展了计量经济学的研究空间。

具体而言，文章以新浪微博为舆情大数据的来源，提取股市术语中具有明确“利空”和“利好”含义的微博热词总计 31 个（具有明确利空含义的 18 个，具有明确利好含义的 13 个），采取经典的“主成分分析法”降维，将利好热词因子得分减去利空因子得分，建立“微博信心指数”，作为模型的自变量，使用上海证券市场的每日开盘和收盘日均指数（简称“上证指数”）作为模型的因变量。文章的核心假说包括：①微博中股市热词的总体涨跌信号有助于预测股市的后期行情；②微博中股市热词的总体涨跌信号与股市的后期行情有稳定的正向关联。检验这两个假说，相当于检验①“微博信心指数”是“上证指数”的格兰杰原因；②“微博信心指数”与“上证指数”存在正向的协整关系。此外，由于在震荡期和平稳期舆情对股市影响的差异较大，所以假说的检验应分别对应两个期间进行。

在实证操作上，文章先对“微博信心指数”和“上证指数”时间序列的平稳性利用 DF 检验进行单位根检验，发现“微博信心指数”为 I（0）而“上证指数”为 I（1）。因为“上证指数”和“微博信心指数”不同阶，所以采用 Tod-Yamamoto 过程的 Wald 检验进行格兰杰因果检验，采用自回归分布滞后（ARDL）方法进行协整检验以及估算误差修正模型（ECM）。实证结果显示：微博舆情在股市震荡期有助于预测后期行情，即构成股市行情的格兰杰原因；“微博信心指数”在股市震荡期与股市行情（“上证指数”）之间有长期均衡关系（“微博信心指数”增长1%导致“上证指数”增长7%），短期内“微博信心指数”对“上证指数”有正向影响，它们很好地印证了假说。另外，中介机制检验表明，微博舆情通过影响开户或市场资金流而间接影响股市行情。最后的稳健性检验，其一是将利好热词因子得分除以利空因子得分构造另一种“微博信心指数”，其二是对深市数据进行与上面的同样分析和实证操作，结果能够获得同样的结论。

（四）统计显著性与经济显著性

大数据样本容量巨大，可能给计量经济学的统计推断带来难题。小样本中人们一般通过P值来判定某个解释变量参数估计量的稳定性，但随着样本量的增大，参数估计量的统计显著性最终都会变得显著——在样本量几万乃至几百万时，参数估计量在统计上是显著的——但参数估计值可能会非常接近于零（而不等于零），说明该解释变量在经济学上并非重要。换言之，利用大数据建模，具有统计上的显著性并不意味着经济上的显著性，此时关注参数的统计显著性可能不恰当，因为利用统计显著性检验很可能得出错误的结论，为此在大数据背景下需要找到判断经济显著性的合适方法，关注如何选择合适的模型可能更利于数据的拟合和模型的预测。

（五）模型多样性与模型不确定性

传统计量经济学的模型一般是唯一的，但对于大数据，尤其是高维大数据集合，往往拥有大量潜在解释变量，并且它们之间很可能存在多重共线性，这会导致不同模型的解释力近似甚至相同，人们称之为模型的多样性，即存在多个经济模型能对同一个经济现象做出合理解释。模型的多样性给选择最优的估计模型造成困扰，因为数据的微小变动会对不同模型造成非常大的差异，各个模型呈现出不确定性的特征，给利用模型进行样本外预测带来困难。模型的多样性和不确定性让模型的稳健性检验变得十分关键，这也成为计量经济学未来研究的一个重要方向。其中一种解决方法是进行模型平均或模型组合，在机器学习领域则利用随机森林的方法来解决这个问题。

（六）机器学习与非参数建模

相较于计量经济学中的参数建模，机器学习直接基于数据构建算法，即不断从数据中学习系统模式并进行预测。尽管通常能得到精准的样本外预测，但构建起来的算法像一个黑箱子，即机器学习的算法缺乏足够的解释性，人们很难理解背后的因果逻辑关系。实际上，这种算法与计量经济学中的非参数建模分析方法类似，因而可以一定程度地从理论上解释机器学习取得良好预测效果的原因。

六、总结

本文讨论了大数据和机器学习未来对计量经济学发展会带来哪些影响：一方面，大数据和机器学习并未改变计量经济学定量分析经济变量间因果关系的本质；另一方面，大数据中的新型数据提供了构建新型模型的可能，而非结构化文本数据为定量实证分析心理情感等人文因素对经济的影响提供了条件。大数据的大样本容量让关注变量的经济显著性比统计显著性更有意义，同时也应更注重模型的构建过程以及模型的稳健性检验。此外，大数据和机器学习要求对计量经济学的非参数建模分析方法给予应有关注。

参考文献

[1] ENGLE. Autoregressive conditional heteroscedasticity with estimates of the variance of United Kingdom inflation [J]. Econometrica, 1982, 50 (4): 987-1007.

[2] BOLLERSLEV TIM. Generalized autoregressive conditional heteroskedasticity [J]. 1986, 31 (3): 307-327.

[3] NELSON. Conditional heteroskedasticity in asset returns: A new approach [J]. Econometrica, 1991, 59 (2): 347-370.

[4] GLOSTEN L R, JAGANNATHAN R, RUNKLE D E. On the relation between the expected value and the volatility of the nominal excess return on stocks. [J]. Journal of Finance, 1993, 48: 1779-1801.

[5] J A HAUSMAN. Specification tests in econometrics [J]. Econometrica, 1978, 46

（6）：1251-1271.

［6］ENGLE，GRANCER. Co-Integration and error correction：Representation，estimation，and testing［J］. Econometrica，1987，55（2）：251-276.

［7］TIBSHIRANI ROBERT. Regression shrinkage and selection via the LASSO［J］. Journal of the Royal Statistical Society. Series B（Methodological），1996，58（1）：267-288.

［8］HAN A，HONG Y，WANG S. Autoregressive conditional interval models for time series data［J］. Working Paper，Department of Economics，Cornell University. 2018.

［9］SUN Y，HAN A，HONG Y，et al. Threshold autoregressive interval models for interval-valued time series data.［J］. Journal of Econometrics，2018，206（2）：414-446.

［11］HE YANAN，et al. Forecasting crude oil price intervals and return volatility via autoregressive conditional interval models［J］. Econometric Reviews，2021，40（6）：584-606.

［11］洪永淼．计量经济学的地位、作用和局限［J］．经济研究，2007（5）：139-153.

［12］崔俊富，邹一南，陈金伟．大数据时代的经济学研究：数据驱动范式［J］．广东财经大学学报，2016，31（1）：4-12.

［13］洪永淼．理解现代计量经济学［J］．计量经济学报，2021，1（2）：266-284.

［14］洪永淼，汪寿阳．大数据、机器学习与统计学：挑战与机遇［J］．计量经济学报，2021，1（1）：17-35.

［15］洪永淼，汪寿阳．大数据革命和经济学研究范式与研究方法［J］．财经智库，2021，6（1）：5-37+142-143.

［16］王潼．宏观经济区间数据泛论［M］．北京：中国经济出版社，2019：35-114.

［17］陈云松，严飞．网络舆情是否影响股市行情？基于新浪微博大数据的 ARDL 模型边限分析［J］．社会，2017，37（2）：51-73.

我国科技创新立法体系演变、现状及美国启示*

马思宇　刘凡菁

【摘要】我国科技创新法律体系自20世纪80年代以来不断完善发展，一共经历了四个重要的发展阶段：从知识产权的初步确立，到市场经济下科技法律体系形成，再到全面与国际接轨，最后到持续完善提升，与我国经济发展的脉络基本一致，为科技创新提供了相对稳定的法治环境。但与美国这一科技强国相比，我国的科技创新法律体系仍然存在不足和缺陷：我国科技创新立法滞后于科技创新环境的发展；现有法律协调性不足，可操作性较差；科技创新成果转化效率低；针对中小企业科技创新保障不足；创新人才培养和激励体系不成熟。在数字经济背景下，两国创新立法体系又呈现新特征。针对这些问题，本文也给出相应建议。

【关键词】科技创新；法律体系；数字经济

一、引言

创新这一概念自熊彼特提出以来就备受瞩目，经济活动的破坏性创新往往被认为是社会发展进步的动力，是生产力发展不可或缺的一环。进入21世纪以来，创新成为推动各国经济发展的关键因素，为创新提供良好的法治环境就尤为重要。在数字经济背景下，数字要素深度参与创新活动，呈现与传统产业经济不同特征，全球数字经济蓬勃发展。2020年，我国研

---

* 【基金项目】北京市教改项目“法商大数据分析创新型人才培养模式研究”（京教函〔2020〕427号）；中国政法大学新兴学科培育与建设计划：商业大数据分析。

【作者简介】马思宇，中国政法大学商学院讲师，研究方向：博弈论、运筹学。刘凡菁，中国政法大学商学院硕士研究生，商业大数据分析专业。

究与试验发展（R&D）经费投入总量达到24393.1亿元，比上年增加2249.5亿元，增长10.2%；R&D经费投入强度（与国内生产总值之比）为2.40%，比上年提高0.16个百分点。相较美国来说，我国R&D经费总量约为美国54%，与美国仍有较大差距[1]。数字经济延续蓬勃发展态势，规模由2005年2.6万亿元扩张到39.2万亿元。数字经济保持9.7%的高位增长，远高于同期GDP名义增速约6.7个百分点[2]。中国数字经济在快速发展的同时，也暴露出诸如创新不足、协调发展水平不高、与实体经济融合程度不够、制度建设滞后等突出问题[3]，国内应加快相应立法脚步，解决现有法律仍存在的系统性、连贯性、协作性、可操作性问题，以不断推动数字技术创新突破，推动经济高质量发展，在全球数字经济发展大势中塑造核心竞争力。

二、我国当前科技创新法律体系

我国当前科技创新法律体系已基本建立，内容丰富，结构纵横交错，主次分明。从横向来看，目前，我国形成了以《中华人民共和国宪法》为核心，以《中华人民共和国科学技术进步法》为基础，以专利法等知识产权法律、《中华人民共和国促进科技成果转化法》和《中华人民共和国科学技术普及法》等专门性法律为躯干的科技创新法律体系。同时，在民商法、行政法、经济法、社会法、刑法等相关法律制度中，也有科技创新的相关法律部分，科技创新法律制度融入我国经济、政治、文化、社会、生态文明建设等各个领域。从纵向看，科技创新法律制度可以分为国家法律、行政法规与部门章程。行政法规又包括国家行政法规、部门章程和地方性法规、地方政府规章。[4]国家法律即上述提及的综合性法律、专门性法律及相关法律；行政法规与部门章程又是为实施法律的配套制度与制度规范，是对法律的延伸、细化与落实，地方性行政法规与部门章程是各地方针对当地情况对科技创新法律的细化补充。

三、中国科技创新法律发展脉络

20世纪80年代以前，我国科技基础薄弱，科技体制集中管理，有关科技创新的政策和制度较少，且与经济生活联系较少，创新缺乏相关土壤。

（一）知识产权制度初步建立（1978—1991 年）

1978 年，中国实行改革开放，国外新技术的引进与经济的发展催生科技创新法律的制定。1982 年宪法中明确规定国家发展科学事业的科技创新基本制度，此后几年内，各类专门法律相继出台。1982 年设立《中华人民共和国商标法》，为保护商标专用权，对商标申请、审查、注册程序做出明确规定。1984 年设立《中华人民共和国专利法》，我国实现由“奖励条例”向专利制度的演变。1987 年《中华人民共和国技术合同法》颁布，对技术在市场中的流转做出规范。1990 年，《中华人民共和国著作权法》出台，标志着我国初步建设起知识产权保护基本框架[5]。

（二）市场经济体制确立阶段（1992—1999 年）

在对外开放过程中，中美两国于 1992 年签署《关于保护知识产权的谅解备忘录》，促进我国科学技术法律的改革和发展。《中华人民共和国专利法》于 1992 年第一次修订，增大商标保护范围，规范程序，增设本国优先权。1993 年，《中华人民共和国商标法》第一次修订，商标保护范围扩大，《中华人民共和国反不正当竞争法》出台。至此，我国较为完整的知识产权框架建立。同年，我国颁布《中华人民共和国科学技术进步法》，以法律形式明确了科学技术是第一生产力，是我国在科技领域的第一部基本法，具有重大意义。1995 年，我国在《关于加速科学技术进步的决定》文件中正式提出科教兴国战略。次年颁布《中华人民共和国促进科技成果转化法》，以促进创新技术向生产力的转化。1996 年通过《世界知识产权组织版权条约》，使我国的知识产权法律与国际知识产权体系进一步接轨。这一阶段是我国科技法律体系成形的重要阶段，也是关键阶段。

（三）加入世贸组织后（2000—2008 年）

为了与国际接轨，我国相继在 2000 年与 2001 年修订《中华人民共和国专利法》《中华人民共和国著作权法》以及《中华人民共和国商标法》，以更符合《与贸易有关的知识产权协定》的要求。《中华人民共和国专利法》针对专利审批和救济程序进行了简化，《中华人民共和国著作权法》与《中华人民共和国商标法》则进一步扩大了保护范围。同时，各领域创新成果的知识产权保护规定也相继出台，如《集成电路布图设计保护条例》（2001）、《计算机软件保护条例》（2001）、《地理标志产品保护规定》（2005）等。2002年，《中华人民共和国科学技术普及法》的确立提高了全民科学素养，催生适宜创新的环境。同年《中华人民共和国政府采购法》颁布，促进政府以采购方式扶持和激励科技创新。2003年《中华人民共和国中小企业促进法》出台，填补了我国促进中小企业创新法律的空白。2007年重新修订《中华人民共和国科学技术进步法》，以推动自主创新为主线，突出企业技术进步，增强法律的可操作性。同年，中国加入了《世界知识产权组织版权条约》，在数字领域特别是互联网领域更好地保护表演者和录音制品制作者的权利。这标志着中国知识产权保护制度体系与国际知识产权保护的全面接轨。

（四）科技创新法律体系的不断完善阶段（2009年至今）

这一阶段主要是对当前的科技创新法律进一步修订完善，使其更适应新形势下经济发展的需要。《国家科学技术奖励条例》在2013年完成第二次修订，在2020年完成第三次修订，进一步健全评审标准，规范评审程序。2015年修订了《中华人民共和国促进科技成果转化法》，将科技成果转化处置权下放，并提高科研人员奖励、报酬比例。2017年修订了《中华人民共和国中小企业促进法》，进一步明确法律贯彻落实责任主体，规范了财税政策，完善了融资举措。2019年通过了《中华人民共和国人类遗传资源管理条例》，对生物科技研发创新做出规范。

从我国科技创新法律的发展脉络来看，我国的科技创新法律政策由粗到细，从强调政策指引到确立法律规范，从关注科技自身转向创新驱动经济发展。每个阶段的法律政策都是在其所特定的社会政治经济背景下形成的，因而法律政策的侧重点也会有所不同。20世纪80年代，我国处于改革开放的初期，但还处于计划经济下，是新中国成立以来的科技体系重建时期。此时更多的是针对科技管理体系和机构进行改革，以立法形式解决开放带来的知识产权问题，科技创新活力并不活跃，且科技与经济之间联系薄弱。市场经济体制确立后的这一阶段更强调科技创新在经济中的实际应用，出台了《中华人民共和国科学技术进步法》这一基本法。更关注科技创新的市场导向和科技成果的转化问题，要求加大科技成果的产出，提高创新成果的转化率，并因此颁布了《中华人民共和国促进科技成果转化法》。这一阶段是我国科技创新法律体系迅速发展阶段。加入世贸组织后，国内市场与国际市场的联系越发密切，有关知识产权的法律制度与国际规范接轨被提上日程。同时，由于互联网等新技术的迅速发展，针对这些特定领域也出现了有利于创新发展的政策规定或法律条例。对于市场经济下涌现出的众多中小企业，出台了《中华人民共和国中小企业促进法》以鼓励创新。这一阶段是科技创新体系针对市场化的调整阶段。2008 年之后，全球经济进入低迷期，创新更是成为激发市场活力的一大法宝。在这一时期，更多是针对已有的科技创新法律重新修订，以使其更加具备可操作性。并且更加注重各领域法律政策的协调配合，对科技成果转化的激励机制也做出了相应改革。

当今的科技创新体系更加注重基础学科的发展和核心关键技术的自主研发，强调原始创新；科技立法实践开始侧重创新成果的转化应用；对于新兴技术如生物科技等，除了有效促进新业态的发展，也加强规范性法律规制；更加强调法律与法律之间、法律与行政规章之间的协调配合，与民商法、经济法、反垄断法等联系紧密。包括科技创新及其影响在内的多领域多元立法模式已较为普遍和日渐常规。数字经济成为全球经济发展的大趋势，针对数据治理和基于数据要素的数字经济创新立法也被提上日程。

四、中美科技创新法律体系对比

自 20 世纪 80 年代以来，日本的半导体产业对美国公司造成极大冲击。在激烈的竞争态势下，美国一反自由主义的常态，对高新技术领域加大联邦资金支出，拓宽支出范围。在政策法规方面更是表现优异，美国明显加快了科技创新立法的步伐，《拜杜法案》《小企业创新法案》《国家合作研究法案》《联邦技术转移法案》《综合贸易与竞争力法案》《国家竞争力技术转移法案》等接连出台，完善了美国已有的科技创新体系，加快技术成果向民间转化，对美国科研机构、企业，尤其是小型企业的科技创新发挥了十分重要的促进与保障作用，提高美国企业在国际上的竞争力。20 世纪 90 年代以后，布什政府更加强调通用科学和使能技术，同时提出 ATP 计划。克林顿将该计划提到了一个前所未有的高度，政府强调科技成果的商业化，帮助企业享受创新带来的盈利[6]。进入 21 世纪后，政府、大学机构、公司之间的联系更加紧密，政府的直接参与减少，更加强调市场的力量，同时保证创新人才的聚集和关键领域的集中投资，使美国保持在科技创新方面的领先优势。为确保其在信息技术革新和数字成果应用方面的领先地位，美国先后出台了一系列数字经济政策和举措，如《数字经济议程》(2015)、《在数字经济中实现增长与创新》(2016)、《数字经济的定义与衡量》(2018)、《美国国家网络战略》(2018)、《美国的全球数字经济大战略》(2021) 等[7]，实施数字经济领域的顶层规划，推动数字经济发展。当前，美国促进科技创新的法律维度包括：提升国家创新能力的法律、规范政府 R&D 投入的法律、扶持中小企业创新活动的法律、激励创新主体积极性的法律、培养和引进科技创新人才的法律等。[8]

对比中美两国的科技创新法律体系，可以看出，中国与美国在法律体系成熟度方面仍有差距。

首先，美国针对科技创新方面的法律数量高于我国，利用法律形式提供的创新环境更加稳定，企业与科研从业人员可以有更稳定的预期。而我国的科技创新法律较少，许多细节条例往往以行政法规和部门章程的形式发布，这些内容的变动更为频繁，不利于提供稳定的创新环境。同时，我国法律在一些新发展起来的产业如人工智能大数据等相应重点领域的法律仍不完善，而已存在的法律之间又有冲突冗余的部分。

其次，我国针对中小企业的创新保护和激励的力度仍然不够。我国中小企业是科技创新研发的主体，2020 年专利数量中小型企业占 60.9%[9]，但我国仍然没有针对中小企业创新方面的专项法律。尽管《中华人民共和国中小企业促进法》有一定的刺激作用，但该法的许多条款是属于倡导性的规定，原则性强，不具有可操作性，该法不能替代中小企业自主创新法[10]。而美国在这方面颁布了大量法律，如《小企业投资法》《小企业经济政策法》《小企业技术创新法》《加强小企业研究发展法》《中小企业法》《小企业创新发展法》《小企业投资法》《国防授权法》《联邦技术创新法》《小企业发明推广法》等一系列多层次、全方位的法律法规，不仅直接支持了中小企业的创新活动，还从财税、金融、政府采购等间接服务方面做出权威性和可执行性的规范。

再次，美国对知识产权的保护力度更大。美国知识产权的法律保护除了由法院提供的司法保护外，还包括由政府提供的行政保护和贸易保护。

因此，其保护体系实际包括了民事保护、刑事保护、海关保护、贸易保护和国际保护的多重形式[11]，而我国往往只提供法律保护。

除此之外，美国常常遵守国内优先原则，对美国技术的输入输出和投资等都有相关规定。例如 2018 年《外国投资风险审查现代化法案》有效限制了中国的投资，从而帮助美国企业提高国际竞争力。从曾经的日本到如今的中国，美国创新法案的变动往往与其国际竞争对手密切相关。

在企业技术创新转移扩散应用上，美国也有更好的表现。创新生态系统内缺乏顺畅的科技信息沟通和交流，往往会导致高校和科研院所与企业之间的脱节，造成科研产出无法与产业界实现有效的对接。[12]《联邦技术转移法案》（1986）、《国家竞争力技术转移法案》（1989）、《国家技术转移促进法》（1995）、《联邦技术转让商业化法》（1997）、《技术转移商业化法修正案》（2000）等一系列法案经过多次修改，成为调整和规范技术转移过程中各组织和人员关系的重要法律依据。[13]这些法案细化了美国联邦政府、各类实验室、高等院校、科研院所等创新主体和专利权人在科技成果转移中的权利、义务关系，为美国国家实验室和高等院校将其科研成果市场化提供了法律支撑，进一步扫清了研发成果商品化的障碍。[14]

在人才的培养和吸引上，美国依靠其完善的激励补贴机制以及诱人的移民政策与法律，吸引了全世界的人才，美国三分之一的科学家和工程师来自国外。除此之外，美国人才的培养体系也相当完善。早在 1963 年，联邦政府就颁布了《职业教育法》，1966 年颁布的《成人教育法》从法律上保障人才的继续培养，为创新活动储备了大量高素质的人才。

最后，突出有效的市场机制也是美国创新政策优于我国的一大因素。美国资本市场发达，为美国的创新创业活动提供雄厚的资金支持。同时，政府对科研创新的促进更多依赖于间接协调，通过规范政府、企业、学校与科研机构之间的关系，减少科研成果商业化过程的摩擦。同时通过保护和提高创新带来的收益进一步刺激创新活动。

五、数字经济背景下中美科技创新法律探讨

作为一种新经济形态，数字经济以数据和信息作为关键生产要素，以数字技术为核心驱动力量，以信息网络设施为重要载体，通过数字技术与

实体经济深度融合，不断提高经济社会数字化、网络化、智能化水平，加速重构经济发展与治理模式。

我国针对数字经济的创新立法从信息网络立法开始。2000年以来，我国先后出台《互联网信息服务管理办法》《中华人民共和国电子签名法》《中华人民共和国网络安全法》《信息网络传播权保护条例》《中华人民共和国侵权责任法》等一系列法律法规。2018年正式通过的《中华人民共和国电子商务法》极具综合性，鼓励创新与多元，强调规范监管与社会共治，推动数据信息开发利用和保护均衡的重要原则，具有里程碑意义。[15]当前中国数字经济法律立法主要集中在数字基础资源管理、网络安全保护、网络信息服务规范以及数字市场管理等领域[16]，但未完全涵盖数字经济发展中的所有法律难题，缺乏系统性、及时性、科学性。

对美国而言，从互联网经济到数字经济，其始终在全球保持领先地位。20世纪90年代，美国基于互联网已形成数字经济体系的技术基础架构。克林顿政府的《国家信息基础设施行动计划》，支持发展信息产业，推动互联网普及，为美国数字经济发展奠定基础。奥巴马政府颁布了《网络空间国际战略》等政策文件，维持自由的网络贸易环境、鼓励创新、保护知识产权，确保在技术标准制定方面的优先地位。2018年，特朗普政府颁布了《国家网络战略》等国家战略规划，明确了数字经济发展愿景[17]。2021年6月8日，《2021美国创新与竞争法案》在参议院获得通过，收紧对技术出口的管制，以及对某些类型的敏感个人数据的监管等。互联网泡沫危机以来，美国数字经济的立法主要集中在社会公平、技术普及与转型、安全、消除鸿沟与关税壁垒等问题上，鲜少涉及对具体市场规则的厘定[18]。

中美两国由于数字经济的历史起点不同，禀赋背景不同，因此数字经济发展演进途径也有所差异，针对数字经济的创新法律立法也因此各有侧重。下面从三方面进行探讨。

第一，知识产权与技术标准。数字经济的本质是创新，核心是融合，知识产权制度通过保护激励创新，通过公开促进融合，两者高度匹配[19]。

我国知识产权保护的法律体系相对完善，对于数字经济领域知识产权行政保护与司法保护并行[20]。2020年，我国修改出台知识产权相关法律法规4部、相关司法解释6个、相关政策文件20余个、相关国家标准2

个。在行政保护方面，我国发明专利授权 53 万件，商标注册量 576.1 万件，我国各级知识产权局共处理专利侵权纠纷行政裁决案件超 4.2 万件[21]。

美国对知识产权的保护更为严格，美国国内已形成完善的知识产权保护体系，并积极抢占数字经济知识产权和技术标准制高点，在立法上竭力将其国内知识产权保护标准上升为国际规则。在数字经济下，美国凭借其技术领先地位主导规则制定，《跨太平洋伙伴关系协定》《美墨加三国协议》《美日数字贸易协定》等贸易规则中强化了对数字贸易中知识产权的保护以维持美国技术霸权[22]。

第二，反垄断与竞争。数字经济下创新与垄断的关系较传统工业而言具备新特征。一是数字经济中交叉网络外部性自然导致市场集中，带来垄断租金。二是创新成本降低，市场参与门槛降低[23]。数字经济的垄断对社会福利的影响更加重要复杂，传统的反垄断框架难以适用。

而我国针对平台经济的反垄断起步较晚，相关法律尚需进一步完善。2019 年《中华人民共和国反不正当竞争法》修订，新增了数字经济时代规制互联网不正当竞争行为的准则。2019 年正式实施的《中华人民共和国电子商务法》对平台经济“二选一”限制交易行为有所涉及，但在实践中准确辨别“二选一”行为的正当性有很大难度。[24] 2020 年 1 月 2 日公布的《〈中华人民共和国反垄断法〉修订草案（公开征求意见稿）》第二十一条曾新增规定“认定互联网领域经营者具有市场支配地位还应当考虑网络效应、规模经济、锁定效应、掌握和处理相关数据的能力等因素”，但对于垄断性形式认定标准不清楚，处置条款也存在缺失。2021 年 2 月 7 日，《国务院反垄断委员会关于平台经济领域的反垄断指南》正式发布，代表着平台经济将迎来反垄断强监管时代。

美国整体上则偏向于审慎、包容，高度重视保护创新和消费者利益。美国对超大型数字平台普遍采取审慎包容的监管态度，鼓励平台企业不断创新发展，同时关注中小企业的生存状况[24]。从 1890 年《谢尔曼法》生效以来，美国的反垄断史已有上百年，其间不断调整完善，并将在数据经济领域继续沿用旧有框架。在执法上，美国联邦贸易委员会和司法部在科技反垄断上持续发力，更加强调鼓励创新。2019 年 6 月，国会众议院司法委员会对谷歌、苹果、脸书、亚马逊四大数字巨头（GAFA）开启反垄断调查，并于2020年10月发布调查报告。仅在2021年6月，美国众议院司法委员会就审议了6项反垄断法案：《终止平台垄断法案》《美国选择与创新在线法案》《平台竞争和机会法案》《收购兼并申请费现代化法案》《通过启用服务切换（ACCESS）法案》《州反垄断执法场所法案》，全面剑指GAFA过度扩张的技术权力和经济影响力[25]。

第三，数据治理立法。数据是数字经济中的核心生产要素，针对生产要素产权确定及治理等是推动数字经济创新的关键因素。当前针对数字治理方面的立法可分为三部分：数据产权、流动开放、数据隐私保护与安全。

我国要素产权不清晰，仅有部分法律做了原则性规定，对数据要素所有权及相应的使用权和收益权没有明确规定，现存《中华人民共和国反不正当竞争法》《中华人民共和国反垄断法》无法有效保护数据要素产权，急需建立完备的数字要素产权。数据交易的分级分类制度不健全，以引导指南为主，数据交易流动困难。[26]在数据隐私保护与安全方面，我国已出台了一系列法规，如《中华人民共和国网络安全法》《儿童个人信息网络保护规定》《网络数据安全标准体系建设指南》《互联网个人信息安全保护指南》《数据安全管理办法（征求意见稿）》《中华人民共和国电子商务法》《个人金融信息（数据）保护试行办法》《个人信息保护法（草案）》等，个人数据保护的基本法律框架和制度体系已经形成并处于逐渐完善中。但在数据权利细分上仍需加强，在反垄断法中应建立数据共享制度，“法律规制，利益牵引”是释放数据要素的核心[27]。

美国数据要素市场采用以“自由式市场+强监管”为基础的模式，集中体现在《加利福尼亚州消费者隐私法案》（CCPA），寻求“数据权利保护和数据自由流通的平衡”，与欧盟模式相比偏向数据流通对数字经济创新的促进与生产力的释放。2019年，美国开始实施《开放政府数据法》，大部分内容是对已有政策和实践经验的总结和确认，保证数据资源的充分利用。数据的流通并不意味着美国隐私保护权的缺失，相反，美国对个人数据及数据权利的保护相当严格，虽然没有联邦层面的统一立法，但各行业内有严格法律规定，如在金融领域有FCRA，在健康医疗领域有HIPPA，在消费领域有VPPA，在儿童隐私领域有COPPA，在教育领域有FERPA，在政府数据开放领域有FIA，在数据跨境领域有CLOUD ACT等[28]。

尽管当今中国的数字经济发展水平走在世界前列，也因此受到美国的各种制裁，但从法律制度的完备性、有效性来看，我国在促进创新、激发经济活力的作用方面仍有待进一步加强。中美两国政府在支持数字经济发展上的做法不尽相同：美国政府的支持主要体现在数字经济发展早期阶段的基础研究上，其持续创新的制度环境更为稳定，而中国的数字化平台发展则受到了政府的干预和支持。这在一定程度上说明，我国数字经济创新发展需要进一步调动数字经济企业以及企业家的能动性，充分发挥其在推进知识产权与技术标准规则改革以及数字经济创新发展中的能动作用。[29]

六、建议

针对以上科技创新法律体系的对比中我国存在的不足，可以从以下几个方面加以改进。

第一，顶层设计与底层设计相结合，加强法律法规之间的系统性和完备性。首先修正好《中华人民共和国科学技术进步法》，在新时代下把握好创新活动的特点，填补新兴技术领域的法律空白，适时修订不适宜时代发展的部分，进一步肯定《中华人民共和国科学技术进步法》的基础性法律地位，在对同一科技创新活动的调节规范中，以该法为主，同时解决各部门各地方法律和行政规章与该法律的冲突问题，处理好上位法与下位法、专门立法与多元立法等关系。

第二，加强科技创新法律与政策的可操作性和准确性。一般的纲领性、政策性的描述很难支持指导实际经济主体的科技创新活动，需要对法律条文的描述更加明确、细化、可行，部分有效的行政规章可以考虑法律化。

第三，推动创新技术成果商业化，解决科技、经济相分离的问题。一是需要解决技术流转的障碍。技术流转是技术专有权的转让或使用权的许可或技术由潜在的生产力变为现实生产力等的行为[30]。技术流转的法律的完善，能够推动科技创新成果的商业化，形成良好的产业循环。二是促进产学研相结合的法律政策，更好地发挥市场作用，推动创新与产业相融合。三是加强知识产权保护力度，增加侵权成本，能够有效保护创新主体的活力和积极性。

第四，中小企业创新需要更有力的法律政策扶持。作为创新的主体，相对于大企业来说，中小企业的发展环境较为恶劣，资金匮乏，融资渠道少，难以吸收资金维系创新活动所必需的前期投入，同时专业人才少，与高校研究机构和政府的联系不够紧密，对于创新带来的风险难以承受，试错成本高[31]。因此，从法律上对中小企业科技创新活动进行保障至关重要。一是要完善中小企业科技创新的法律与政策，最好制定专门性的具有可操作性的法律。二是要完善相应配套法律与规范，在财税、投融资等税收金融领域给予中小企业指导性的可行依据。

第五，加快人才培养激励的法律法规建设。从美国创新政策的成功实践来看，人才是国家竞争力最为核心的要素。在宏观上加强政府的调控与指导，提高人才战略的重要性。从微观上完善人员流动的规章法规和利益分配机制，激发组织和人的创造力。

第六，抓住时代特征，加快完善数字经济立法，保证良好的知识产权环境，在国际贸易中争取更多的话语权，把握技术标准的制定。完善平台经济反垄断法律，创造竞争公平的营商环境，促进创新。在数据治理上，完善数据评级制度，加快数据流动，填补法律空缺，完善数据安全立法，提高数据生产力。

面对当今经济发展新常态，创新对有质量、可持续的经济增长至关重要。我国的科技创新法律体系虽然经过了40年的不断发展，但相较美国而言，无论是在立法数量还是在法律体系间的配合上仍有较大差距，在法律的可操作性上也有借鉴学习的空间。如对于中小企业的创新激励、科技成果转化为经济利益的路径，以及资本市场对创新的支持力度，美国的法律中往往对此有有效的明确规定，并对美国科技创新的发展起到相当大的促进作用。在时代命题的把握上，美国的数字经济立法也具备更为丰富的经验。我国还需继续完善科技创新法律体系，使科技创新法律制度更好地支持和引导我国科技创新的发展，为创新提供更好的法治环境，使其适应新阶段数字经济的发展要求，这对我国经济的高质量发展至关重要。

参考文献

[1] 国家统计局，科学技术部，财政部.2020年全国科技经费投入统计公报［EB/OL］.（2021-09-22）［2021-12-19］. http://www.stats.gov.cn/tjsj/zxfb/202109/t20210922_

1822342. html.

［2］中国信通院．中国数字经济发展白皮书［EB/OL］.［2021-04］. http://www.caict. ac. cn/kxyj/qwfb/bps/202104/t20210423_374626. html.

［3］GOLDFARB A, AND C TUCKER. Digital economics［J］. Journal of Economic Literature, 2019, 57（1）: 3-43.

［4］李学勇．完善科技创新法律制度为建设科技强国提供有力法治保障［J］. 中国人大, 2021（17）: 9-12.

［5］李源．改革开放以来中国科技创新法律发展研究［J］. 人民论坛·学术前沿, 2019（5）: 80-83.

［6］樊春良．美国技术政策的演变［J］. 中国科学院院刊, 2020, 35（8）: 1008-1017.

［7］魏贝, 周振松. 美欧英日新数字经济发展研究［EB/OL］.（2021-03-11）［2021-12-19］. https://innov100. com/front/article/6339. html.

［8］费艳颖, 王越, 刘琳琳．以法律促进科技创新: 美国的经验及启示［J］. 东北大学学报（社会科学版）, 2013, 15（3）: 299-303.

［9］国家知识产权局战略规划司, 国家知识产权局知识产权发展研究中心．2020年中国专利调查报告［EB/OL］.（2021-04-28）［2021-12-19］. https://www. cnipa. gov. cn/module/download/down. jsp? i_ ID=158969&collD=88.

［10］郭洪波．中小企业自主创新促进与法律保障比较研究［J］. 特区经济, 2011（12）: 259-261.

［11］孙南申．中美技术创新法律保障的比较研究［J］. 暨南学报（哲学社会科学版）, 2008（2）: 1-7+153.

［12］王宏伟, 李平．深化科技体制改革与创新驱动发展［J］. 求是学刊, 2015, 42（5）: 49-56.

［13］邹俊．美国技术创新法律机制评介［J］. 科技管理研究, 2008, 28（11）: 17-19.

［14］费艳颖, 王越, 刘琳琳．以法律促进科技创新: 美国的经验及启示［J］. 东北大学学报（社会科学版）, 2013, 15（3）: 299-303.

［15］杨东．主持人语［J］. 苏州大学学报（哲学社会科学版）, 2019, 40（1）: 61.

［16］何波．中国数字经济的法律监管与完善［J］. 国际经济合作, 2020（5）: 80-95.

［17］王芹, 王玮．美国数字经济发展规划对我国的启示［EB/OL］.（2020-02-06）［2021-12-19］. https://www. sohu. com/a/371056288_472878.

[18] 李括，余南平．美国数字经济治理的特点与中美竞争［J］. 国际观察，2021（6）：27-54.

[19] 邓鹏．数字经济时代知识产权的机遇与挑战［J］. 中国发明与专利，2020，17（9）：12-17.

[20] 范文彬．数字经济视角下我国知识产权保护问题研究［J］. 法制博览，2021（23）：6-9.

[21] 李学磊．2020 年中国知识产权保护状况白皮书发布［EB/OL］.（2021-04-25）［2021-12-19］. http：//www. gov. cn/xinwen/2021-04/25/content_5602104. html.

[22] 周念利，吴希贤．美式数字贸易规则的发展演进研究——基于《美日数字贸易协定》的视角［J］. 亚太经济，2020（2）：44-51+150.

[23] 袁志刚．东西方文明下数字经济的垄断共性与分殊［J］. 探索与争鸣，2021（2）：5-8.

[24] 熊鸿儒．数字经济时代反垄断规制的主要挑战与国际经验［J］. 经济纵横，2019（7）：83-92.

[25] 吕娜．美国持续发力科技反垄断的三重考量［EB/OL］.（2021-07-30）［2021-12-19］. https：//www. thepaper. cn/newsDetail_ forward_ 13816683.

[26] 曾铮，王磊．数据要素市场基础性制度：突出问题与构建思路［J］. 宏观经济研究，2021（3）：85-101.

[27] 游涅，苏景志．政府参与统筹数据要素促进产业创新［J］. 中国信息化，2021（9）：5-8.

[28] 何渊．中国数据立法，该参考欧盟模式还是美国模式？［EB/OL］.（2020-01-02）［2021-12-19］. https：//www. thepaper. cn/newsDetail_ forward_ 5410417.

[29] 温军，张森．数字经济创新：知识产权与技术标准协同推进的视角［J］. 现代经济探讨，2021（4）：1-7.

[30] 马忠法．初探技术流转法律制度与建设创新型国家战略之关系（上）［J］. 科技与法律，2007（4）：3-15.

[31] 张晓玲．中小企业技术创新法律保障的路径选择［J］. 科技进步与对策，2012，29（8）：100-103.

发展工业互联网的战略意义与我国面临的挑战*

郭　琳

【摘要】工业互联网的本质是机器、数据和人的融合，是基于互联网和大数据的复杂生产系统，是实现智能制造的关键基础。工业互联网由网络、平台、安全三大功能体系构成。网络是工业系统互联和工业数据传输交换的支撑基础，平台是工业互联网的核心驱动，安全是工业互联网的保障。金融危机之后，美国、德国等主要发达国家发展高端制造业，构建新型生产方式，工业互联网是主要方向。发展工业互联网是我国抢占全球新一轮制造业竞争制高点的关键，也是"中国制造"转型升级为"中国智造"的必由之路。目前，我国工业互联网在基础设施、融合应用、产业生态等方面取得了一定的成绩，但面临着核心技术受制于人、关键平台综合能力不强、缺乏规模效应等问题，与发达国家相比还存在较大差距。对此，应加强关键技术研究，突破工业互联网领域"卡脖子"环节；重视工业互联网平台的落地应用，提高中小企业数字化转型积极性；培育具备综合解决方案的工业互联网平台，建立开放的平台体系。

【关键词】工业互联网；平台；数据；转型升级

一、引言

工业互联网是新一代信息技术与制造业深度融合的产物，作为以数字化、网络化、智能化为主要特征的新工业革命下的新型基础设施，工业互

* 【基金项目】北京市教改项目"法商大数据分析创新型人才培养模式研究"（京教函〔2020〕427号）；中国政法大学新兴学科培育与建设计划：商业大数据分析。

【作者简介】郭琳，中国政法大学商学院副教授，硕士生导师，研究方向：产业与区域经济、财税理论与政策。

联网的本质是数据的流动、分析和再造。工业互联网是工业智能化发展的核心信息基础设施，也是实现产业数字化转型的关键支撑和重要途径。

二、工业互联网的内涵解构

（一）工业互联网的含义

从制造模式的维度，工业互联网这一概念最早由美国通用电气公司于2012年提出[1]。根据其发布的《工业互联网：突破智慧与机器的界限》，提出工业互联网的本质是以工业系统为基础，以云平台为载体，通过链接、共享、协同等机制，整合跨领域、跨区域的分布式资源和能力，提供优质、及时和低成本的服务，精准对接和满足客户需求[2]。美国通用电气公司认为，工业互联网通过将传感器等先进仪器仪表嵌入机器之中，收集并分析海量数据，从而改进机器性能并提高系统和网络效率。这实际上汇集了工业革命带来的机器、设备组、设施和系统网络，以及互联网革命中的计算、信息与通信系统，因此，工业互联网是继两次革命后的第三次浪潮，可视为新一轮的工业革命[3]。

在我国，工业互联网被定位为智能制造的关键基础。根据工业互联网产业联盟（在工业和信息化部指导下成立）的定义，工业互联网是互联网和新一代信息技术与工业系统全方位深度融合所形成的产业和应用生态，是工业智能化发展的关键综合信息基础设施。工业互联网的本质是以机器、原材料、控制系统、信息系统、产品及人的网络互联为基础，通过对工业数据的深度感知、实时传输交换、快速计算处理和高级建模分析，实现智能控制、运营优化和生产组织方式的变革。从工业视角看，工业互联网主要表现为从生产系统到商业系统的智能化。从互联网视角看，工业互联网主要表现为商业系统变革牵引生产系统的智能化。

（二）工业互联网的三大体系

工业互联网由网络、平台、安全三大功能体系构成。

网络是工业系统互联和工业数据传输交换的支撑基础，通过互联网基础设施，实现信息数据在生产系统各单元之间、生产系统与商业系统之间的无缝传递。网络体系包含三大部分：第一是网络互联，即以工厂网络IP

化改造为基础的工业网络体系，包括工厂内部网络和工厂外部网络。第二是地址与标识，即由网络地址资源、标识、解析系统构成的关键基础资源体系，通过将工业互联网标识翻译为该物体的地址或其对应信息服务器的地址，从而找到该物品或其他信息。第三是应用支撑，即工业互联网业务应用交互和支撑能力，包含工业云平台和工厂云平台，及其提供的各种资源的服务化表述和应用协议。网络性能需满足实际使用场景下低时延、高可靠、广覆盖的需求，既要保证高效率的数据传输，也要兼顾工业级的稳健性和可靠性。

平台是工业互联网的核心驱动，在工业互联网三大功能体系中，平台层最为重要。平台为海量数据提供采集交换、大数据计算和数据分析、建模和利用，以形成机器运转的控制指令驱动机器设备，达到企业运营的管理决策智能化的目的。作为工业互联网的中枢层级，平台的效用决定了整个工业互联网体系的价值。从面向客户群体、应用场景和功能支持三个维度，可以将工业互联网平台分为基础性技术、专业领域、企业级、特定行业级以及跨行业跨领域五大类平台①，各类平台各有所长又彼此融合。目前，对于工业互联网平台的技术体系架构已经形成了较为统一的认识，包括边缘层（数据采集）②、IaaS 层③、工业 PaaS 层④、工业 SaaS 层⑤；其中，边缘层和 IaaS 层更多体现共性，工业 PaaS 层和工业 SaaS 层体现行业特征[4]。

安全是工业互联网的保障，代表着工业互联网的整体防护能力，涉及

---

① 基础性技术平台是以通用型云平台、大数据平台、AI 中台等为代表的提供某项或多项基础性技术功能的平台。专业领域平台聚焦于企业研发设计、经营管理、设备运维等某一业务环节。企业级平台是以服务特定企业为准则，围绕企业业务痛点和场景需求打造工业互联网平台。特定行业级平台针对工业领域某一细分行业，围绕行业生产特点开展平台服务。跨行业跨领域平台是目前最具普适性的平台类型，具备服务工业体系下多行业、多领域的技术能力。

② 边缘层是工业互联网平台的基础，也是连接工业设备和工业互联网平台的桥梁。它可以对工业设备进行连接和管理，并从中获取数据。此外，边缘层支持多种协议，并通过协议转换实现工业设备间数据的交换。

③ IaaS 层构建云运营商、云主机、云容器等硬件基础设施及其管理系统。通过对接阿里巴巴、腾讯、华为、网易、天翼等基础工业互联网平台商来实现。

④ 分为基础 PaaS 服务和行业 PaaS 服务。前者由基础工业互联网平台提供商实现，并被融合到工业互联网平台，包括基础服务包、App 自动发布服务、数据可视化与海量工业大数据分析工具等。后者是工业互联网平台 PaaS 层的核心，也是工业操作系统的内核和整个工业互联网平台的关键。

⑤ 由各类 App 构成，工业 App 承载行业工业知识和经验，满足特定需求的工业应用软件，是工业技术软件化的重要成果。

工业互联网领域各个环节。安全保障的最终目标是实现数据的保密性和设备运行的稳定性。安全体系包括设备安全、网络安全、控制安全、应用安全和数据安全等五大方面，通过监测预警、应急响应、检测评估、攻防测试等手段为工业互联网健康稳定发展保驾护航，既包括数据的保密，也包括设备的稳定可靠运行。

三、我国发展工业互联网的必要性

（一）从国际环境来看，发展工业互联网是我国抢占全球新一轮制造业竞争制高点的关键

2006年，德国就开始研究在数字化浪潮中产业该如何发展。2008年全球金融危机后，德国明确将制造业作为数字化革命中的主战场[5]。2011年1月，德国工业-科学研究联盟提出了工业4.0战略；11月，工业4.0被纳入《高科技战略2020》行动计划中，工业4.0正式成为德国社会各界共同推动的战略行动。2013年12月，德国电气电子和信息技术协会发布了工业4.0标准化路线图，标志着德国工业4.0战略落地实施。

美国在2008年金融危机后，意识到“去工业化”所带来的“产业空心化”问题[6]，提出“再工业化”。为此，美国政府组织实施了“先进制造业伙伴计划”，构建“国家制造业创新网络”。“再工业化”目的是将信息技术和创新优势运用到制造业中，使美国的制造业能重新拥有在全球的竞争地位。

工业互联网已经成为全球制造业竞争的主战场。不论是德国的工业4.0，还是美国的先进制造业，其技术基础都是工业互联网[5]。发展工业互联网，已成为全球工业转型的关键。德国是政府实施工业4.0国家战略，由大型企业如西门子开展数字化工厂布局和实验性建设，打造工业互联网平台，注重通过生产环节的智能化提高效率。美国由政府重点推动关键共性技术研发，突破先进传感与控制、大数据分析、高性能计算、信息安全等工业互联网关键技术，领军企业如通用电气引领发展，并组建工业互联网联盟，打造生态系统。

我国若要在全球新一轮工业革命中获得优势，必须对工业发展进行重

新布局。加速建设工业互联网，是抓住工业发展换道超车机遇，抢占全球新一轮制造业竞争制高点的关键。我国已于 2015 年印发《中国制造 2025》，将智能制造作为主攻方向，提出加强工业互联网建设。2017 年 11 月，国务院颁布《关于深化“互联网+先进制造业”发展工业互联网的指导意见》，明确指出我国工业互联网的发展战略和路线图。

（二）从国内制造业发展阶段来看，发展工业互联网是“中国制造”转型升级与持续发展的必由之路

在过去的发展阶段，我国工业在吸收发达国家先进技术的基础上，加上巨大的人口红利，形成了具有较强世界影响力的“中国制造”，但同时面临大而不强的瓶颈。一是工业门类齐全但很多行业存在产能过剩问题；二是工业达到一定规模后，技术引进吸收这种模仿模式已不能带来发展动能；三是从整体来看，产品附加值和利润率低，依赖人口红利的发展模式难以为继；四是原始创新少，核心技术掌握在国外企业手中[7]。

与工业基础实力雄厚的德国及信息技术发展世界领先的美国相比，我国工业还处于工业 2.0 与工业 3.0 并行发展阶段，需要解决当前工业发展中产品质量提升、强化基础能力、转型升级等基本问题[7]。因此，我国提出先进工业技术与信息技术同步发展、深度融合的“两化融合”发展战略，工业互联网成为破局关键。工业互联网能够为普通工人向操作机器人的工程师等行业专家转变提供成长空间，其智能化生产、网络化协同、个性化定制、服务化延伸等新型制造模式，能够显著提高生产经营效率。可以说，发展工业互联网是解决我国制造业就业人口不足、用人成本高、生产效率低等问题的重要途径，也是我国制造业实现转型升级的必由之路。

四、我国工业互联网的发展现状与主要困难

（一）我国工业互联网整体发展态势

根据工业互联网产业联盟的报告[8]，到目前，我国多层次工业互联网政策体系已初步形成。2020 年，围绕网络（标识）、平台、安全三大体系，以及工业 App、“5G+工业互联网”、标准化体系建设等重点领域的系列政

策相继发布，有利于引导整个行业向规范化、系统化发展。各地方政府深入实施工业互联网创新发展战略，31个省（自治区、直辖市）均已出台相关政策文件，大力推进工业互联网发展。

我国工业互联网的行业应用范围和规模在持续扩大，已由钢铁、石化、装备制造等行业向服务、汽车等行业拓展，覆盖了40余个国民经济重点行业。应用场景不断丰富，智能化制造、网络化协同、个性化定制、服务化延伸、数字化管理等新模式新业态广泛普及。

我国工业互联网的基础设施建设水平稳步提升。一是网络基础持续夯实，企业外网服务覆盖300余个城市，连接超过18万家企业。企业内网改造步伐加快，部分企业积极运用5G、时间敏感网络、边缘计算等新技术进行内网改造，提升线上设备运维和其他服务能力。“5G+工业互联网”在建项目超1100个，用于工业互联网的5G基站超3.2万个。二是标识体系加速建设，我国标识解析体系已形成“国际根节点—国家顶级节点—二级节点—企业节点—递归节点”多层级架构，兼容国际主流标识体系。截至2020年年底，已在22个省（区、市）上线93个二级节点并覆盖34个行业。三是平台能力不断提升。包含通用技术平台、跨行业领域平台的多层级平台体系已初步建成，总数超过500个，具有行业、区域影响力的平台数目超过70个，平台连接的工业设备数超过4000万台（套），超过40万家工业企业已上云。四是安全体系日益完善，安全监测体系基本建成，目前已覆盖航空、电子等14个重要行业领域，监测工业企业超过11万家，监测工业互联网相关平台150个，发现联网设备近900万台（套），收集漏洞3765条。

赛迪顾问每年发布的中国工业互联网市场研究报告显示，我国制造业转型升级稳步推进，工业互联网市场规模连续5年保持两位数的增长速度，2020年工业互联网市场总量达到6712.7亿元，同比增长10.4%（见图1）。

资本市场服务工业互联网方面，截至2020年年底，A股市场工业互联网上市企业160家。2020年，相关企业通过首发、股权再融资（增发、配股和可转债）累计融资规模达521.5亿元。2020年，A股市场新增39家工业互联网企业，首发融资规模超290亿元；市值突破4.3万亿元，较上年同期增长38.46%（剔除新增企业同比增长28.55%）；18家进行股权再

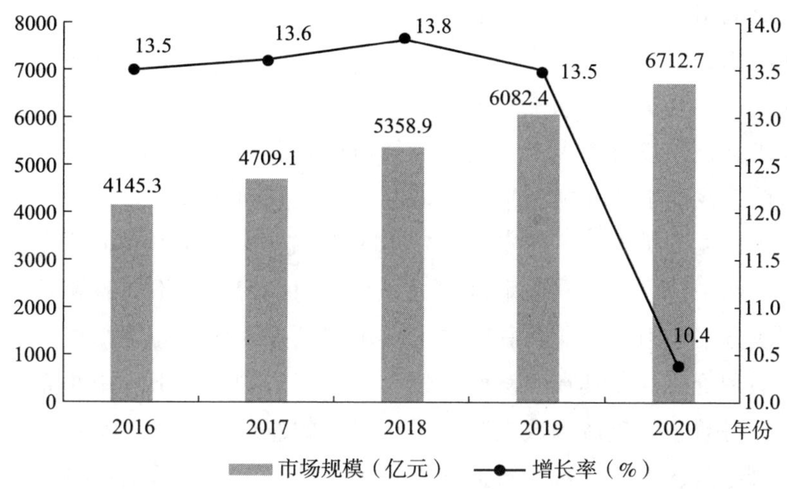

图 1　2016—2020 年我国工业互联网市场规模及其增长率

资料来源：赛迪顾问。

融资，累计募资金额 231.5 亿元。

（二）目前我国发展工业互联网存在的短板

我国工业互联网的发展基本上实现了与发达国家同时起步，在基础设施、融合应用、产业生态等方面取得了一定成绩。总体而言，我国发展工业互联网具有制造业综合实力强和互联网基础好的双重优势。但工业互联网复杂程度高，部署和运营难度大，需要持续的技术、资金和人力投入，当前我国发展工业互联网还面临着诸多挑战。

在技术层面，核心技术受制于人，企业上云水平整体不高。工业互联网涉及的关键技术自主研发实力弱，国内生产的工业软件主要为 IT 系统，工业互联网的核心软件如工业控制系统、数据分析软件、信息改善软件等由 ABB、西门子、通用电气等把控，工业软件严重依赖进口[9]。从市场规模看，2020 年，我国工业软件市场规模全球占比约为 6.6%，研发设计类软件全球占比不到 1%，远低于我国工业增加值超 28%的全球占比；从自主可控程度看，我国核心工业软件国产化率不足 10%，研发设计类工业软件被国外占据主导地位[10]。目前，我国相当一部分工业企业数字化和智能化水平较低，80%的设备没有联网。联网的设备因通信协议不同而难以高效便捷地连接，导致工业数据采集和建模分析经验缺乏，制约了工业互联网的广泛应用。

在应用层面，平台的开发与落地不协调，中小企业意愿不足，复合型人才缺乏。与消费互联网不同，工业互联网模型复杂、业务链长，对可靠性的要求高，仅仅注重平台开发并不能自然而然地实现在工业场景的落地。目前，我国工业互联网平台落地存在的主要问题为综合性解决方案的能力不足，无论是根云、海尔 COSMOPlat 和航天云网 CASICloud 等综合类工业互联网平台，还是其他垂直类工业互联网平台，都不具备跨行业的综合性解决方案能力。工业互联网技术应用前期投入多，短期内可能看不到明显收益和价值，尤其在经济面临较大下行压力的情况下，中小企业没有对工业设备数字化改造和数据联网进行投资的意愿。此外，工业互联网需要计算机通信、工业技术、数据分析等多领域知识，但目前我国缺少既懂信息技术又懂工业知识的复合型专家人才，不利于企业智能化转型。

在产业层面，典型方案难以推广，平台缺乏规模效应。目前，我国已有一批较为成熟的基于工业互联网的企业转型升级方案，但在跨企业、跨行业、跨地域推广时存在困难。很多企业发展理念落后，制约了成功案例发挥示范效应。行业之间在工艺、流程等方面存在较大差异，推广时需要对数据、模型、算法等多方面进行调整。大多数地方政府对其他地区的工业互联网平台支持力度小，导致成熟工业互联网平台典型案例跨区域推广面临障碍。由于跨企业、跨行业、跨地域的平台构建能力不足，工业互联网的规模经济效应较小。不同平台的功能重复，没有发挥协同效应，形成了新的“信息孤岛”，难以发挥规模经济效应。我国工业规模与美国接近，但是工业互联网市场规模不到美国的 25%。[9]

五、推动我国工业互联网发展的初步建议

（一）加强关键技术研究，突破工业互联网领域“卡脖子”环节

充分重视人的作用。依托现有工业互联网行业的龙头企业与高校科研院所，引进国际人才，集中力量突破高端芯片、高端传感器、工业控制系统、数据采集和监控系统、智能设备与软件等“卡脖子”环节，培育技术先进、功能完善、兼容适配、安全可靠的工业操作系统，为我国工业互联网的长远发展打牢技术基础。积极进行工业技术软件化试点，推动核心技

术产业化应用。推进智能工厂建设，提升工业企业的数字化水平，以提高企业“上云上平台”能力。

（二）重视工业互联网平台的落地应用，提高中小企业数字化转型积极性

应从企业的实际需求出发来运用技术、修改方案，提高工业互联网平台的应用效率。不能寄希望于一个技术、一个方案能适用多种行业或多种场景，这是工业互联网与传统信息化建设的重要不同之处。不一定局限于以大型工业企业为主导的模式，可考虑发挥我国消费互联网平台的优势，推动其与工业企业合作，首先选择特定的领域或行业，一个个攻关突破，形成独特的可落地实施的工业互联网平台。对于中小企业，其对工业互联网实际上有现实需求，但由于受国内外经济形势不稳定的影响较大，在增加数字化转型的投入方面疑虑较多。鉴于此，可鼓励现有的工业互联网平台针对中小企业特点开发应用方案，在工业软件研发、工业 App 开发方面，根据中小企业需求设计应用。政府也能发挥一定的作用，如通过给予一定的补贴，或者设立工业互联网产业基金，引导社会资本参与中小企业转型升级，鼓励中小企业改造基础设施，以接入工业互联网。

（三）培育具备综合解决方案的工业互联网平台，建立开放的平台体系

整体性和生态性对于工业互联网发展至关重要。政府应做好搭桥的服务工作，为提供解决方案和需要解决方案的企业建立沟通渠道，培育一批能提供综合解决方案的工业互联网平台提供商，带动更多工业企业开展数字化、智能化改造。建立良好的工业互联网生态需要协调多方主体参与。消费互联网平台企业在 IaaS 方面具有一定先发优势，同时面临流量增长速度日趋缓慢的现实问题（参与工业互联网的热情较高）；大型工业企业特定领域知识丰富，与互联网企业深度融合后，形成的工业互联网平台推广成本低、适用性强、适配性高；专业服务提供商及各类工业 App 开发商擅长发现工业互联网领域的痛点问题，并提供灵活、低成本的解决方案。政府应发挥不同主体的优势，形成合力，推动工业互联网生态建设。

参考文献

［1］杨帅．工业4.0与工业互联网：比较、启示与应对策略［J］．当代财经，2015（8）：99-107.

［2］王一晨．运用工业互联网推动中国制造业转型升级［J］．中州学刊，2019，268（4）：32-36.

［3］颜琰．对工业互联网几个基本问题的思考［J］．信息通信技术与政策，2021，47（1）：1-4.

［4］卜向红，陈明亮，张靖．行业工业互联网平台发展的逻辑体系及其应用［J］．杭州电子科技大学学报（社会科学版），2021，17（1）：30-36.

［5］余晓辉．工业互联网与我国的机遇［J］．经济研究参考，2016（13）：42-43.

［6］尹峰．海外工业互联网发展镜鉴［J］．互联网经济，2018（11）：58-61.

［7］邱伯华．工业互联网与工业数字化转型［J］．经济导刊，2020（11）：58-66.

［8］工业互联网产业联盟．中国工业互联网投融资报告（2020年）［R］．2021.

［9］唐飞泉，杨律铭．工业互联网发展难题破解［J］．开放导报，2019，203（2）：100-104.

［10］黄实，王艺儒．国内工业互联网产业现状与发展趋势简析［J］．互联网天地（4）：4.

数字经济背景下区块链监管措施探究*

丛颖男　陆鸣飞

【摘要】 区块链的去中心化、安全性、独立性技术特征十分迎合金融行业的发展要求。目前区块链在发展过程中出现了一些监管痛点。首先，我国稳定的金融货币体系与目前动荡不安的数字货币天然形成排斥关系，同时社会的安定性也受到极大的挑战。其次，区块链的技术特征为违法活动提供了新的出路，匿名性为非法交易提供了庇护空间，洗钱变得更加容易。最后，区块链概念相关活动难以定性，例如收益征税的计算方式等，暂无确定的标准。为解决上述问题，本文深度探讨了国内外目前监管体系的差别，结合笔者对于区块链技术的认识，从四个层面提出了监管建议：建立监管沙盒、区块链自我革新、合约治链以及联合监管。这些既是针对已有的痛点提出的解决措施，也是对未来可能出现的监管难题从根源进行防治的措施。

【关键词】 区块链；数字货币；智能合约；监管沙盒

一、引言

（一）区块链在我国的发展现状

区块链技术的诞生实则很久，该技术的设想最初可以追溯到 1991 年，

---

* 【基金项目】北京市教改项目“法商大数据分析创新型人才培养模式研究”（京教函〔2020〕427 号）；中国政法大学新兴学科培育与建设计划：商业大数据分析；教育部产学研合作协同育人项目“探索基于区块链智能合约的数据法制监管科技复合型人才培养模式”（202102012053）与“共建法商结合的区块链监管人才实践基地”（202102119018）。

【作者简介】丛颖男，中国政法大学商学院讲师，硕士生导师，研究方向：法商大数据分析、人工智能、区块链。陆鸣飞，中国政法大学法治信息管理学院，信息管理与信息系统专业。

但直到2008年全球金融危机爆发之后，由于比特币的诞生，才使得这项技术走入普罗大众的视野。许多人会错误地将区块链和比特币画上等号，但两者实际上是一种技术研发和具体应用的关系。区块链是比特币的底层技术基础，而比特币是区块链的一项重要应用。受无政府主义思想的影响，具有去中心化特征的比特币首先在西方国家受到“认可”。这种认可是相对的，且不代表政府的态度，虽然比特币的交易速度一直非常缓慢，购买一个比特币需要等待几十分钟乃至更长的交易确认时间，但是由于它的安全性和良好的技术前景，截至目前仍有不少人会使用和维护。国内区块链技术在2015年之后进入了高速发展的阶段。目前区块链技术在我国的应用主要是以区块链作为底层技术，与不同领域的实体产业相融合，运用程度较深的有金融、法律、医疗等。在政策推动以及资本市场的追捧下，区块链技术的关注度居高不下，与大数据、人工智能、云计算共同成为数字经济时代的信息技术新基建设施。各行各业都在寻求与区块链技术相结合的可能性，完成产业升级，新能源行业就是其中之一。“新旧动能转换”自2015年李克强总理在座谈会中提出之后，2016年政府工作报告多处提及“新旧动能”，此外2017年国务院办公厅印发《关于创新管理优化服务培育壮大经济发展新动能加快新旧动能接续转换的意见》，对新旧动能的概念做出了明确的界定，并指出要大力发展新能源产业。但是在发展的过程中出现了一些问题，如信用机制不健全、资金动向不透明、各部门信息共享不流畅等。在第三届中国企业改革发展论坛上，多名大型企业负责人及政府官员表示，当前科技赋能新旧动能转换成为推动我国经济高质量发展的一大亮点，而区块链就是科技层面的利器，一些优秀的区块链方案供应商对这些问题提出了具体的解决措施。区块链技术不仅出现在新旧动能转换中，还为助力构建智能制造产业生态圈，提供安全可信的营商环境，以及为实现高端制造企业和供应商之间快速数据对接等方面提供了关键性的支撑。

（二）区块链对我国数字经济发展有重要意义

区块链究其本质是一个分布式数据库，通过使用密码学相关联的方法生成区块，每一个区块会记录一些账本信息，并附有上一个区块的标识即哈希值，通过PoW（工作量证明）、PoA（权威证明）、Single（授权共识）等共识机制解决存储时的分布式一致性问题，最后自然形成链，这个链即为区块链。随着技术的发展，其应用范围逐渐从数字货币扩大至金融领域再到与各行各业深度融合，比如司法联盟链通过链接司法机关、法律科技应用、数据主权企业等节点单位，赋能司法机构的信息系统，不仅提高数据共享效率，还对于整个司法流程中各个环节的监管起到了重要作用，可以很清晰地看到证据是在何时上链存证，法院何时调取证据进行审理等。区块链技术作为一种底层技术，行业的结合大多是根据其技术特性各取所需，但这种需求是持续升高的，区块链产业规模也呈现着稳步提升的态势。区块链技术在我国的重要地位主要体现在以下两个方面：

第一，自2019年开始，区块链便成为国家战略层面的一大布局领域。习近平总书记在中央政治局第十八次集体学习时强调，“区块链技术的集成应用在新的技术革新和产业变革中起着重要作用。我们要把区块链作为核心技术自主创新的重要突破口，明确主攻方向，加大投入力度，着力攻克一批关键核心技术，加快推动区块链技术和产业创新发展”。此外区块链还被写入“十四五”规划纲要中，政府配合出台了许多相关政策，如江苏省发布《江苏省区块链产业发展行动计划》，提出到2023年，全省产业布局合理，集聚效应明显，产业链协同发展，公共服务体系基本建立，形成“1+3+N”产业布局。再如湖南省发布《湖南省区块链发展总体规划（2020—2025年）》，从宏观目标、具体任务、重点工程、落实保障四个方面推动五大重点领域的发展。这些政策对于区块链领域科学可持续发展起到了纲领性的作用。对于国家发展来说，区块链是推动产业创新、促进数据共享、提升生产效率的利器，并且在解决民生问题、推动我国法治化进程中具有重要的作用，程序正义的思想将会更加深入人心。区块链技术赋能民生监察就是一个典例，结合大数据可以形成去中心化的共监管机制，数据共享便捷，百姓可以实时看到数据信息的变化和资金流转的动向，切实保障自身的利益。

第二，赛迪智库发布的《中国区块链产业发展白皮书》中指出，“随着近年来资本的大量投入，区块链产业已初具规模，新冠肺炎疫情并未对产业增长带来太大影响，全年产业规模约达50亿元，华北和沿海地区的区块链企业数量持续增加”，区块链不断为实体经济注入血液，做到行业不变，技术升级，成熟的区块链产品越来越多。数字经济的发展在很大程度上也依赖于区块链技术的发展。因此，区块链技术为我国经济和社会带来了不可磨灭的影响，虽然红利时代还未到来，但是相关领域已经初尝到了甜头。

综合以上两点重要性的阐述，不难看出区块链的发展是为历史的车轮所承载着的，势必会滚滚向前。

二、区块链发展过程中的监管痛点

（一）数字货币冲击现有的金融体系

每一条公链存活的根基是 token，没有 token 的公有链很难激励社区里的人去维护这条链，也不会有庞大的算力去支撑链的不可篡改性。现有的 token 主要分为三类：第一类就是所谓的“垃圾币”或一些没有意义的嘲讽币，诸如空气币等；第二类是一些落地项目在做的币，如 PAI 币；第三类是集物权、货币、股权于一体的价值币，加密数字货币就是其中的一种。拿占有市场份额最大的比特币进行举例，从其诞生之日起经历了数次暴涨和暴跌，如 2017 年年初和年尾比特币的价格相差了约 20 倍，而到了 2018 年年初开始拦腰式暴跌，随着疫情的暴发又一路疯涨至最高约 7 万美元。任何国家的法定货币都不具有类似的剧烈波动。放任数字货币交易的影响体现在通胀和紧缩的调控不再依赖于我国货币政策的实施，从而导致政策形同虚设。除了比特币，还有一些市场份额较小的币种，很容易被大庄家操盘，由此容易引发融资诈骗，扰乱金融市场的秩序，带来金融风险。将冲击转换为革新的关键是利用中国的金融土壤发展数字人民币。数字人民币是由中国人民银行发行的经过特殊加密的数字形式法定货币，与纸币和硬币具有同等的效力。由央行掌控数字货币，有以下几个必要性：第一，掌控我国金融体系的命脉，稳定数字货币背景下我国经济的良性增长；第二，有利于早日建立以人民币为核心的资金清算系统，避免被美国牵制，如在疫情期间，美国禁止伊朗使用国际资金清算系统（SWIFT）以实施制裁；第三，有利于推动人民币国际化，这既是我国的期望，也是世界范围内诸多国家的需求。

（二）监管缺失容易滋生灰色地带

区块链技术具有两面性，其交易匿名的特性被一些不法分子利用从事赌博、黑市交易、洗钱、诈骗等违法行为。据数据统计，2019 年查处的洗钱案中有超 50 亿美元是通过加密货币进行的，其中比特币是犯罪分子洗钱的首选。据VMware网络安全策略主管Tom Kellermann称，2020年新冠肺炎疫情暴发同时也是数字货币正式爆发式增长后，短短四个月的时间里，与数字犯罪相关的金融业网络犯罪案件数量剧增238%，且对于各种公有链的黑客攻击增多，交易所每天受到的网络攻击更是数不胜数。此外，用区块链作为噱头的诈骗以及一些小型数字货币交易所接踵而至。2019年2月，英国金融行为监管局的报告指出，约78%的ICO项目都是虚假的，其余22%的ICO项目中还有部分可能也是空头项目。由此可知，区块链领域乱象丛生，尤其是在数字代币市场。监管区块链以及探索可监管性强的区块链才是我国应该发展的方向，否则混乱的市场会带来恶性的投资环境，干扰正常的金融秩序，打消区块链社区内人们的积极性，不利于区块链的正向发展。

（三）区块链概念相关活动难以定性

目前个人参与区块链技术相关的活动主要是挖矿和炒币。相比较企业活动，个人活动更加难以监管。挖矿活动就是利用计算机的算力去进行解密，从而获得报酬。区块链第一个创世区块便是中本聪利用其电脑的CPU（中央处理器）计算出来的，这种计算难度会随着参与的人变多而变高。新冠肺炎疫情刚暴发时，挖矿的人数相较现在是少很多的，之所以有许多人会涌入挖矿这个行列是因为利润非常高。新冠肺炎疫情之后币价开始上涨，通过挖矿一年可以实现200%的利润，并且不需要付出很多时间。但挖矿活动非常耗电，不利于保护环境、减少碳排放。此外挖矿活动还会催生如下一些问题：①资源的浪费。购买相当数量的显卡、芯片等，高负载地进行挖矿，快的话几个月就会出现性能问题，慢的话用不了两三年也就会被淘汰，这些设备如果用在正常电脑上可以使用很久，并且挖矿活动最后的产出只是单纯的资本，因此对于社会发展来说这是一种生产资源和人力的浪费。此外，挖矿活动对于电力的消耗非常大，据统计其所消耗的电量已经占到了全球总消耗电量的1%。此前入冬之后我国曾面临电力资源紧张而不得不对部分地区进行限电，大规模的挖矿活动只会加剧这种现象。②难以进行管制。小矿工会利用居民用电在家里进行挖矿，这种行为很难被发现，进而导致管控这些活动非常困难，无法通过网络定位追踪到具体位置，只能通过该住户是否在用电上明显高于普通住户来进行判断，但这种方法耗时耗力，可行性非常低。大矿工则会选择电价较低的偏远地区，租下一个厂房大规模地进行挖矿，甚至有的在河边和通风好的地方自建厂房进行工作。这个过程中有可能产生许多法律问题，首先这种生产经营活动是否需要登记注册，如果需要进行登记注册的话，大部分矿厂主会选择注册一个皮包公司来规避这些问题；其次税收应该怎么计算，目前我国对于比特币收入端是不征税的，大量的税收将会从国家纳税体系中游走。笔者认为挖矿活动同数字货币交易不同，并非单纯的财产转移，这是一种消耗资源获得产出的行为，理应受到税收管控。但是目前对于挖矿收益的税收计算存在难度：第一，比特币的性质难以界定进而导致无法匹配对应的税种；第二，收入无法准确界定，比特币的交易都是在虚拟平台完成，再加上其币价每时每刻都在发生变化，该以什么时间节点去计算矿工的收入难以确定。

相较于挖矿，炒币则是资本运作行为。与股市相比有以下几点不同：第一，币价是每时每刻都在波动的，不同于股市有开盘和休盘的说法；第二，交易的途径有所不同，股市一般选择证券交易所进行买卖，而炒币需要在交易平台上进行，并且我国是禁止这种交易行为的，但仍有相当数量的中国网民通过翻墙等各种手段进行交易；第三，币价没有涨跌停的机制，经常瞬息万变，喝一杯茶的时间就可能会经历一次暴涨和暴跌，这让很多普通人难以承受，最终走向结束生命的道路；第四，股票的涨跌同该上市公司的经营情况有关联，购买股票从某种意义上来说就是该公司的股东之一，可以享受公司的分红，而虚拟货币是没有任何价值的。炒币对于中国经济和社会乏善可陈。人类对于挣钱快、投入少的事情总是格外热衷，容易在社会中形成浓厚的投机氛围，盲目跟风容易导致自己的资金出现亏损而心理失衡，现实生活中不乏因为炒币而对生活失去希望的人。有学者运用 GSADF 检验的方法对数字货币泡沫区间进行了检测，发现包括比特币在内的 8 种数字加密货币价格序列呈现正向联动关系，并且都存在若干个泡沫区间，其持续时间较长，时段集中。因此数字货币价格的剧烈波动，很容易造成泡沫经济的生成和破灭，进而带来大规模的金融危机。

总的来说，技术具有两面性，数字货币可以使国际交易变得更加方便，短时间内减轻某些国家经济衰退带来的阵痛，但也加剧了世界经济的不稳定性和滋生数字经济犯罪。我国凭一己之力无法有效遏制比特币在世界范围内逐步增大的影响力，但可以通过加速构建数字人民币和长效监管来尽可能规避泡沫经济所可能带来的风险。

三、区块链技术的监管路径探究

（一）我国目前的监管政策

谈论目前我国的监管政策，需要从链圈和币圈两个角度出发。

通俗意义上区块链指的是公有链，但在实际发展过程出现了联盟链和私有链两种变体。公有链即世界范围内所有人随时都可以进入链中读取数据、进行交易等，但联盟链和私有链顾名思义都是对参与的节点数量进行控制。联盟链支持多个节点参与，但是并非所有人都有权限对链进行操作。而私有链则是只有某一个确定的单位或组织具有对链进行操作的权限。区块链目前在我国的应用大多以联盟链为主，比如司法联盟链等，通过控制参与的节点来对信息的隐私性进行保护，并且由于节点少，处理速度上也会比公有链快。联盟链的监管目前没有明确的政策，主要原因在于控制难度目前并不大，参与的节点大多为政府部门。公有链目前主要的应用就是发行代币，对于这些公有链项目的发展，政府几乎无法进行干预，目前的监管手段主要是通过限制中国公民在交易所进行交易。自从 ICO（首次币发行）项目融资情况出现，我国对于数字货币交易一直都是高压管控。这些随着世界形势变化而变化的事物不具有实体意义，往往是泡沫经济的映射。为了避免泡沫经济扰乱金融秩序，国家先后对加密数字货币交易出台了多部法规，比如 2019 年实施的《区块链信息服务管理规定》等。公有链的发展是社区决策的结果，政府的监管政策也仅限于交易领域。目前我国正在积极引导公有链脱币发展，更多地关注“区块链+”应用，赋能基础设施建设，同时对于区块链企业进行备案管理，严厉打击以区块链名号进行诈骗的项目，拒绝一些企业利用概念炒热度。总而言之，目前我国的监管措施对于链圈能从源头管控的只有联盟链和私有链，而对于公有链和加密数字货币只能从交易端入手进行管理，相关法律法规惩罚措施不够明确，处于积极倡导和严防死守之间的一个层面。

（二）国外目前对于区块链所实施的监管政策

中国对于区块链技术的发展力度虽然很大，但反应速度放眼世界并不算快，在欧美国家以及新日韩等亚洲头部经济体国家，区块链技术已经落地生根，并且监管措施也都各自进行了尝试，这对于中国区块链监管政策的制定具有借鉴意义。

作为经营虚拟货币最为活跃的美国，早在 2013 年，美国政府就承认了比特币的合法影响力。但是通过近十年的实践来看，美国并不是在区块链领域最为激进的国家，相反他们对于数字资产制定了一套严格的管控措施，强调用最高金融监管标准来治理，将数字资产划分为三类进行监管：证监会负责监管加密证券；商品期货交易委员会负责监管加密商品；金融犯罪执法网络负责监管加密货币。除此之外，美国还颁布了多部数字货币法案，对于数字货币每年举行多次听证会和调查，从源头进行防控。

韩国和英国则大力推行监管沙盒。英国作为最早提出监管沙盒概念的国家，在这一方面轻车熟路，早在 2018 年英国金融局就批准了一批区块链公司进入监管沙盒，彼时中国的区块链发展还处于襁褓阶段。韩国对于数字货币的监管政策经历了从宽松到紧缩再到放宽的过程，2017 年韩国禁止国内企业参与 ICO，但是很快遭到了国内民众的强烈反对，因为韩国具有庞大的市场，世界约 1/5 的比特币交易发生在韩国，于是 2018 年年底韩国公布了《金融创新支援特别法》，该法在立足韩国国情的同时，对其他发达国家“监管沙盒”制度取其精华去其糟粕，确立了诸如指定代理人制度、快速确认规章制度等。

区块链在日本的发展同样受到了严格的监管，为了稳定货币政策，2019 年 5 月，日本参议院通过了《资金结算法》及《金融商品交易法》修正案，多角度加强对加密货币交易服务商与交易活动的监管，同时对交易所颁发资格证书，不具有资格证书的不可以在日本国内经营，参与到数字货币交易的用户严格落实 KYC（了解客户规则）政策，即对于账户持有人强化审查，避免一味地追求匿名性从而滋生洗钱等犯罪行为。

笔者认为，如上列举的国家监管政策对于当下中国国情具有一定的参考性，当然世界上还有许多国家对于区块链持封闭保守的态度，实施高压的监管政策，如印度、越南等。但是随着时间的推移，区块链技术一定会和现有的社会高度交互，与其故步自封，不如敞开怀抱拥抱这一技术的到来。还有一些国家对区块链技术十分热情，诸如萨尔瓦多已经承认了比特币在该国的合法货币地位，阿根廷国内也有很多可以直接通过比特币进行支付的商店，这些方式对于中国来说过于跳跃，还是应该脚踏实地立足国情。

四、区块链监管措施的完善建议

我国目前对于区块链的监管基调源于2019年网信办发布的《区块链信息服务管理规定》，主要包括：严控任何有关数字货币交易的行为，区块链信息服务提供者应贯彻落实KYC政策，凡是上链的应用和产品等都应报请所在地的网信办进行安全评估等。目前我国已在多个地区建立监管沙盒，一方面用于探索区块链+产业模式下的监管新路径，另一方面给予区块链企业相对自由的发展空间。以下是笔者对于完善我国区块链监管路径的一些建议。

（一）大力推行监管沙盒制度

虽然我国目前已经在许多地区逐步开展金融业的监管沙盒，其中不乏涉及区块链技术的项目，但是仍处于试探的阶段，在庞大的金融市场背景下，日后一定会有越来越多的企业参与到监管沙盒中。笔者认为应该多多建立专门性的区块链监管沙盒，“区块链+”将会是在“互联网+”之后另一个推动产业革新的重要方向，因此不仅需要在金融领域实行监管沙盒，其他诸如医疗、司法等领域也需要政策释放鼓励创新的信号。适当放宽企业申请审核，制定明确的退出沙盒标准，沙盒内部给予政策经济扶持的同时放宽监管，要做到敢放手、敢实验，否则沙盒将会形同虚设。

（二）区块链进行自我革新

区块链技术的诞生愿景是非常美好的，但从我国国情来看不切实际，现在的数字代币如比特币和以太坊都是逃避监管的。区块链想要适用到我国的应用体系中，需要至少从自身满足两个要求：交易可回滚以及节点身份认证。一个合格的现代交易系统一定要能满足交易回滚，否则系统的可用性会非常差，这里可以考虑采用版本化机制和强权机制混合，当交易出现问题时，可以通过回滚恢复到最近一个正确的版本，如果产生分歧就由具有强权的节点进行判断回滚是否合理。对于节点身份认证，有学者提出结合标识密码（IBC）和无证书公钥密码体制（CL-PKC）来解决区块链系统可追溯性与隐私保护难以兼顾的问题，在保证安全的条件下将用户交易标识与用户身份相关联。具体实现原理为基于多个KGC类（密钥生成中心）的SM9算法来生成网络身份标识，当用户进行交易时先向KGC申请网络身份标识EID，然后将用户地址同网络身份标识相关联，当出现异常交易时可以通过地址与EID的关联表定位到具体用户，同时这个EID是动态的，在正常交易的过程中可以保护用户的隐私。

（三）智能合约提升监管效率

智能合约是区块链上一个非常重要的应用，智能化执行部署的合约，一旦部署到链上便无法更改。许多链都会通过部署智能合约来自动化完成一些操作，比如在供应链金融领域，通过调取链上合约方法写入数据，可永久记录供应链运营过程中的物流活动，保证整个供应链运营过程的清晰透明。智能合约的应用范围非常广，有许多心怀不轨的人在编写智能合约时会进行一些不法的行为，比如，一条司法联盟链中，原本规定只有法院可以写入判决书，但是编写智能合约的人在代码中偷偷赋予了另一个用户权限，这就可能会导致混乱。再如，智能合约中可能会有类似现实合同里的霸王条款，相比较在现实生活中由人来执行该条款，代码自动执行会显得更加无情且不可逆。由于实现同样一个功能代码的编写格式较为统一，因此针对类似的问题可以通过对代码进行细致的审查和监管从而实现规避。抛开智能合约内部可能出现的问题，它对于整个链的治理可以起到至关重要的作用。如果一条链很长，节点数目比较多，那么我们很难进行人工审查，并且如果某一单位参与的比重过大那么又会在无形中形成一个中心化的机构。除了人工审查，我们可以通过编写智能合约来实现代码治理区块链，比如要涉及一条大闸蟹信息溯源链，在一开始部署智能合约时，初始化只有大闸蟹产地供应商具有写入该蟹信息的权限，倘若链上某一个单位想要写入数据的时候，我们首先就会调用合约中的方法进行审查该节点是否具有写入的权限，没有权限的话就会自动禁止，这样出现了问题就可以精准溯源。目前市面上一些区块链项目本身就会内置一些监管措施，比如百度超级链可以通过创世块配置的方式，来配置这条链是否需要支持监管，主要可以进行实名制监管、DApp封禁、合规性检查以及交易封禁，倘若这条链需要支持监管，那么这个链上所有事务的发起，系统都会默认调用监管合约。不难看出，通过代码治链是最有力且最高效的治链方式，因此在区块链的实践中，每一条链的搭建都要充分考虑监管问题，前期的合理规划比后期出现问题再回炉重造要省时省力得多。

（四）多部门穿透式联合监管

区块链的管制不能单靠某一个监管主体，应该多方共同协作，分配监管核心任务，实现联合统一，穿透式风险排查。如对于新的公有链项目，不仅要审查其原创性和应用前景，防止同质化项目的出现，同时也要对其核心代码进行审查，避免其进行一些违法的活动，特定情况下，可以在公有链中内置合约或规定的代码来达到监管的目的，这些行为的顺利完成一定是由多部门共同合作的结果。

五、总结与展望

区块链技术在未来可能成为各种应用的基础，如同互联网一样高度融入人们的生活，然而正确认识这项技术是发展的前提。或许是因为比特币将区块链带入了人们的视野，在大众的认知里区块链技术和数字货币仿佛可以画上等号，这种错误的认识是不利于区块链发展和被社会公众所接受的。技术是一把双刃剑，历史选择区块链和其对人类社会造成的监管痛点都是源于其技术特征，其中币圈的监管难度大于链圈，公有链的监管难度大于联盟链和私有链。解决前文提到的监管痛点，主要可以通过结合传统方式和新兴技术来克服，建立监管沙盒是促进区块链+产业快速合规落地的必要方式，区块链自身革新是融入中国应用体系的前提，合约治链是监管路上的得力帮手，联合监管是区块链+产业良性常态化发展的保障。区块链并不神秘，倘若可以有效监管，其便是社会的福音，反之则是压垮世界经济的稻草之一。真诚地希望区块链可以早日融入我国社会，带给民众切实的便捷体验。

本文的研究着力点在于区块链监管，通过分析监管痛点、对比国内外监管措施，结合区块链产业的未来发展方向对于监管措施提出了完善建议。研究仍存在许多不足之处，主要有如下几点：①产业政策、发展现状等情况的了解主要是通过政府相关文件以及互联网中有关资料，这些网络资料并不能完全反映区块链产业发展的真实情况；②完善措施更多的是着眼于金融领域区块链的发展，在普适性上可能存在一定的障碍。围绕着研究的不足之处，日后的工作内容主要为：①深入走访区块链产业园区，进入企业内部去了解产业的发展情况，学习区块链领域相关案例，研究更具有普适性的监管措施；②探究区块链如何结合 AI 技术更好地赋能司法行业领域。

参考文献

［1］STUART HABER，W SCOTTSTORNETTA. How to time-stamp a digital document［J］. Journal of Cryptology，1991，3（2）.

［2］郭阳楠，蒋文保，叶帅．可监管的区块链匿名交易系统模型［J/OL］. 计算机应用，2021：1-10.

［3］李建．数字人民币的优势及国际化路径［J］. 江苏经贸职业技术学院学报，2021（6）：6-9.

［4］谢治菊，范飞．大数据驱动民生监察的价值、逻辑与图景——以“T 县民生监察大数据平台”为例［J］. 中国行政管理，2020（12）：125-131.

［5］长铗，韩锋，杨涛．区块链：从数字货币到信用社会［J］. 中国信用，2020（3）：126.

［6］洪学海，汪洋，廖方宇．区块链安全监管技术研究综述［J］. 中国科学基金，2020，34（1）：18-24.

［7］苏剑．区块链监管体系建设研究——基于日本与美国的经验借鉴［J］. 财会通讯，2020（4）：147-150，155.

［8］黄国辉，刘大为，李健聪．虚拟货币风险识别及监管建议［J］. 银行家，2020（2）：33-34.

［9］董新义．韩国版金融科技“监管沙盒”法案及其启示［J］. 证券法律评论，2019：43-58.

［10］周文怡．全景扫描 2019 安全事件：28 起交易所案例涉及 13 亿美元，项目方跑路卷走 250 亿元［EB/OL］.（2019-12-23）［2021-12-10］. https：//www. panewslab. com/zh/articledetails/3394. html.

［11］李九斤，陈梦雨，徐玉德．区块链技术在金融领域应用的研究综述［J］. 会计之友，2021（22）：137-142.

［12］白柠瑞，李成明，杜书，曾良恩．新旧动能转换的内在逻辑和政策导向［J］. 宏观经济管理，2021（10）：19-25.

工商管理硕士（MBA）教育改革中案例教学优化分析*

晏　鸿

【摘要】案例教学是工商管理硕士（MBA）常用的教学形式，以其可理解、可推广与可操作的特征为该类教育所青睐，并逐步演化成抛锚式、学徒式与支架式等具体运作方式。随着工商管理硕上教育改革对实用性教学的不断重视，案例教学的优化途径也被学界广泛讨论，案例主体的权重设定、案例进入的方式构思、案例理论的融入形式及案例成效的评价标准成为当下围绕案例教学效果的讨论焦点。此时，本文引入沉浸式教学理念，从案例内容的科学性、案例环境的真实性、案例引导的适度性和案例评价的互动性角度入手，对如何提升案例教学的真实体验感进行探索，以此为优化工商管理硕士案例教学形式，提升学员参与度及获得感做出努力。

【关键词】工商管理硕士；案例教学；沉浸式

一、工商管理硕士培养与案例教学

工商管理硕士作为重要的管理学位类型创立于美国哈佛大学商学院，培养对象为各类经济部门和知名企业的中高层机构管理者与战略决策者，学位设计初衷在于通过理论传授与实践操作，在预定学习周期内实现对务实型、复合型和应用型高层次人才的孵化与培育。和普通科研型与教学型研究生教育不同，工商管理硕士更注重对于管理理论与方法的经验实践，强调以过程逻辑为中心的教育框架，即通过案例分析、实战观摩、专业引导、技能培训

---

* 【基金项目】北京市教改项目“法商大数据分析创新型人才培养模式研究”（京教函〔2020〕427号）；中国政法大学新兴学科培育与建设计划：商业大数据分析。

【作者简介】晏鸿，中国政法大学办公室机要室主任，研究方向：金融法、工商管理。

等方式提升学员的实战能力，关注教学过程中理论方法与职业行为的有机结合，提升学员扮演市场角色和参与职业竞争的综合素养。

在以职业能力为导向的工商管理硕士教育改革要求下，主管机构对培养计划、课程体系、教学手段、实训模式、毕业考核等方面提出了全新要求。伴随着对实操效果的日趋重视，充分展现学位授予单位理论教学功底与实践指导能力的案例教学成为工商管理硕士教育改革的重心，并成为学位授予单位定期评估的重点内容。相较于传统教师主导、学员被动接受的知识传授模式，案例教学试图打破课堂空间与角色界限，通过模拟错综复杂的企业管理情境引导学员激发团队协作潜力，运用发散思维发现问题、分析问题并解决问题，以此提升个人综合能力与团队协作能力。这种身临其境的教学模式以其可理解、可推广与可操作的特征为工商管理类教育所青睐，案例教学实施效果甚至直接关系到教学的综合质量。

其一，理论教学的可理解。工商管理硕士的培养突出实用性导向下的职业需求目标，突出对于管理理论与方法的实践掌握。而理论本身的抽象性与枯燥性导致传统的照本宣科或者死记硬背只能让学员记住碎片化的管理知识点，使得管理教学浮于表面，无法实现学员对于管理理论与方法的深刻感悟与融会贯通，进而出现教条主义风险。加之工商管理硕士学员多为长期从事实操工作的在职人士，理论素养短板明显，只有让学员在深刻理解并把握管理知识的基础上，通过灵活展现的情景模拟，真正实现理论与实践的融会贯通，案例教学因此成为学员理解并吸收理论成果的重要途径。通过案例剖析、模拟训练等实践教学提升学员处理问题的能力，将培养计划中的理论与方法知识点通过模拟案例的形式表现，以此提升学员的理论认知度与方法熟练度，成为工商管理类教育的普遍形式。

其二，实践模拟的可操作。工商管理硕士与科研型硕士最大的区别在于理论知识运用的不确定性，即并不存在针对管理困境放之四海而皆准的行为标准或唯一理想可行的管理模式与决策方案。企业决策需要通过对问题出现时内外部环境的综合研判并结合管理学理论与方法选择较为理想的行为模式，逐步形成个性化经营理念与决策模式。案例教育既围绕管理理论又不拘泥于理论，其关于各类不确定因素的设置有助于学员切身体会不同管理理论与方法的优势及局限，成为搭建课堂理论教学与复杂情境实践的重要平台。此外，传统课堂教学突出整齐划一的教学效果，缺乏对学员个人能力及需求差异的综合考量，教学过程中良性沟通与反馈机制不畅，导致学员学习效果参差不齐。案例教学以个人特性与职业导向为基础，通过情境设计提升知识转化效率，也有助于针对不同学员的个性化需求制订专项培养计划，完成对学员主体性与创新能力的养成。

其三，经验总结的可推广。案例教学突出真实客观，即在案例设计与创作过程中必须无限接近现实状况。因此选择实例进行二次创作成为案例设计的主要形式。该创作过程不仅是对目标企业发展历程和关键事件处理的再次推演以及对经营经验和教训的理论总结，其中经典案例入选案例库后，还会在各大高校与科研机构广泛流动与传播，成为企业成功经验推广的重要途径。此时案例教学不仅是培养学员的工具，更是成功管理经验总结与推广的重要渠道。案例作为载体，搭建学校、企业和学院之间沟通、交流、应用的平台。

二、工商管理硕士案例教学的基本现状

基于工商管理硕士教育改革的新要求以及对案例教学成效的高度重视，对于案例教学的成效评估不能仅限于对参编、教学或者实训等某个具体环节的考量，也不能仅停留于单纯对学员技能训练程度的测量，更需要从情境角度建构完整的案例教学体系与模式，并将该教学理念融入其他多样化的教学形式中。现行工商管理硕士的案例教学也大多围绕问题情境、师生关系以及理论框架形成不同类型的教学培养形式，以期达到预期教学目标。

第一种是注重情境设置的抛锚式教学。该模式突出模拟近似真实的场域情境，以此吸引学员进入教师事先编排的复杂问题脉络中，通过教师引导下的集体动力识别并解决问题。该模式对于情境设立环节的要求极高，“抛锚”过程不仅需要一定的合理性与复杂程度，更希望通过“锚定”过程完成对理论知识与现实意义的有效传达。教师不仅需要模拟逼真的问题情境以激发学员的主动参与愿望，更需要围绕“锚点”通过提供有效线索的方式引导学员依托自主、互动、协作等多种参与方式不断修正决策判断，帮助在他们顺利解决问题的同时，切身体验企业经营与角色的难度。教师在案例教学过程中还应对不同学员的综合能力现状进行评估与客观记录，并将学员的整体反馈情况作为案例效果评价的科学依据。抛锚式教学以问题导向，通过教师逼真

的情景模拟引导学员摆脱企业经营困境的同时，强化对管理理论与方法的深刻理解，逐步提升学员独立思考与自主学习的能力。

第二种是注重合作关系的学徒式教学。相较于抛锚式教学，学徒式教学更注重教师在问题解决过程中的监控和矫正作用。即教师围绕案例设计、建构、执行、退出等具体环节，在突出学员中心地位的基础上，通过对学员观察、参与、探究和决策能力的综合培养提升个人知识认知与技能掌握程度。它既不同于传统课堂的纯粹讲授形式，也与体现学员自主性的情境教学有所差异。在学徒式案例教学过程中，案例作为引进师徒协作关系的契机，本身的实际效用与操作意义被弱化，教师对学员在案例处理时的情境引领与技能传授才是该类案例教学的核心与关键。这不仅是理论与方法技能的简单讲授，更是教师多年来管理经验的传授。该模式关注教师对现实问题的认知与推理过程，并以可视化方式向学员展示，通过教师与学员的学习互动与共同协作在引导学员解决复杂问题的同时，完成知识与技能的“内化”学习过程，以此提升学员的职业实战能力。

第三种是注重研究框架的支架式教学。该模式的建构逻辑在于案例教学设计时，围绕课程涉及的概念框架——即“脚手架”逐步展开案例。引导学员借助理论与方法的抓手作用，在特定教学情境中完成信息收集处理、问题分析交流、团队协作解决等具体教学环节，借助专业理论支撑，循序渐进地接近理想决策状态，以此深入挖掘学员的潜能和创造力，在实现学员自主建构知识体系的同时调动其学习的主动性与积极性。支架式教学更接近科研型硕士的培养方式，即通过“脚手架”的搭建引导学生沿着预设理论框架，通过自主学习与集体讨论不断深入，依托教师对知识体系的驾驭和把控逐步脱离支架的扶助，直到完成独立驾驭知识的目标。支架式教学要求案例教学充分结合理论预设与研究框架展开，相较于抛锚式教学与学徒式教学，支架式教学目标设置更为宏观。该模式在注重具体问题解决的同时，突出对问题或困境的整体把控，强调通过规范的学术研究逻辑，从宏观建构角度分析并解决问题，实现理论对学员实践的有效支撑。

上述三种案例教学模式虽各有侧重，但总体上离不开对以下几方面的重视：首先，强调理论与实践契合。工商管理硕士虽然突出职业教育与实操意义，但需建立在对管理理论与方法熟练掌握的基础上，案例教学设计必须符合培养计划中对理论与方法知识点的具体要求，两者的有效契合是实现案例教学成效的关键。其次，突出情景模拟逼真性。虽然案例教学可以根据教学要求进行少量设计加工，但总体必须符合客观事实，才能确保案例教学的实操价值。最后，良好师生关系的建构。案例教学要求转变传统的单向师生沟通方式，建立协作互动的新型师生关系，希望在良好的合作氛围下实现双方共同进步。作为具有丰富从业经历的社会人士，学员的实操经验甚至可以反作用于教师能力的提升，部分学员企业的成功经验经过理论加工完全可以作为案例教学的理想素材，这种教学相长的模式更加符合工商管理硕士专业的设置初衷。

三、工商管理硕士案例教学的模式争论

案例教学对工商管理硕士培养的积极作用有目共睹，国内各大院校也在积极探索案例教学的优化路径，案例教学作为工商管理硕士教育的重要特色在全国得到迅速推广。但各种发展瓶颈与质疑也随之而来，这既有教育机制限制的因素，也与教师观念及学员素质息息相关。加之国内对案例内容的研究远胜于对模式探索，造成案例内容研究成果丰富、案例运作方式探索停滞不前的现状，导致案例本身对学员的吸引力不足、学员参与度有限、无法完全沉浸其中，难以完全彰显案例教学在工商管理类教育中的独特优势与强大生命力。结合对现行案例教学模式的梳理发现，关于案例教学发展方向的争论主要集中于以下几方面。

首先，关于案例主体的权重设定。案例教学归根结底是围绕师生关系展开的教学工作，如何平衡教师与学员关系成为影响案例教学效果的重要因素。案例教学要求打破传统课堂授课模式，建立全新的师生合作模式，但并不意味着教师作用的弱化，否则可能因缺乏有效引导造成案例教学偏离预设路径、案例教学节奏难以把控，最终影响课堂氛围与预设效果实现。另外，教师若在案例教学中干预过多，不仅不利于学员自主性的有效发挥，更可能因教师不断介入而打乱案例进行节奏，造成案例教学整体效果碎片化。学员也会因思路被教师打乱而无法真正沉浸案例之中，案例教学效果因此大打折扣。

其次，关于案例进入的方式构思。案例设计质量同样是制约教学成效的重要方面。目前，国内各学位授予单位高度重视对案例教学内容的开发与设

计，对案例教学实操的探索却显得滞后。由于缺乏对于案例教学细节的考量，导致学员的课堂代入感有限，无法沉浸案例教学实践中。具体表现为：一是对案例素材选择的忽视，随着国内案例库的不断充实，对于教师的案例挑选能力提出全新要求，有些教师只注重案例的知名度，而忽视对案例匹配度的考虑，导致所选案例并不适合学员实际需求，导致学员参与度差，案例教学效果受到影响。二是对案例布景的忽略，案例情景模拟并不仅限于通过文本资料引导学员的想象力，更在于对现实场景的模拟。目前，有些案例教学在场景设置方面的考虑相对简单，导致学员无法完全进入案例状态，影响了实际教学效果。三是缺乏对案例承接细节的设置。案例教学进行过程中，教师需要通过大量细节构思引导学员进入案例或处理突发状况，少数案例教学采用平铺直叙的程式化方式，对于该类问题考虑明显不足。此外，虽然语言引导、“线人”诱导、行为暗示等情境技巧已在案例教学中被广泛运用，但总体看表演痕迹明显且程序教条，无法实现对学员潜移默化的影响。

再次，关于案例理论的融入形式。工商管理硕士虽强调对实践技巧的熟练掌握，但上述目标基于管理理论与方法指引，实现理论与实践的有机结合是优秀案例的重要评价标准，若分寸掌握不当则会影响案例教学效果。一方面，若案例教学中理论阐释过多，不仅不利于保持案例的完整性，更容易让学员将案例内容误认为理论和方法教学的支撑材料，案例教学因此变得与传统授课模式无异。另一方面，若案例教学与理论脱节，虽然案例教学氛围十分热闹，但因缺乏理论与方法的总结积淀，使得案例教学本身缺乏必要升华，缺乏必要的经验总结也不利于案例教学成果的实践转化，案例研究的现实意义也因此受到损害。

最后，关于案例成效的评价标准。目前国内对案例课程效果的评估体系建设并不完全，大多仅通过学员综合打分的形式进行，评分标准笼统，缺乏对于案例质量与教师能力的细化分类。与此同时，作为针对性的教学模式，案例不仅需要满足参训学员的熟悉度与参与热情，更应体现在案例对不同学员具体需求的满足，这需要教师在案例进行时通过观察总结得出，而该类工作在实际教学中却常被忽视。此外，教师需要通过在案例教学结束后与学员的跟踪访问总结课程不足，通过互动建立长期合作关系，以此提升案例教学质量。但现实状况是，关于案例教学质量的评估互动通常止于下课铃响之后。

四、沉浸式案例设计的优化探索

上述问题的出现严重影响了案例教学效果，也让如何完善案例教学技巧显得更为迫切。在研究者看来，对现实状况的高仿模拟是案例教学的精髓。这种模拟不仅涉及对事件过程的细致剖析，更在于营造逼真情境，通过沉浸式手段优化案例教学。沉浸式学习指通过各种技术和人为手段为学员营造接近真实的学习环境，以此优化学员对外部环境的感知、互动与演练，继而实现对目标技能的熟练掌握。该方法最早被用于第二语言的学习，后被陆续用于科学技术、企业管理等领域，并成为当下较为流行的教学模式。沉浸式学习的核心要义在于通过人为和技术手段的控制，确保学员在近似真实环境下开展学习活动，以此提升学习效率。就工商管理硕士的培养看，这种沉浸式学习将是突破目前案例教学瓶颈的重要手段。这不仅是案例教学文本的简单改良，更涉及对大量细节的全方位综合考虑。

第一，案例内容的科学性。案例教学的沉浸式首先表现为案例选择与编排质量。在工商管理硕士教学时，案例素材选择必须符合学员的实际需求。即在考虑知名度与猎奇度之前，案例首先应选择学员相对熟悉的领域，这样不仅学员操作起来得心应手，还有助于提升学员参与的主动性和自信心。其次，学员还可根据工作经历不断丰富案例细节，提升案例教学实际效果。教师在案例编排设计时需要注意对案例细节的把控，案例设计不能简单归结为文本素材与课件的编写，更应注重各种细节和突发小事故的设置。案例的复杂设计在增加学员处置难度的同时，更真实地还原了企业经营现实状况，以此达到模拟效果。最后，教师还需围绕预设知识点，将管理理论与方法融入案例设计，为解决企业难题提供抓手。案例设计必须明确教学目的，选择学员熟悉的案例更易让其切身感受理论学习的重要意义，最终达到沉浸与共情的教学目标。

第二，案例环境的真实性。案例环境模拟的真实性也是促进学员实现沉浸式体验的重要方式。沉浸式教学要求依托技术手段与人为因素为学员创造接近现实的外部环境，而现实工商管理硕士教学中，环境模拟的效果并不理想。虽然多数学位授予单位尝试通过改变教室布局的方式模拟企业环境，但教室的刻板设计时刻提醒学员这仅是一次教学模拟。加之案例参与者穿着随意，并无职场应有的仪式感，导致学员无法完全沉浸案例中，角色扮演效果受限。案例教学的环境模拟不仅包括桌椅摆放的调整，还应涉及对学员所处环境的办公化改造，以及对案例参与者行为模式的职场化规定。此时，案例将更符合情景模拟的要求，案例教学效果也更为真实、有效。

第三，案例引导的适度性。在案例教学中，教师的有效引导意义重大。为消除教师在场对学员带来的紧张与不适，教师应放下职业角色要求，通过隔墙旁观或者扮演普通参与者（如扮演某部门负责人）的方式加入案例教学，在不影响案例教学进度情况下观察并记录每位学员的表现、总结小组协作的闪光点和瓶颈、鼓励每位学员参与案例活动。案例引导时，教师必须严格遵守学员优先的教学原则，尽量以辅助的角色（如扮演总经理助理）出现在小组讨论中，切忌喧宾夺主。此外，在案例进行时，教师应坚持“非必要不打断”原则，即除非案例过程出现重大偏差或进入僵局时，教师不应过多干涉案例进度，而更多依靠学员集体智慧突破困境，以达到实训效果。

第四，案例评价的互动性。教学结束后的效果评价经常被案例教学忽视，但这也是优化案例教学质量的重要环节。而案例评价若要发挥应有效用，需要建立更为全面、完善的互动评价机制。首先，进一步优化现有学员评价形式，通过细化评价量表将案例课程评价细分为对素材质量评价、对教师能力评价以及对案例效果评价等具体类目，有助于教师有针对性地对案例教学进行整合与改进。其次，建立教师对学员的参与评价制度，重点关注学员整体对案例教学的接纳程度以及不同个体在案例教学中的表现，以此作为后续案例素材调整与完善的重要标准。另外，围绕案例教学实现对学员的长期跟踪访问，从长远角度了解案例教学对提升个人职业实战能力的实效性，评估案例教学的设置意义，不断优化案例教学的形式与内容，使之在工商管理硕士教育中扮演更为重要的角色。

参考文献

[1] 傅永刚 . 案例教学对于 MBA 学员管理能力提升的实证研究 [J]. 管理案例研究与评论 . 2009 (4): 286-291.

[2] 李学昌 . 构建以职业能力训练为导向的案例教学体系——华东师范大学 MBA 教育综合改革试点工作特色成果与经验总结 [J]. 学位与研究生教育 . 2013 (11): 11-15.

[3] 欧丽慧 . 整合式工商管理专业硕士（MBA）案例教学模式研究 [D]. 上海：华

东师范大学，2018.

［4］潘成云．“六位一体”研究性案例教学模式探讨——基于 MPA、MBA 有关课程教学实践的思考［J］．扬州大学学报（高教研究版），2018（1）：76-81.

［5］汪莹，王亚楠，黄海珠，等．MBA 案例教学改进对策研究——以中国矿业大学（北京）为例［J］．学位与研究生教育，2017（3）：55-59.

［6］周英男，陈芳．建构主义理论在 MBA 案例教学中的应用研究［J］．管理案例研究与评论，2008（1）：68-72.

后　记

随着信息技术的高速发展，我们或主动或被动地进入了数字经济时代。在发展数字经济的过程中，不同行业围绕“数字产业化”和“产业数字化”两个主题进行了大量的探索：①创造出大量新业务，如电子商务、金融科技等；②改革传统行业的经营模式，如网约车平台、外卖平台等。这些创新性的探索，或者以新技术为载体创造出全新的行业，或者以先进的技术为传统行业赋能，极大地方便了人们日常生活，提高了人们的工作效率，增加了社会福利，但同时又衍生出了平台垄断、个人数据滥用等新问题。

在以大数据为基础的数字经济时代，产业应如何创新？各行业在迎接数字化转型时又如何规避潜在的风险与挑战？2021 年 11 月，中国政法大学组织了“大数据与产业创新”国际研讨会，会上国内外专家围绕数字经济助力乡村振兴、大数据时代如何更好地保护个人隐私、数字经济研究范式与传统产业经济学研究的关联与差异、数字经济复合型人才培养模式等主题进行了深入探讨，部分内容整理后形成了本书。

书中论文对数字经济中的热点问题进行了翔实的探讨，论证清晰，逻辑完整，充分展示了“大数据与产业创新”这一主题所涉及的研究内容，有利于读者开阔视野，从不同角度理解数字经济对当前、未来社会经济生活带来的影响。

本书是集体成果，是来自中国、美国、日本、新加坡、意大利、以色列六个国家的专家学者和研究生共同劳动的结晶，也是中国政法大学商学院产业经济系“商业大数据分析”专业建设的阶段性成果。在此，向每位作者致以衷心感谢。

特别感谢为本书出版付出辛勤劳动的中国经济出版社姜静、王西琨，以及中国政法大学科研处领导和老师的大力支持。

限于编者、作者的水平和精力，本书内容一定存在不足或偏颇之处，欢迎批评指正！

感谢您的阅读。

编者

2022 年 2 月